叢書アレテイア 12

自由と自律

仲正昌樹◆編

橋本 努，石黒 太，福原明雄，中山尚子，菊地夏野
高原幸子，高橋慎一，堀江有里，ギブソン松井佳子
田代志門，清家竜介，白井 聡，浜野喬士

御茶の水書房

自由と自律

目次

目次

自由と自律

第一章　自由と自律

仲正昌樹

一　自由と環境

「自由」を定義するには、大きく分けて二つの仕方がある。一つは、各人の行為を妨げる、あるいは制約する「外的要因」が不在であるという側面からの定義である。「外的要因」には、物理的な障壁や自然法則のような、自然界に生きる生物としての人間の限界に関わるものと、社会的慣習、タブー、権力のように、人間関係に起因するものとがある。政治・経済思想上の「自由主義」は通常、後者の意味での「外的要因」、つまり「制度的制約要因」を出来るだけ少なくすることを目指す思想を意味する。

もう一つの定義は、複数の選択肢の中から自分に適したものを選択する能力、つまり「自律 autonomy」あるいは「自己決定 self-determination」の能力を持っているという側面からの定義である。この選択の能力としての「自律」あるいは「自己決定」には、二つの異なった次元が含まれている。一つは、「自分がやりたいこと（＝私の意志）」を自ら実行する能力（①）、もう一つは、「自分がやりたいこと」を自分で決める能力（②）である。

①の意味での「自律」には、（生物としての人間に備わっている）身体的な能力に加えて、経済力や法的権利、社会的交渉力なども含まれるので、「制度的制約要因」の不在という面からの政治思想的定義とも部分的に重なってくる。ただし、「自律」の場合、本人の選択の実行を妨げる「制度的な要因」が不在であるだけでなく、選択の実行を可能にする「積極的な制度的要因」も問題になってくる。

例えば、自らの職業の選択を実現するためには、その社会の中でそうした職業が実際に成立していることが前提として必要であるし、職業訓練を受ける機会、またその基礎となる教育を受ける機会などが整備されていなければならない。厚生経済学者のアマルティア・セン（一九三三―）は、各主体が、社会の中で自由に振る舞うための条件である、そうした「積極的な制度的要因」を利用できる状態にあることを「潜在能力 capability」と呼んでいる。

このように、①の意味での「自律」は、身体能力、あるいは制度的に保障される権利をめぐる問題なので、具体的であり、どういう状態になったら、この意味での「自律」の能力が上昇あるいは低下したことになるのかその尺度を設定しやすい。それに比して、②の方は抽象的で分かりにくそうに思えるが、近年、法哲学や倫理学、あるいは分析哲学の「心の哲学」などの領域で、この意味での「自律」の重要性が徐々に認識されつつある。

では、「自分がやりたいこと」を「自分で決める」とはどういうことだろうか？「自分がやりたいこと＝自分の意志」を「決める」のが「自分自身」であるのは、ある意味、当然のことである。実際、現在の科学で知られている限り、「私の心」の中に入ってきて、「私」の代わりに、「私の意志」を決めることのできる者はいない。

しかし翻って、「私の心」の中で起きていることは全て、「私」が単独で決めており、他のいかなるものの影響も受けていないという意味で、「私」は「自律」していると言えるのか改めて考えてみると、いろいろ疑問が出てくる。

まず、「私」が何かを食べたいとか飲みたい、見たい、聞きたい、触りたい、あるいは、性交したい、眠りたいといった各種の（身体的）欲求を抱き、それらの充足を「目的」として行為しようと「私」が決定する過程に即して考えてみよう。そうした欲求は、基本的に〝私のもの〟であるはずの「私の身体」に生じてくるわけであるが、どういう種類の欲求がどのタイミングで生じてくるかを、「私」は少なくとも意識的にコントロールすることはできない。「私の身体」は、（〝私の意志〟ではどうすることもできない）物理的因果法則に縛られているため、そこでの〝私の欲求〟の生成は、「私」という主体のコントロールを離れている。ここに焦点を当てて考えると、「私」は完全な「自律」の能力を持っているとは言い難いように思われる。

では、それらの欲求の内、どれを選んで、それ単独で、あるいは他の欲求と組み合わせて加工する形で、「私の行為」の「目的」を設定する、というレベルでの「自律」についてはどうであろうか？　この場合の「組み合わせて加工する」というのは、例えば、「何かおいしいものを食べたい」という欲求と、「腰掛けたい」という欲求、「静かなところで落ち着きたい」という欲求などを組み合わせて、「レストランに食事をしに行く」という目的を設定するというようなことである。様々な原因あるいは理由から生じてくる「私の欲求」を素材として、「私」自身が、「私の行為」の「目的」を――〝私以外の何か〟に左右されることなく――

設定したうえで、その「目的」の実現を――〝私以外の何か〟から干渉を受けることなく――「私自身の意志」として持続的に願望し続け、その意志に基づいて「私の行為」を制御（しようと）することができるとすれば、「私」は「自由意志」を備えた「自律した主体」であると言うことができそうだ。

直感的には、このレベルでの「自律」、つまり「自由意志」に基づく行為選択の能力は、人間である「私」たちの大多数には当然備わっているように思われる。「私」たちは日常生活の様々な場面において、「私自身の行為」の具体的な目的を設定し、実際にその通りに行為している――〝私たち〟の多くは少なくともそう感じている。「自由意志」に基づく選択ができないのであれば、〝私〟は物理的因果法則に従って動く物質の塊にすぎないことになる。

〝私〟に「自由意志」がないとすれば、〝私の行為〟が他の人に対して害を与えたとしても、それは、単に物理的因果法則に従って機械的に動いた岩石や津波、動物などが害を与えたのと同じことで、「責任」を問うことに意味がなくなる。鉱物や岩石、動物などには〝自分自身〟をコントロールする――そして、自分の過去の行為について反省し、次の自由意志に基づく行為に繋げる――「自由意志」があるとは見なされていないので、我々は通常、それらの〝もの〟に「責任」があるとは思わない。動植物に〝責任〟を追求する人もいるが、それは、それらに感情移入し、それらの〝内〟に「自由意志」を備えた疑似人格的なものを想定するからである。

無論、「責任」を特定の誰かに帰属させるべく「自由意志」を想定することが〝我々〟にとって好都合だからといって、あるいは、自分自身を単なる機械のようなものだと思いたくないがゆえに「自由意志」があって欲しいと〝我々〟が願望しているからといって、それだけで「自由意志」がある、という哲学的根拠にはならない。〝我々〟の多くが、「『私』自身の内に『自由意志』があってほしい」という願望を抱いている――あるいはそういう願望を抱いているかのように振る舞い、「自由意志」と結び付いた「責任」の制度を支持している――のはほぼ間違いないことだが、そうした〝願望〟自体が、何らかの物理的因果法則に従って生じてきたのではないか、という疑いは払拭できない。少し具体的に考えてみよう。

二　自由意志と人格

「私」が「自由意志」に基づいて、「私の行為」の「目的」を設定するという場合、一体何がその目的設定の基準になっているのだろうか？　「『自由意志』というのは、その定義からして、何によっても規定されていない（＝自由な）はずなので、『自由意志』の方向性を規定する基準があるというのはおかしい」、という考え方があるだろう。しかし、本当に全く何の基準もないとすると、「私の意志」の「目的」は、サイコロの目の出方のような――「私」自身の視点から見ての――「偶然」によって決まっているということにならないだろうか？　偶然によって「目的」が決まっているとしたら、それは本当に、「私の自由意志」と言えるのだろうか？　「私の自由意志」であるからには、やはり何らかの形で、「私」自身の内に、「目的」を設定するための基準がないとおかしいように思われる。

その基準を提供しているものの有力な候補として、通常「価値（観）value」と呼ばれるもの、あるいはその相互関係としての「選好 preference」を挙げることができよう。「価値（観）」というのは、「私」が一定の状況の下で、想像し得るあらゆる可能性の中から特定の種類の「目的」を選び出し、それを望むように「私の意志」を方向付ける、対象の性質、あるいはそれについての「私」の判断の基準（の体系）だということができる。別の言い方をすると、「私」にとっての「良い」こと、あるいは「望ましいこと」をある程度固定化し、それに即して、その都度「私の行為の目的」が設定されることを可能にするもの、ということになるだろう。「選好」というのは、「私」にとっての複数の「価値」の間の序列、優先順位のことである。

自らの「価値」と「選好」を基準にして、「私」の行為の「目的」を決めているのであれば、その意味で「私」は「自由意志」を持っており、「自律」していると言えそうな気がする。しかし、問題はその「価値」や「選好」がどのように「私」の内で形成されたかである。物理的因果法則の作用によって形成されたとしたら、それらを基準にして規定される〝自由意志〟は、本当に「自由」であるとは言えないようにも思われる。

身体的経験を通して形成された可能性について考えてみよう。どのように行為したらどのような身体的刺激が得られるかについて、「私」は日々様々な身体的経験を積み重ねており、心地良い感性的刺激を与えてくれる行為がどういうものか、意識的あるいは無意識的に学習している。その結果、「私」は、所与の状況でどのような「目的」を設定すれば良いか自動的に選択するようになる。それが「価値」や「選好」の正体かもしれない。だとすると、これらは物理的因果法則から派生したものである。「私」は、行為の「目的」の設定というレベルでも物理的因果法則に支配されている、ということになろう。

無論、たとえそうだとしても、物理的因果法則が直接的に〝私の行為〟の「目的」を一義的に規定しているわけではなく、「価値」や「選好」の形成に間接的に関与している〝だけ〟である。しかも、その「価値」や「選好」は各人のそれまでの経験を反映する形で個別化されている。その意味では、〝私の価値〟、〝私の選好〟と言えるようにも思えるが、その起源まで遡って考えれば、やはり〝私〟自身ではないものに由来していることは否定できない。

そのようにして構成された——元々は〝私〟以外のものに由来する——〝私の価値〟や〝私の選好〟が、「私」を他の諸人格と差異化し、際立たせる特徴となっており、それによって「私」の「人格 person」が輪郭付けられているのだとすれば、「私の人格」自体が、「私の身体」の中で生じる様々なレベルの物理的因果法則の複合作用の帰結として産み出されたと見ることもできよう。言い換えれば、「私の人格」は、〝私〟自身の〝自由意志〟によって産み出されたのではなく、〝私以外のもの〟が、「私の身体」に様々に働きかけ、〝私〟に様々な感性的刺激を与え続け、〝私の行為〟を徐々に条件付けてきたことによって、いつの間に形作られていた、ということだ。

当然、「私の人格」形成に影響を与えているのは、自然環境だけではない。他の人格、あるいは、他人格たちと〝私〟を結び付ける言語や文化も、「私の人格」の形成にかなり関与している。更に言えば、そうした広い意味での「他者」は、単に「私の人格」形成のプロセスに関与しているというだけでなく、「私 ich」の内に、精神分析で言うところの「超自我 das Über-Ich」に相当するものを生み出し、間接的に〝私〟を支配し続けている可能性がある。「超自我」は、〝私〟を見つめる——社会を〝代表＝表象 represent〟する——潜在的な「他者の目」を〝私〟に差し向ける形で、〝私〟のその都度の思考に介入し、〝私〟の行為の目的設定を、社会的諸規範に合致するように誘導する。「超自我」が、社会的諸規範を「私」の内に取り込む媒介になっている、と言ってもいい。

そうした「超自我」的なものは、それが〝代表〟する〝社会〟が実在する「社会」に対応しているかどうかかなり曖昧であるうえ、〝私〟自身の経験や個性によって様々に変容し得るので、既に——それが元々何に由来するのであれ――〝私の人格〟の一部になっていると見ることもできよう。「超自我」は、自らの属する「社会」の中でうまく生きていけるように、「私」の選好や価値を〝自発的〟に調整する装置として「私」の〝内〟で作用していると考えられる。センなどの厚生経済学系の議論では、そうした「私」自身の内での〝自発的〟な調整は、「適応的選好形成 adaptive preference formation」という形で論じられる。

この点について批判的な見方をすれば、「私」の外部、間主観的に構成された「社会」に存在している〝何か〟が、価値観や選好などの形で「私」の内部に入り込み、〝私〟の意志決定を左右しているわけであるから、〝私〟は「自律した主体」ではない、と言うこともできよう。フランスの構造主義／ポスト構造主義系の〝主体〟論、例えば、ルイ・アルチュセール（一九一八―九〇）のイデオロギー論や、ミシェル・フーコー（一九二六―八四）のミクロ権力論では、〝主体〟が外部からのイデオロギー、言説、権力装置などの働きかけによって、それぞれの場面に応じて立ちあがってくるものであることが強調される。そういう見方をする場合、選好や価値は、〝私〟の「内」に完全に取り込まれているわけではなく、「社会」と〝私〟との（力）関係でその都度（再）構成されるものとして性格付けられることになる。

そうした価値や選好の外部性に着目し、「人格」の他律性を際立たせるポストモダン的な議論に対して、新カント学派の価値哲学や、マックス・シェーラー（一八七四―一九二八）とニコライ・ハルトマン（一八八二―一九五〇）の実質的価値倫理学など、「人格」の自律性を強調する純粋哲学系の議論では、むしろ、価値や選好の本質的な部分が、身体的な経験を超えたアプリオリな根拠を持つことが強調される。価値や選好は、物理的因果法則の複合・反復作用の帰結として生み出されるのではなく、（身体とは独立に存在する精神的な実体としての）「私の人格」と本質的なところで結び付いている精神的な法則、自由の法則に従って形成され、「私の人格」に内属するようになるものと見なされるわけである。「人格」を、物理的因果法則とは異質な精神的法則に従って行為（しようと）することができる、非物質的な実体と見るのは、キリスト教もしくはプラトン主義に由来する二元論的な見方だが、近代哲学においては、カント（一七二四―一八〇四）によって――神やイデアのような超越的なものに直接的に訴えかけない形で――再定式化された。カントにおいては、各「人格」は、ただの物とは根本的に異なる理性的存在者であり、それ自体として尊厳を付与されている。「人格」を有する主体としての「私」は、物理的因果法則とは異なる、道徳的法則の法則に従うことによって「自由」となる。

三　道徳法則と「自由」

カントは『実践理性批判』（一七八八）で、「自由」を道徳法則の存在根拠として位置付けている。「自由」と、「道徳法則に従うこと」が結び付いているというのは、「自由」という言葉の日常的な意味からして少々分かりにくい理屈だが、この場合の「自由」というのは、物理的因果法則に拘束されず、もっぱら〝私〟の「理性」のみに従っている状態を指している、と考えると理解しやすくなる。

無論、見かけ上物理的因果法則に直接従っていないように見えても、特定の――誰か別の人が作った――道徳に従うのであれば、（物理的因果法則を介しての）「私の外」からの働きかけに従属していることになり、「意志の自由」が確保されているとは言えない。しかし、この場合の「道徳法則 das moralische Gesetz」は、現実の社会の中で通用している特定の道徳体系を指しているわけではない。

カントによれば、実践理性は、いかなる因果法則にも制約されていない＝自由な状態において、「理性の事実Faktum der Vernunft」としての「道徳法則」を見出し、それを自らの行為の目的を定める基準にする。カントは、その「道徳法則」がどのような具体的な内容を持っているか――少なくとも『実践理性批判』自体では――それほど明示的には語っていない。ただ、この「道徳法則」が、経験や外部の意志から何かを借りてくることもなく、無条件的なアプリオリな法則として――「定言命法」の形で――「理性」に対して迫ってくるものであることだけははっきりしている。そうした「道徳法則」が「理性の事実」と見出され、それに無条件に従おうとする時、「私」は少なくとも意志において自由である、ということになる。

これだけだと漠然としているので、純粋な「道徳法則」に基づくのではない行為に際しての意志決定の在り方としての「仮言命法」と、道徳法則から直接的に発せられる「定言命法」を対比しながら考えてみよう。「〜ならば、〜せよ」という形を取る仮言命法は、「〜を望むのなら」という条件（制約）が付いており、そこに物理的因果法則が関与する可能性があるし、偶然性も排除できない。例えば、「周りの人から高い評価を受けて快適な生活を送りたいならば、身近な所にいる社会的弱者を助けよ」という仮言命題は、一見〝道徳的〟な内容を含んでいるように見えるが、「快適な生活を送りたい」という、恐らく物理的因果法則の働きに起因しているであろう欲求によって条件付けられている。自分の欲求を充足し、快楽を得るために行為するよう命じている点では、「空腹を満たしたければ、〇〇を買って食べよ」というのと大差ない。

では、「あなたの身近な所にいる社会的弱者が幸せになることを（見て、あなた自身も幸福に感じることを）望むのなら、その弱者を助けよ」というような命題だったら、どうだろうか？　相手に気付かれないところで経済援助などをして、その結果、その相手が幸せになっているのを、何らかの仕方で確認して、幸せに感じるというようなケースを想定してみればいいだろう。この場合の〝条件〟は、「（自分の行為が周りに知られて）自分の評価が高まること」を含んでおらず、それ自体として極めて利他的な性質のものである。そういう利他的な条件に従う行為は、物理的因果法則に基づく自らの身体的欲求の充足とは直接的に関係ない〝何か別の原理〟に基づいている（ように見える）という意味で、〝自由〟なのではないかという気がする。

しかしながらそうした一見利他的な行為でも、他人である「弱者」が幸せになるのを見て、「私が満足すること」が目的だとすれば、それもまた最終的には、「私自身の満足」を目指しているという点で、物理的因果法則によって規定されている可能性がある。

例えば、「私」が、子供の頃から、「社会的弱者を助けるのはいいことだ！」という教育を受けてきた、と仮定してみよう。弱者を助ければ褒められ、そうしなければ叱られる経験を繰り返している内に、「弱者を助けること」が習慣になっているかもしれない。当然、褒められれば、快感を得るし、叱られれば、不快感を覚える。本人の内で、［弱者を助ける→快感／弱者に冷たい→不快感］という刺激の回路が作られているかもしれない。そうなると、〝弱者〟らしい人を見れば、無意識的に快感を求め、その人を助けようとするようになる可能性がある。特定の（善を志向する）価値観、あるいは超自我を内面化するというのは、そういうことなのかもしれない。

無論、「たとえ『習慣的に条件付けられた反応』でも、善いことは善いことだ！」と主張することはできるが、そうした「条件付けられた反応」を、物理的因果法則から自由な意志による行為と見ることはできないだろう。こういう穿った見方をすると、どれだけ利他的な行為に見えても、因果法則から〝自由〟であるとは言い切れなくなる。実際、既に見たように、（いかにも利他的な外観を呈しているものも含めて）〝私〟

たちの価値観のほとんどは、社会の中で一緒に生きている他者から——物理的因果関係を介して——学んだり、彼らからの影響によって形成されたものなので、それらの価値観に基づく目的設定が、物理的因果法則から〝自由〟であるとは言いがたい。

仮に、外からの影響によらないで純粋に内発的に形成された「価値」を、「私」の内に見出すことができるとしても、その「価値」が、「他者の幸せを私の喜びとする」というようなものだったら、その他者の感じ方、考え方、あるいは自他を取り巻く状況次第で、どういう行為が適切で、どういうものが不適切なのかがその都度決まってくることになる。絶対・不変の基準は見出せない。言い換えれば、外的環境や偶然性によって、（〝私の行為〟の目的を設定し、それに従って行為しようとする）〝私の意志〟が左右されていることになる。「自由意志」による行為とは言えない。

このように考えると、物理的因果法則から自由な「意志」に基づく行為は、いかなる現実的な条件＝制約もなく、端的に「〜せよ」と——私の理性に直接的に命じる——定言命法の形を取らざるを得ないことになる。といっても、単に「〜せよ」という形を取るというだけだと、本当にその命題の内容が物理的因果法則から自由であり、「理性の事実」として見出されるものかどうか分からない。そこでカントは、道徳法則としての定言命法が備えているべき形式的要件を呈示している。

それが、「汝の意志の格率が、常に普遍的立法の原理として通用＝妥当のみ（gelten）するよう行為せよ」という有名な定式である。物理的因果法則に支配されることのない、道徳法則に従う行為であるとすれば、その場限りの偶然の条件に左右されることがなく、常にいかなる状況にあっても自らの普遍的な〝正しさ〟を主張する格率＝行為の方針を有している、ということだ。逆に言えば、純粋な道徳法則であるとすれば、いかなる外的条件とも関係なく、〝それ自体として正しい〟と主張できる行為の方針を示すことができるはずであり、理性はそれをいかなる外的条件にも縛られることなく、自らの力で見出さねばならない。そういう（自らの理性が発見した）「道徳法則」に基づいて自らの格率を定める行為の主体は、他者に対しては、自らの意志のみに基づいて「普遍的立法」を行う主体として振る舞うわけである。常に、そういう普遍的立法の主体として振る舞うことが、カントの実践哲学における「自律 Autonomie」である。

四 「自由意志」のアポリア

物理的因果法則に一切縛られず、それとは別の法則、自己立法の法則に従う〝真の自由意志〟を徹底して追求した結果、カントは、こうした定言命法の論理に行き着いたわけであるが、ここまで徹底して意志の自律性を追求すると、「自由意志」あるいは「自律」とは一体何を意味するのか、という根本的問題を改めて浮上させることになる。

先ず、「偶然性を含んだ物理的因果法則ではなく、必然性を有する道徳法則に従っている状態が、『自由』と言えるのか？」、という意味論的な疑問がある。仮に、「物それ自体」の世界に直接的に由来する道徳法則が「事実」として存在し、それを「私の理性」が発見してしまったとしたら、「私」はもはやそれを拒否することはできない、ということになる。「身体」を拘束している物理的因果法則から解放＝自由化（befreien）される代わりに、「私の意志」は、理性を全面的に支配する「道徳法則」に従うことになる。それが本当に、哲学が理想として追求する〝自由〟であり、〝自律〟であるのか？

「道徳法則」を依然として発見できない〝我々〟にとっては、未知の〝道徳法則〟は、〝精神の自由〟を約束してくれるように思えなくもないが、実際には、それは「私」を必然性の檻の中に閉じ込めてしまうのではないのか？「私」に必然性をもって迫って来る「道徳法則」とは、最終的には、キリスト教のような特定の宗教的な教義と同質のものではないか――無論、宗教的解脱の中にこそ、〝真の自由〟があると確信している人はいるだろうが。

第二の問題として、「道徳法則」に全面的に従う場合に〝のみ〟我々は「自由意志の主体」になれる、と仮定すると、犯罪などの〝不正な行為〟に対する「責任」を追及することが論理的に困難になる、ということがある。道徳法則ではなく、物理的因果法則に支配されて身体的欲求の命ずるままにやってしまったのであれば、それは「自由意志」による行為ではない。物理的因果法則によって〝やらされた〟のであれば、そこには「自律」性がないので、行為主体としての「責任」を問うことはできない。

無論、一定の外的要件を備えている〝不正行為〟に関しては、「自由意志」が働いていたものと見なし、法的「責任」を追求するという擬制を取ることはできる。しかし、それは少なくともカント哲学的な意味での「自由意志」とは関係ないものである。

逆に、「道徳法則」に従って、つまり「自由意志」によって当該の行為を選択したのだとすれば、「理性の事実」であるはずの「道徳法則」に従って行ったことが、どうして〝不正〟なのか、その行為を〝不正〟としている現実の社会規範の方がおかしいのではないか、という疑問が出てくる。「自由意志」によって発見される「道徳法則」は一つだけではないという見方をすることもできるが、そうすると、誰が発見した「道徳法則」が社会規範として妥当するのか、言い換えれば、誰の〝道徳法則〟を基準にして、他の人たちの〝道徳法則〟を不正扱いするのか、という余計に厄介な問題が出てくる。
カントの徹底した「自律」概念では、現実の法的・道徳的な慣習における［自由―責任］関係との対応をうまく説明できなくなる。「物理的因果法則から〝ある程度自由〟であり、〝何らかの独自の格率〟に従ってはいるけれど、その〝格率〟が『理性の事実としての道徳法則』からずれており、完全には自律していない状態」、とでも言うべき曖昧な状態を想定しないと、〝自由意志に基づく不正行為〟という現象をうまく説明できない。しかし、カント哲学のように、道徳法則と物理的因果法則をはっきり分けて考える枠組みは、そうした曖昧さを許容しない。

この第二点とも密接に関連するもう一つの大きな問題として、仮に「理性の事実」としての「道徳法則」を「私」が発見することが可能だとしても、それをどのようにして「私の心の中」を知らないはずの「他者」（＝他の「私」）に伝達すべく言語化するのか、そして、どのようにしてそれを、「自由」を保障する制度に反映させるのか、ということがある。

「私」にだけしか分からない〝道徳法則〟というのは、他者にとっては無に等しい。カントは単なる〝私だけの思い込み〟に終わらせないために、先の「汝の意志の格率が、常に普遍的立法の原理として通用するよう行為せよ」という定式を持ち出したわけだが、他者からみれば、「私」の内に本当にそうした意志の格率があるのか確認しようがない。「私」自身は道徳法則に基づく普遍的立法を示しながら行為しているつもりでも、周囲の他者たちの目には、いかなる合理的な基準もないデタラメな行為かもしれない。にもかかわらず、当人が「私の（自由）意志の格率から導き出される普遍的立法に基づく〝正しい行為〟だ！」と頑強に言い張れば、もはや狂人にしか見えないだろう。

物理的因果法則が支配しているこの世界では、「普遍的立法の格率を与える道徳法則を自ら発見し、それに従う」という——カント的な意味での——〝正しい振る舞い〟が、世間的には狂気の振る舞いでしかない、という可能性は否定できない。世間の大多数が認めないからといって、ただちに「間違っている」とは断言できない。しかし、その振る舞いの根底に「道徳法則」があることを間主観的に確認し合うための（言語的）尺度がないとすれば、哲学的な探求としてはそこで行き止まりになってしまう。当然、共通尺度がなければ、諸個人の「自由」を保障するための法や政治のシステムを構想することなどできない。

カント自身は、晩年の著作『人倫の形而上学』（一七九七）で、理性が発見する「道徳法則」を、現実の法や道徳の体系に反映させるための道筋を探っているが、この著作は全体として〝現実〟にかなり譲歩したかのように構成になっているため、専門的なカント研究者の間ではこの試みはあまり高く評価されない。理性が発見するであろう「道徳法則」が、現存する社会規範と——たとえ部分的にでも何らかの形で——対応していることを、純哲学的に証明することは困難である。

ヘーゲル（一七七〇—一八三一）の法哲学は、現実の歴史の軌跡を辿りながら、現実の社会において通用している規範が、理性の見出す道徳法則と、歴史の「終焉＝目的 Ende」において最終的に一致しうることを証明する試みだった、と見ることができる。現存する社会規範（人倫）は、「道徳法則」とかなりずれているとしても、歴史の発展に伴って次第に体系化・客観化され、「道徳法則」に限りなく接近していくと前提すれば、哲学的な「自由」の探求は必ずしも無意味ではなくなる。「歴史」の「終焉」において、〝自由意志に従ってなされる正しい行為〟の基準が、現実の社会規範に完全に具現されるようになるとすれば、そこに至る道筋と、終点をある程度予測することはできるかもしれない。それが哲学の使命となる。

しかし、当然のことながら、そうした「歴史」に依拠した自由意志論は、「歴史は次第に理性を具現しつつある」という仮定がなければ、単なる壮大なフィクションでしかない。〝（道徳的な意味での）歴史の普遍的発展〟が極めて疑わしくなっている現代においては、「自由の王国」に向けての「歴史」発展の法則を仮定して議論を立てることは、極めて難しい。

五　道徳法則と共同体とアイデンティティ

「自由意志」が依拠すべき「法則」を、物理的因果法則と完全に切り離して、「純粋な理性の事実」として想定しようとすると、どうしても現存する社会規範とは関係ないものになってしまう。それどころか、その「法則」を確認し合い、共有することさえ不可能になる。そのため、現実の政治や法の中に「自由意志」を位置付けることを優先する論者たちは、「道徳法則」をめぐる形而上学に拘り続けるのではなく、現行の社会規範に妥当性を与えている＝通用せしめている〝もの〟に目を向ける。その〝もの〟の第一候補は、言語である。

古代ギリシアの「ポリス＝政治的共同体」に、西欧世界を規定してきた「人間」という理念の原型を見出した政治哲学者のハンナ・アーレント（一九〇六―七五）は、物質的な制約を受けていないという意味での「自由 liberty」と、「政治」の場に参加し、（他者の目の前で）自己を現すこととしての「自由 freedom」を概念的に分けて考えた。前者の「自由」は、物質的な条件さえ整えれば達成できるが、後者は、「ポリス」的な秩序を「構成」したうえで、そこで各人が主体的に「活動 action」することを通してしか獲得できない。その場合の「活動」とは、物理的な力ではなく、言語や身振りによってお互いに相手の精神に働きかけ、説得することである。

アーレントは、言語を中心とする「活動」によって自己を表現することによって、物理的な欲求の充足という次元を超えた、「自由の空間」が開けてくる、と考える。その「自由」の空間に参入することによって、「私」たちは精神的生活を営むことができるようになるのである。「自由」を保障するために「ポリス」があるというよりはむしろ、「ポリス」が「人間」の本質としての「自由」を生み出しているのである。

アーレントは、「自由」を(活動のための様々なルールの体系を備えた)「ポリス」と表裏一体のものとして性格付け、「ポリス」の中において初めて(「自由意志」を備えた)「人間」が形成されると見なすことで、純粋な「自由意志」と「自律」をめぐる形而上学的な問題を回避したわけである。「ポリス」の中での「活動」に積極的に参加し、言語能力を発達させることで、「人間＝市民」は、自己と他者の存在について考え、自己を形成する「自由」を得るのである。

アーレントの「(ポリス的)活動」論を、「コミュニケーション的行為論」というより一般化された形で継承した社会学者のユルゲン・ハーバマス(一九二九―)は、合意を志向する(自由な)コミュニケーション的行為の内に、普遍主義的道徳原理としての「討議倫理」の契機が含まれていると見て、コミュニケーション論の枠内で「自由」と「規範」を統合することを試みている。

ハーバマスは、独我論的に理解されることの多い、先のカントの定式：「汝の意志の格率が、常に普遍的立法の原理として通用するよう行為せよ」を、討議倫理的に読み替える。つまり、「通用する」という部分を、「私」から「他者」に対する一方的な主張、身振りとしてではなく、相互了解として読むわけである。

もう少し詳しく言うと、自分の理性が既に単独で発見し、自らの格率の絶対的基盤としている「道徳法則」を、他者に対して一方的に主張し続けるというのではなく、各主体が、「（ヴァーチャルな）他者」のまなざしを意識し、その「他者」が合意してくれるであろう道徳原理（Moralprinzip）を見出すことを当初から目指している、と見るわけである。

道徳原理は、複数のパースペクティヴに対して開かれているが、各人の〝道徳原理〟が相互に無関係に並立しているわけではない。生活世界でのコミュニケーションを共通の基盤として、各共同体にとっての〝正しさ〟をめぐる討議に参加する複数の人が共有し得る道徳原理が立ち上がってくる。コミュニケーションの媒体としての「言語」には、そのコミュニケーションの参加者たちを拘束する規範志向性が備わっているのである。

「言語」を介して見出される間主観的な道徳原理に依拠する議論は、見方によっては、他律の不可避性を認めているようにも思えるが、ハーバマスは、コミュニケーション的行為には、既成の慣習や各種の不可視の権力、イデオロギーなどを超えて、強制なき合意を志向する性質が備わっている、という強い前提に立って、ポストモダン左派等の懐疑を退けようとする。ハーバマスのコミュニケーション的行為論の視点から見れば、他者との合意を志向する中でこそ、我々は物理的因果法則や慣習による支配から自由になるのである。

他者と自己の間を繋ぎ、「社会規範」と「自由」へと至らしめる媒体の候補として、「言語」に加えて、社会の中で通用している各種の記号、イメージ（表象）を挙げることもできる。フェミニズム法哲学者のドゥルシラ・コーネル（一九五一―）は、各人は自らの周囲の「他者」たちを鏡とし、そのイメージを〝内〟に取り込むことを通して、自己を絶えず——他者との関係込みで——「（再）想像（re-）imagine」していると指摘する。この自己再想像の過程において「私」は、物理的制約を超えて自己を再形成すると共に、他者との間での公正な関係を志向する——（半）カント的な意味での——「自由」を獲得する。

コーネルによれば、様々なイメージのやりとりを通して諸人格が相互形成し合う「心的空間」へのアクセスは、各人が自らの「人格」を自由に（再）想像しながら、自律した主体、つまり、「自分のやりたいことを自分で決める」ことができる主体へと自己形成するうえで不可欠である。周囲の他者たちの助けを借りて、この空間＝「イマジナリーな領域 the imaginary domain」へのアクセスに対する様々な妨害要因や制度的障壁を取り除いてもらえる（メタ）権利を、コーネルは「イマジナリーな領域への権利」と呼び、自らのメタ法理論の中核に位置付ける。

言語や表象を介してのコミュニケーションが、「自由意志」あるいは「自律」をどの程度、そして、どのようなメカニズムによって可能にするのかというのは、現代の哲学的自由論において決定的な意味を持った問いになりつつある。

第二章　全的自由の立場

橋本　努

はじめに

政府の規模を縮小しても、これ以上に自由のうまみは増えないのではないか。そんな疑念が広がっている。新自由主義のイデオロギーはしだいに勢いを失い、にわかに不自由な社会を歓迎するようなムードが広がってきた。現代人は、ある程度の自由に満足し、自由の意義を根源的に問わなくなっている。なるほどこれまで存在した全体主義や社会主義の社会と比較して、私たちの資本主義社会のほうが、概して自由であるということはできるだろう。けれどもこの社会をどのように変革すれば、もっと実質的な自由（real freedom）を多く手に入れることができるのか。社会変革の構想力が不足しているために、私たちにはそれが分からないでいる。

現代のリベラリズムも例外ではない。リベラリズムは、自由にそれほど価値をおいているわけではない。自由とは、ある人にとって、価値がない場合もあるだろう。ただそんな人の人生も、できるだけ公正に処遇しなければならない。多様な人々の多様な人生を、できるだけ尊重して公正に遇する社会を実現する。それがリベラルな社会の目的とされる。現代のリベラリズムは、自由の価値がなんであるかを問わず、他者を公平に遇するという正義の問題を検討している。しかしいったい、自由の要求とはどんなものなのか。この問いに応じるのでなければ、私たちの社会は、ますます閉塞感を増すばかりではないだろうか。

リベラリズムは、重要な問いを置き去りにする結果として、思想上の貧困に陥っている。公正としての正義を第一の美徳とするリベラリズムは、人々を公正に処遇するための制度的調整の原理であって、どんな人生の理想を掲げるべきかについての教義ではない。だが私たちが問うべきは、自由な社会を実現しても、人はそれほど自由を感じられないという閉塞感ではないか。この閉塞感を克服するための自由とは、どんなものか。人生の理想としての自由は、いかなる制度変革の理念をもたらすのか。自由を実現するためには、実質的自由とはなにか、完全な自由とはなにか、という根本的な問いを問いつづけるなかで、新たな構想力を獲得していかねばならない。

こうした問題に照らして、一部の左派思想家たちは、実質的な自由を実現するために基本所得（ベーシック・インカム）制度を導入すべきである、と論じている。貨幣所得の獲得は、人々を実質的に自由にするがゆえに、万人に最大限の基本所得を配分すべきであるという。この単純にして大胆な制度構想は、しかし「実質的自由とは何か」をめぐる哲学としては、お粗末な内容でしかない。基本所得論は、人々の実質的自由を最大限に実現すると称して、この理念がいったい何を意味するのかを問わないでいる。いったい実質的自由とはなにか。その内実は、全能感や欲望、快楽や潜在的能力といった類縁概念との関係において明確にしなければならないだろう。

自由の本質について哲学するという思考態度を、ここでは「全的自由（overall freedom）の立場」と呼んでみよう。この立場は、リベラリズムのように、人々がそれぞれ多様な理想を掲げて他者とコンフリクトを起こすという事実から出発するのではなく、人々がある特定の理想を掲げる以前にどんな人間でありえたのかを、可能性として問うことから出発する。人生の理想は、もちろん多様でありうる。だがそれらの理想は、いかなる場合に実質的で完全な仕方で自由たりうるのか。全的自由の立場は、リベラリズムが思考をはじめるその一歩手前に遡行して、善き人生のあり方を新たに問うことから出発する。

一　特定の自由と自由一般

「全的自由」の概念は、さしあたって三つの特徴から成り立っている。第一に、全的自由は、形式的な自由ではなく、実質的な自由に関わる理想である。第二に、全的自由は、さまざまな制約のなかで実現可能な自由ではなく、到達不可能な理念としての完全な自由に関わる理想である。第三に、全的自由は、個々の特定の自由にかかわる価値ではなく、自由そのものであり、自由一般（freedom tout court）に関わる理想である。つまり全的自由は、実質的、完全的、一般的という性質を持っている。そのような自由の理念は、しかし、空想することはできても論理的に扱うことができない、と批判する人もいるだろう。実際、リベラリズムの論者のなかには、自由とはすべて特定の自由であり、それは例えば、国を離れる自由とか、特定の宗教を実践する自由といった特定の実践に関するものであって、自由一般など存在しないとみなす人たちもいる。少なくとも政治理論に関するかぎり、理性的な理論は、特定の自由のみを扱うのであって、自由そのもの（as such）を扱うのではない、とみなされることがある。[1]

こうした立場に対して、イアン・カーターは、自由そのものを「善」（基本財の一つ）とみなす立場に立ち、人々がどれだけ「自由一般」を享受しているかという「尺度」が重要であると主張している。たんに個々の特定の自由を求めるのではなく、個々の自由を求める際の評価基準として、そこには自由一般の理念が利用されているはずだ、とみなすのである。このような見解を、カーターは「全的自由テーゼ（overall-freedom thesis）」と呼んでいる。[2] 全的自由テーゼは、個々の特定の自由を評価するために、自由一般ないし全的自由の理念が必要である、と主張する。例えば、社会主義国と資本主義国において、それぞれ実現されている特定の自由を列挙していくなら、両体制には、多様な自由があることが示されるだろう。しかし社会主義国は、「全的自由」の尺度に照らして、資本主義国よりも自由と言えるのだろうか。この問いに有意義に答えるためには、どのような自由がどれだけある場合に、私たちは自由をより多くもつのかを検討しなければならない。全的自由は、個々の自由のもつ価値（その基本財＝善としての性質）を量るための尺度を提供するものでなければならない。全的自由は、自由の価値を測るための、メタ次元の自由である。それは個々の特定の自由を評価するための価値尺度となる。もちろん、全的自由に照らした実際の評価は、きわめてあいまいなものにならざるを得ないだろう。しかし全的自由による評価がなければ、はたして社会主義国と資本主義国のどちらが自由なのか、私たちはうまく論じることができない。これがカーターの着眼点である。

全的自由の内実は、特定の自由の総和からなるのかといえば、そうではない。全的自由は、特定の自由には還元されない性質を持っている。例えば、まだ知られていない自由や、まだ曖昧なかたちでしか意識されていない自由、あるいは、潜在的に可能であるが列挙することに意味がないとみなされているような自由や、特定の行為概念と結びつかない自由など、特定の自由を加算するだけでは見失われてしまうような自由があるだろう。そのような自由に価値があるとみなすなら、全的自由は、特定の自由の総和とは乖離する。無論、そもそも、個々の特定の自由がもつ価値を加算することは難しい。例えば、私は特定の自由として、「読書する自由」を持っているとしよう。その場合の特定の自由とは、例えばドストエフスキーの『罪と罰』のある特定の翻訳を読む自由という具合に、さらに特定されるかもしれない。あるいは、その本を電車のなかで読む自由とか、その本を電車のなかで誰にも盗み読みされずに読む自由といった具合に、さらに行為の条件を特定したものになるかもしれない。私たちは、どんな本をどのように読むのかについて、特定の自由を列挙しようとすれば、それこそ無限の可能性をもつだろう。だがその場合、読書する自由の価値とは、個々の特定の自由をたんに列挙するだけでは、それらが「どの程度自由なのか」が分からない。「読書する自由」は、無限の仕方で特定可能であるからといって、私たちは無限に自由があるとは考えない。読書する自由がいったいどの程度の価値をもって実現されているのかについては、全的自由の観念に照らして量ることができなければならない。

別のケースとして、「食べる自由」を考えてみよう。ある人は、パスタを食べる自由として、さまざまな形のパスタがあること、またさまざまな調理方法があることをもって、全的自由の幅があると考えるかもしれない。けれども別の人は、パスタ以外にも、さまざまな食材が入手できることをもって、全的自由の幅があるとみなすかもしれない。いったいどちらの「特定の自由」のほうが、全的自由に照らして価値をもつのだろうか。全的自由の計測方法をめぐっては、さまざまな価値観が対立するにちがいない。だから論者によっては、全的自由など存在しないのであり、争われているのは諸価値の対立のみである、とみなす人もいるだろう。けれども全的自由とは、まさに諸価値を争うための一定の方法であり、諸価値の抗争概念（contested concept）として存在している。どんな価値をどれだけ重んじるべきなのか。その価値闘争を有意義に導くためには、全的自由の概念内容をめぐる争いがならなければならない。全的自由の概念をできるだけうまく定義することが、争われなければならない。

二　特定の自由しか存在しないとみなす議論

現代のリベラリズムにおいては、この御し難い全的自由の概念を排して、もっぱら特定の自由を特定の行為関係において実現することが制度的目標となるべき、とみなす立場がある。ドゥウォーキンによれば、自由とは特定の自由であり、ある特定の行為者が、別の特定の行為者との関係で、ある特定の行為を遂行することに自由であるかどうか、という特定の対他者関係において捉えられねばならないという。このような考え方からすれば、自由一般を権利として求めるリバタリアンの立場は、そもそも排除されてしまう。リバタリアンは自由を他のあらゆる価値に対する切り札とみなしており、特定の行為関係を不可視化して、自由そのものを求めているからである。

いずれにせよ、対他者関係において把握される特定の自由を、いかにして、どの程度認めるべきかについては、さまざまな立場があるだろう。その場合、できるだけ正義の概念に基づいて諸価値の対立を調停しようとするのが、リベラリズムの立場である。リベラリズムは、さまざまな特定の自由を、最大限に実現しようとする立場ではない。むしろ、特定の自由が対他者関係においてコンフリクトをもたらす場合に、最も正義に適った仕方で調停しようとする。これに対して、正義ではなく、何らかの価値理念によってコンフリクトを調停しようとする立場には、コミュニタリアニズムや文化多元主義など、さまざまなタイプがある。思想的な対立は現在、リベラリズムとコミュニタリアニズム、そして多文化主義のあいだにあるとみなされるが、しかしそこにおいて見過ごされているのは、全的自由の立場である。全的自由の立場は、対他者関係におけるコンフリクトを、自由一般の理念によって解決しようとする。この立場は、自由がコンフリクトを生む場合にも、自由こそがそのコンフリクトを解決するような仕方で、社会の統治原理を考えるだろう。

三　全的自由概念に対する批判と擁護

では、全的自由とはなにか。ここでは全的自由の特徴を、次の四つの見解に即して検討してみたい。

第一に、全的自由など想像することはできない、という批判がある。特定の自由をさまざまに列挙することによって、あるいは、特定の自由を拡張したり最大化したりすることによって、はたしてその遠方に全的自由の概念を想像することができるのか。疑問に思う人もいるだろう。

全的自由の一つの特徴は、実質的な自由である。実質的自由（real freedom）とは、私たちがそれぞれ、全能感を享受できる状態であり、あるいは享受するという実践である。そのような実質的自由は、完全には実現することができないかもしれない。けれどもそのような理想に照らして、私たちは全的自由を求めることができよう。

第二に、全的自由は想像できるとして、それは人々に選好されないかもしれない。人々は全的自由を求めず、別の価値を求めるかもしれない。けれども全的自由は、人々が特定の状況下でいだく選好順序に依存するような選択肢ではない。むしろ全的自由は、そのような選好肢集合の背後にあって、人々の活動を突き動かしている駆動因の次元にある。人々は、自身の選好を制御することができるとしても、その背後にある駆動因をうまく制御することはできないだろう。駆動因は、制御されている選好の束を打ち破って、膨張したり、萎縮したりする。このことを理解するためには、私たちがかりに、選好される任意の自由を実現した社会を考えてみると分かりやすいだろう。私たちは、自身が選好したそれらの特定の自由を享受することによって、満足するだろうか。おそらくこれまで気づかなかったような新たな自由を発見し、それを求めるようになるのではないか。自由な社会とは、選好された特定の自由を保障することによって、実現されるものではない。むしろ特定の自由には還元できないような、新たな自由を実現する可能性をもつものでなければならない。というのも私たちが求めているのは、自身であらかじめ意識化し制御して認識した特定の自由だけではなく、自身がまだ気づいていない、潜在的に可能な自由でもあるからである。そのような自由は、あらかじめ与えられた選択肢の中からなにかを選好することによって求められるのではなく、新しい選択肢を生むような、何らかの駆動因に導かれて求められるだろう。

全的自由は、そのような駆動因のあり方の一つの理念である。ここで私たちは、意識的な選択を導く「選好」と、その背後で選好を駆動する「欲望」の乖離に注視する必要がある。欲望は、全能感の発現を求めて、新たな潜在的可能性へと開かれていく。全能感としての全的自由は、各人によって意識的に制御されて目的化されるのではなく、たえずそのような目的化を逃れて、行為の背後で人々を突き動かしていく。全能感は、それが実現される場合においても、たえず新たな潜在的次元をもち、潜在的可能性が増幅されることにおいて、全能感そのものも豊かに滋養されるという関係にある。

人は全的自由を一つの選択肢として選好するのではなく、選択肢集合の背後で欲望する。そのような人間理解から出発するなら、私たちは「全的自由」の概念をほとんど公理的に認めざるを得ない。全的自由は、欲望の公理であり、欲望は全的自由が実現されることのみならず、その個々の実現を超えて、たえず潜在的に可能な次元を求めていく。このことは、私たちがある特定の自由を求めているようで、それらの自由が実現した場合にも満足できないという心理を説明する。私たちが追い求めているのは、あらかじめ特定された選好ではなく、むしろ特定されていない潜在的可能性の次元において、何か新たな選択肢が生まれることである。そのような要望は、「選好」と「欲望」の乖離、そしてまた全能感における「実現の享受」と「さらなる可能性の享受」の乖離という、二重の乖離になって現われるだろう。私たちは、あらかじめ特定された選好を満たそうとしているようで、実はその選好の背後にある欲望を満たそうとしている。私たちは、全能感を求めており、そのためには特定の選好の享受を超えて、潜在的に可能な全能感へと向かっていく。そのような実践の運動に駆り立てる原理として、全的自由は存在する。

このように考えると、全的に自由な社会とは、あらかじめリストアップされた個々の自由を満たす社会ではなく、リスト化されていない次元において新たな自由が実現されていくような社会である、ということができる。全的自由を認めるかどうかは、私たちの社会を運営する際に、理性による選好の制御に優位な地位を与えるか、それとも理性による選好の制御よりもさらに高次の次元に、欲望に基づく全能感の審級を認めるのか、という問題にかかっている。この問いがどんな選択を私たちに迫るものであるかについてはさらなる検討を要するが、後者の立場に立つ思想家として、さしあたってスピノザとドゥルーズを挙げておこう。

第三に、全的自由を想像できるとして、それはしかし、計測できないとみなす見解がある。私たちはどの程度の全的自由を持っているのか。全的自由は、昨日よりも今日の方が多いのか。また、ある社会に暮らす人々よりも、別の社会に暮らす人々のほうが、全的自由の量が多いといえるのか。こうした比較と計測の問題に対して、なんら有意義な応答をすることができないとみなす見解がある。

たしかに全的自由の定義を明確にしなければ、それがどの程度まで実現されているのかについて、私たちは計測することができないだろう。けれども全的自由の定義が複数ある場合にはどうだろうか。それぞれの定義に基づいてその量を計測することができるとして、全的自由は計測されたことになるだろうか。ここで問題は、さまざまな仕方で計測できるような場合に、ある対象を計測できたと言えるのかという点である。この問題を考える際に必要な視点は、さまざまな計測方法のなかから有意義な方法を取り出すという、その方法にある。もし価値相対主義の立場に立つなら、いずれの計測方法も同じくらい有意義なものとして認めねばならず、したがってさまざまな計測方法は、計測の端的な不可能性を意味するだろう。しかし私たちが何らかの価値の立場に立つならば、諸々の計測方法のなかから特定の方法を選ぶことが有意義であろう。その特定の方法がどんなものであれ、あるいは論者たちによって異なるものであれ、有意義な仕方で計測方法を取り出すことができれば、そこから議論を通じて方法を争うことができる。そして相互批判の実践を通じて、いっそうすぐれた方法を発見することが期待できよう。

つまり、各人がまず一定の価値的立場を採用しつつ、批判的討議を通じて価値を争うならば、それ自体がすでに、全的自由を計測できるとみなす見解にコミットメントしていることになる。このように考えるならば、全的自由が客観的に（あるいは絶対的な相互主観性の下に）計測できるかどうかは問題ではない。全的自由のさまざまな計測を通じて、私たちが自由の実質的内容をめぐって議論できるような状況があれば、それ自体がすでに実り豊かな自由社会をもたらすと期待できるからである。同じことを逆に言えば、私たちが全的自由の理念を失えば、もはや社会がどれだけ自由であるのかについて、有意義な議論を闘わせることはできないであろう。

第四に、全的自由の概念は、諸々の特定の自由がもつ価値を計測できないのではないか、と疑う見解がある。先の第三の問いは、全的自由そのものの計測に関わる問題であった。これに対して第四の問いは、全的自由の概念が、特定の自由の量を計測するための観点を与えない、という疑念である。

特定の自由がどれだけ実現されているか、という計測の問題は、例えば「言論の自由」という特定の自由が、他者危害原理に即してどの程度まで実現しているか、という形式的な観点から計測することができるだろう。他人に危害を及ぼさないかぎり、人々の言論活動を取り締まらない。あるいは「危害」の内容について、できるだけその範囲を限定して解釈し、言論活動の内容に幅を与える。そのような観点から、特定の自由がどれだけ実現しているかを計測することができるだろう。けれども、こうした危害原理による計測は、自由が実際にどの程度用いられているのかという実質については、語らない。例えば、一〇万人の人口を抱える社会において、ただ一人の人間が、言論の自由を最大限に活用しているような社会を考えてみよう。その人は最小限の危害原理に抵触するギリギリの言論活動をするが、他の人々はほとんど言論活動をしない。しゃべらない、書かない、出版しない、というような場合を考えてみよう。そのような社会は、確かに「言論の自由」を実質的に満たしているかもしれないが、全的自由の観点からすれば、ほとんど自由ではない。全的自由の理念は、人々の多くが旺盛に言論を用いて自由に活動しているような社会を、「言論の自由」が実質的に実現している社会とみなすであろう。全的自由は、自由が最大限に実現しているような社会を理想とする。この観点からすれば、言論の自由は、他者危害原理に抵触しないかぎりにおいて認められるべきものではなく、むしろ他者に危害を与えても、言論の自由が多く実現されているような社会を理想とするかもしれない。あるいは全的自由の理念は、訴訟やコンフリクトの多い社会の方が、実質的な言論の自由が多く実践されている、とみなすかもしれない。

全的自由がよく実現された社会とは、諸々の特定の自由が、実質的に活用されている状態である。そのような全的自由に照らして個々の自由の価値を測定するためには、たんに形式的な自由の範囲拡充を問題にするのではなく、自由の実質的な利用促進を問題にしなければならない。例えば、信教の自由が認められた社会において、ほとんどの人が宗教心を失った状況と、これとはまったく正反対に、信教の自由が認められていない社会において、多くの人々が隠れてさまざまな信仰を実践している社会を比較してみよう。形式的にいえば、前者の社会が自由な社会である。けれども実質的に言えば、後者の社会が自由な社会ではないか。全的自由は、後者の社会の方が自由な社会であるとみなすかもしれない。もちろん、全的自由は、終局的には「信教の自由」が確立した社会において、さまざまな信教（あるいはそれに代替する精神的営み）が実践される社会を自由な社会とみなすであろう。

四　全的自由と関係主義

このようにみてくると、全的自由の理念は、私たちの社会を批判的に評価するための規範的観点を提供することが分かる。だが、この全的自由の立場と鋭く対立するのが、関係主義的な自由の立場である。

ここで関係主義とは、次のような立場である。すなわち、自由とはある一定の行為関係において認められる現象であり、対他的な関係を離れてその自由の意味を理解することはできない。「特定の自由」がもつ価値は、ある特定の文脈における対他者関係の行為に現われるのであり、関係の束に還元して捉えることができる。例えば、私は私的所有の自由を行使できるという場合、その自由は、私個人に備わった本来的な属性としての性質をもつのではなく、あくまでも対他者関係において構成された行為関係の現象である。私的所有をあたかも本来的な自己所有の属性であるかのようにみなす見解は、諸々の行為関係の束を、人格的な属性として物象化した理解にすぎない。属性というかたちで物象化して理解すると、あたかもその自由が、本来的なものとみなされてしまう。しかしどんな自由も、人間行為の対他者関係において構築されたものであり、したがって本来的に自由な属性など存在しない。このように本来的な自由の概念を、物象化されたものとして批判する立場が関係主義である。

しかしこの関係主義の哲学は、全的自由の概念を捉えそこなっていると言わねばならない。関係主義は、自由を特定の対他者関係に現われる構築された現象として捉えるが、そのような捉え方は、あくまでも観察者の観点から事後的に解釈された関係性であって、観察者の視点が介入するまでは、当事者の視点から何が自由であるのかを理解することができない。当事者が自身の自由を理解することができるのは、観察者の視点を内面化した場合であり、あらかじめ相互主観的に規定された認識枠組をもって、自由の関係性を判断できる場合である。ところが自由の関係性は、あらかじめ規定された認識枠組では捉えられない現象をたえず生成させる。相互主観的に規定された認識の枠組においては、どのように認定してよいのか分からない行為現象が生まれ、それが事後的に自由の実質的な価値を帯びることがある。例えば、一定の人々に対する債務帳消しをすべきかどうかという問題、あるいは、一定の状況でコピー商品を認めるべきかどうかという問題等に対して、観察者の視点は、明快な規範的基準を持ち合わせているわけではない。そのような場合、特定の自由を関係主義的に捉えても、どんな関係が自由であるのかを確定することはできない。私たちはまず、人々の属性として全的自由があると考え、当事者が生み出すさまざまな行為や解釈を尊重すべきかもしれない。自由をまず属性として物象化した方が、自由の新たな可能性を捉えることができるかもしれない。

このことを示すために、例えば「父」と「父性」の違いについて考えてみよう。父とはある特定の人間関係において成立する属性であるが、それは個人の属性というよりも、対他者行為の関係主義的な理解によって明確に捉えることができる。これに対して「父性」は、どんな人間関係において成立するのか、あらかじめ規定されていない属性であり、それは事前の関係主義的な規定からたえず逸脱する傾向をもっている。「父性」は、ある当事者が自分の属性としてそれを理解した場合に、新たな関係にも適用されていくことがある。ある一定の関係において役割を与えられたから父性が発揮されるのではない。父性は、それ自体が契機となって新しい役割を生み出し、またその役割を引き受けることを可能にしていく。この他にも、カリスマ性や親しみやすさなどの属性は、それを資源にして新しい対他的関係性（役割）を生み出していくものとしてあるだろう。

自由という概念も、こうした属性概念のような性質を持っている。自由は、あらかじめ規定された対他者関係において現象するのではない。むしろ、まだ規定されていない対他者関係において発現することがある。新たな自由は、関係主義の規定によっては事前に捉えることができない。むしろまず、当事者の属性に自由なるものがあって、その自由に即して新たな対他者関係が築かれていく。それゆえ自由は、関係主義的に構築される以前に、当事者たる人間の属性としてまず認定されなければならない。関係主義の立場からすれば、そのような認定は「さしあたっての認定」にすぎず、最終的にはどんな自由も相互主観的な判断基準によって理解されるとみなされるかもしれない。けれどもこの「さしあたっての認定」は、自由の理解にとって重要な意義をもっている。自由とは、特定の自由を対他者関係において理解することを、たえず超えたものである。自由は、それがどんな対他者関係において現われるのか、事前には分からない。その性質を理解するためには、自由をまず人間の属性として捉え、その属性はつねに特定の自由を超えているものとみなさなければならない。自由とは、どんな特定の人間関係にも還元されない次元をもち、またどんな特定の自由にも還元できない次元をもつ。そのように理解しなければ、自由が対他者関係の事前において企てられることの意義は見失われるであろう。

五　自由はそれ自体として価値をもつ

関係主義的な理解においては、どんな価値概念も、それ自体として価値をもつのではなく、一定の対他者関係においてはじめて価値をもつとみなされる。真理や善や美といった概念は、それ自体として尊重されるべきものではなく、一定の相互主観的な判断枠組においてはじめて価値を与えられるとされる。このような関係主義の見地に立てば、自由もまた特定の行為関係においてはじめて意義をもつものとみなされよう。

ところが全的自由の立場は、こうした関係主義の企てに抵抗する。自由とは、それ自体において価値がある。それは、善がそれ自体として価値をもつことと同様である。それぞれの特定の自由が、それぞれの特定の文脈において価値をもつというだけでなく、そのような価値を超えたところに、「特定されない自由」それ自体が価値をもって現われる。自由とは、未知であり、生成であり、あらかじめ特定されていないことをする可能性に開かれている。そのような場合に、自由は本来的な価値があるとみなされる。

これに対して「特定の自由」しか認めない立場は、人類の歴史が、諸々の特定の自由を制度的に獲得していく歴史であったと理解するだろう。人々は、特定の自由のリストを欲しており、自由の理想社会は、そのリストを完全なものにする社会であるとみなされよう。けれども自由をそれ自体として価値があるとみなす全的自由の立場は、人類がこれまでの歴史において諸々の自由を獲得していく際に、その駆動因として全的自由があったことを理解するだろう。人々はこれまで、奴隷の解放という特定の自由を求める場合にも、全的な自由に導かれてきたに違いない。奴隷解放運動のプロセスと成果をバネとして、究極的には全的な自由の可能性が求められていたにちがいない。人々は、特定の自由の完全なリストを欲しているのではなく、そのようなリストに還元されない全的自由を求めている。このように考えてみると、自由な社会の理想とは、特定の自由を完全にリスト化して実現した社会ではなく、そのようなリストから洩れるような新たな自由が実現されていく生成のプロセスのなかにあるだろう。全的自由の立場は、このように、自由が獲得されていく人類の歴史を、その駆動因に即して理解するだろう。

自由はそれ自体として価値をもつ。その意味は、人間を豊かに駆動するための動因として、まさにその駆動因として、自由は価値をもつということである。人は自身が置かれたそれぞれの文脈で、特定の自由を求める。けれども、人々が特定の目的を追求する際の動因は、その特定の文脈には還元されないような、別のところから生じている。あるいは、その特定の目的を追求することで得られる価値は、必ずしも特定の自由がもつ価値に還元されない広がりをもっている。その動因と価値は「全的自由」によって備給されている。人はどうして特定の自由を求め、その自由に価値を認めることができるのか。それは、特定の自由がそれぞれの文脈ないし対他的関係においてもつ価値によっては、十分に説明することができないだろう。

六　超越財としての全的自由

最初に述べたように、全的自由の立場は、リベラリズムではない。全的自由の立場は、伝統的にはマルクス主義の革命運動において認められてきた見解であり、それは解放の神学であるといえるかもしれない。全的自由を求める立場は、この他にも、ベルグソン的な密教的生成、カトリック的な包摂的救済、アナキズムにおける抵抗の論理、フロイト左派の抑圧理論、ドゥルーズ的な分裂症の欲望論理、等々に垣間見ることができる。ではいったい、全的自由を認める立場は、自由主義の思想と両立するのだろうか。その答えは全的自由をどのように位置づけるか、あるいはどのように特徴づけるかにかかっている。

問題は次の点にある。いったい全的自由は、それ自体として自足的・内在的な固有の価値をもつだろうか。それとも全的自由は、構成的な善の一つであり、全体としての「善」を構成する一要素として位置づけられるべきものだろうか。例えば、全的自由とは、共同性や正義や情緒性といった他の価値と並んで評価されるべき一つの善であろうか。

バランス感覚の豊かな現代のリベラルな思想家たちは、自由をその他の価値と並んで評価しつつ、それぞれの価値のバランスを重んじるだろう。これに対してリバタリアニズムや一定の革命思想は、自由はそれ自体として価値をもつがゆえに、他の諸価値との比較によってその追求を制約してはならない、と主張する。この論争に終止符を打つための着地点は存在しないが、けれども論争において自由を本来的なものとみなす立場は、バランスをとろうとするリベラルな発想の哲学的基礎を否定する。自由を構成的な善の一つと考えて、他の諸価値との最適なバランスを検討するというアプローチは、それぞれの構成的善が、なぜ他の価値とは無関係に本来的な価値をもつのかについて理解しない。善き生（あるいは幸福）を構成する諸々の価値は、それが善き生をうまく構成する以前に、非構成的なものとしてすでに求められており、あるいは要請されているのではないか。そのような価値は、互いに他の要求を退けるほどの要請をもって現われ、しかも私たちの善き生という目的を超えて本来性を突きつけるのではないか。それが理解されるのは、私たちが善き生をイメージする以前に、欲望や願望や情念によって突き動かされているからであり、私たちを突き動かす諸々の駆動因は、善き生の要請を超えて、人類の歴史を動かすからである。それらの価値が、善き生を構成するものとしてバランスよく配置される場合には、すでにその本来的な駆動因を失っていると言えるだろう。

そもそも善き生とは、諸々の価値の本来的な要求を、構成的な善としてバランスよく配置した場合に可能となる目的としてイメージされてしまう。私たちは、諸価値の要求を手なずけ、飼い慣らし、諸々の要求の調整によって「善き生」をイメージしてしまう。だがそのような目的を最初から人生の最大の目的として据える場合には、私たちは諸々の価値がもつ本来の意味を見失い、あらゆる打算によって人生を生きることになるのではないか。諸々の善を打算的に構成するような生を避けようとすれば、諸々の価値が構成的に配置される以前の状態に、その本来の意義を見出さなければならない。構成的善とは、相反する本来的な諸要求の緊張関係において、はじめて成立するものでなければならない。

現代の福祉社会派は、さまざまな善の要求をバランスよく満たすことによって、善き社会の理想を最大限に実現できると考える。しかしそのようなバランスの思考は、あらゆる価値を、構成的な文脈においてはじめて意味づける傾向にある。例えば社会民主主義者たちは、自由は、平等や正義や共同性との関係においてはじめて意義深い価値になる、と主張するだろう。けれどもこのような仕方で自由その他の価値理念を理解すると、それぞれの価値が本来持っている多方向的で八方破れのエネルギーを見失ってしまう。あらかじめ構成されて理解された諸々の善は、社会を安定した静態へと導くのみであろう。自由は、他の諸価値の文脈に埋め込まれていなければならないとみなす立場は、そもそも自由がもつ動態的なエネルギーを見失い、新たな可能性に対して消極的な態度をとることになる。

そのような打算的態度は、精神をすぐれた仕方で滋養することはない。その結果として、善き生の新たな可能性を阻んでしまうことにもなる。その陥穽から脱却するためには、善の可能性をもはや世俗社会の内部にとどめず、超越的な次元に可能性があることを認めなければならない。さまざまな価値を構成的な善として認めつつ、しかも善き生を精神へと高めるためには、「ハイパー・グッズ（超越財）」を認めなければならない。ハイパー・グッズとは、例えば、聖なるもの、愛、全的自由、というように、それによって諸々の価値が構成され配置され、意味の文脈を与えるような審級である。全的自由とは、ハイパー・グッズの一つでなければならない[3]。ハイパー・グッズとしての全的自由は、次の二つのことを明らかにする。第一に、特定の自由がもつ価値は、全的自由に照らして客観的に評価可能であり、それをめぐって私たちは複数の解釈を争うことができる（ただし単一の評価解釈に絞り込めるとまでは言わない）。第二に、ハイパー・グッズとしての全的自由は、個々の状況に埋め込まれた諸価値の束をいったん解いて、新たな価値解釈を開き、争うような審級をもって現れる。

七　自由が本来的に望ましいことの意味

全的自由をハイパー・グッズの一つとして認める立場は、リベラリズムと共同体主義（および多文化主義）のあいだの論争に、別の角度から参入するだろう。共同体主義や多文化主義のような立場は、選択の自由がどれだけ存在するか、という問題を重視せず、むしろコミットメントするに値する美徳や義務が存在するかどうか、という問題に関心を寄せている。この立場は、選択の自由の幅が広くても、その選択肢のなかに価値ある選択肢が含まれていなければ、そしてまた選ばれていなければ、善い社会とは言えないと考える。これに対して選択の自由を重視するリベラリズムの立場は、価値ある選択肢が実際に存在するかとか、実際に選ばれるかどうかには無関心であり、選択肢の幅が増えることをそれ自体として歓迎する傾向にある。いったいより多くの選択肢は、私たちをいっそう自由にするのだろうか。またそのような自由は、私たちを善き生へと導くのだろうか。選択の自由を本来的に望ましいとみなすなら、私たちはその本来性に導かれて、善き人生を歩むことができるのだろうか。

全的自由の観点に照らせば、これらの問いに対する答えは「ノー」であろう。選択の自由は、それ自体を拡充しても、私たちを善き生に導くとは限らないからである。むろん、リベラリズムの立場からすれば、私たちが共通の関心として抱くべき社会的目標は、たんに善き生を実現することではない。社会的目標は、むしろ善き生の内実が完全には理解されていない状況において、いかにして私たちはそれを理解したり発見したり解釈したりするのか、あるいはそのようにすべきなのか、という問題に答えることでなければならない。他の人々にとって善いとみなされている生き方は、自分にとって善き生であるとは限らない。そのような不確実な状況において、各人は、どのようにして善き生を模索することができるのか。それはさしあたって、選択の自由を拡充することによって、そのなかから新たな選択肢が生まれることによって、と答えることができよう。各人が試行錯誤を繰り返すなかで、善き生の新たな可能性が掴み取られるならば、それが社会全体の目的を実現する。共同体主義や文化多元主義に対してリベラリズムがつきつける問いは、善き生のあり方があらかじめ規定されていないということ、あるいは善き生にはつねに新しい可能性があるということである。その可能性を開くためには、自由が本来的に価値をもつのだと考えなければならない。

自由が本来的に価値をもつとすれば、次の問題に応えることができる。いま、ある状況において二つの選択肢が存在し、別の状況においてはその二つの選択肢のほかに、八つの選択肢が存在するとして、その八つの選択肢はいずれも最初の二つの選択肢よりも劣位にある（つまり選ばれない）としよう。この場合、私たちは二つの選択肢がある状況と、合計して一〇の選択肢がある状況の、いずれを望ましいとみなすであろうか。もし自由が本来的に価値をもつのだとすれば、後者の状況のほうが望ましい。たとえ選ばれる選択肢が同じであるとしても、後者の状況においては、前者の状況よりも広い選択肢のなかから選択が行なわれているのであり、選択の自由がいっそう多く満たされているからである。行為者は、後者の状況において、他の選択肢をより多く吟味することができ、しかもより多くの選択肢を否定できる（価値が劣ると判断できる）がゆえに、いっそう自律的に選択の自由を行使することができるだろう[4]。

しかし例えば、選択肢が二百万個ある場合と、選択肢が一千万個ある場合を比較した場合、一千万個の選択肢があるほうが、行為者はいっそう自律的に選択の自由を行使できると言えるだろうか。自律的な選択主体になるためには、おそらく個々の状況に応じて、百個から千個程度の選択肢があれば足りるのではないか。それ以上に選択肢の数が増えても、人はいっそう自律的に行為する人格者になるとは考えにくい。人は、選択肢が増えれば増えるほど自律的になるわけではない。自律とは、選択肢以外の諸要素、例えば教育機会や討議機会などによって育まれる人格的な特徴でもある。選択肢が多すぎる場合には、人は情報の処理に煩わされ、かえって自律的な判断を十分に遂行することができないかもしれない。にもかかわらず、劣位の選択肢の数が多い方が望ましい理由は、それらの選択肢を他の人々が採用することによって、新たに魅力的な選択肢が生まれるかもしれない、ということにある。なぜ劣位の選択肢に意義があるのかといえば、私たちがそれらの選択肢を否定することによって自律できる、ということではなく、他の人々がその選択肢を選択することで新しい善き生を生きるかもしれない、という可能性があるからである。そのような可能性に開かれている社会は、それ自体として本来的に自由な社会であり、本来的に望ましいと言うことができる。むろん、より多くの劣位の選択肢は、実際には社会全体を劣悪な状態に導いてしまうかもしれない。けれども自由な社会とは、統計的にみて劣悪な状況をもたらすような選択肢にも新たな可能性を認める社会であり、現実としては劣位でも、可能性としては優位であるような社会を展望するだろう。

八　自由は道具的価値をもつ

みてきたように、自由が本来的に価値をもつことの意味は、それが善き生の新たな可能性を開いているということである。しかしその可能性は、実際には道具的な機会であって、自由とは新しい善き生を実現するための手段であると言われるかもしれない。自由とは、新しい可能性を開くための道具となる装置であり、本来的に価値をもつのは、そのまさに「新しい善き生」であると言われるかもしれない。

けれども、新しい善き生の内実が分からない場合、私たちはその生を最適な手段によって実現することができない。むしろ試行錯誤を繰り返し、何度も選び直す過程において、私たちは新たな善を実現するだろう。すると自由とは、ある目的を実現するための手段ではなく、目的を定立するための環境であり、いわゆる道具ではない。自由は、未知の目的を探究するための装置であり、特定の最適な手段を提供するものではない。自由とは非特定的な道具であり、いっそう多くの失敗と試行錯誤をもたらすという意味では最適ではない道具である。そのような非特定性と可謬性をもつ道具を私たちが受け入れるためには、かりに私個人の人生が善き生の探究において最終的な目的に到達できなかったとしても、社会全体としては、自由が善き生の新たな可能性を生み、それを後続の人々が享受していくという過程に、人々が集合的な希望をもたなければならない。自由とはその意味で、個々人の人生にとってすら最適な道具ではないかもしれない。自由は、社会全体の集合的な目的に資する道具であり、各人にとって理不尽な道具であるかもしれない。もし人々が、「善き生」を送ることを最重要の目的とするならば、私たちは新たな善き生の可能性を探究するよりも、既存の善き生を身につけた方が確実であろう。にもかかわらず、私たちが自由を道具として受け入れる理由は、自由がそもそも各人の個別事情に左右される関心を超えて、普遍的かつ集合的な価値をもつことを私たちが理解するからであろう。自由は、非特定の可謬的な道具であるがゆえに本来的な価値をもつのであり、道具であることと本来的な価値をもつことのあいだには、矛盾は生じない。

もっといえば、本来的な価値とはすべて、非特定の目的を集合的に達成するための道具ではないか、と考えることもできる。一般に道具とは、何らかの目的を達成するための手段的価値しか持たないとされる。けれども何を達成するのか特定されないような道具を大切にする心性は、個々の目的を不可視化して、いわばそれ自体を価値あるものとして物象化するような機制を働かせる。本来的な価値とは、そのような物象化の操作であるとも考えられる。けれどもこの物象化を個々の関係性へと解消・解体すると、私たちは自由の価値を見失ってしまうだろう。個々の状況においては、ある特定の目的を達成するために、最適な手段というものがいくつか特定されるが、その場合の手段は自由でなくてもかまわない。自由は他の手段と代替可能性をもつかもしれないからである。ところが、私たちが新しい目的としての善き生を定立したり模索したりする場合には、そもそも最適な手段をあらかじめ選択することができない。その場合には、私たちは自由をあらかじめ物象化して、新しい目的定立の営みに向かわなければならない。

新しい善き生がありうるという立場は、アリストテレス的な徳の静態的把握を受け入れず、近代人が発見したような、人格発展の無限の可能性という考え方をまず受け入れるだろう。人格の陶冶は、無限に卓越した要素を生み出しうるのであって、人類はそのために無限の努力を企てるべきであるという近代啓蒙の思想は、つねに「よりよい生」があると考えてきた。けれども「新しい善き生」は、既存の生と比べて、つねに「よりよい」とはかぎらない。それは端的に新しいのであり、既存の生よりもすぐれているのかどうかについては、多様な判断がありうる。新しい善き生は、なにか卓越したものに到達することを目的とせず、もっぱらその遍歴における体験を重視するかもしれない。J・S・ミル以降の自由主義は、人格の発展というものが多様であり、新たな可能性を持つがゆえに、自由に価値を認めなければならないことを訴えてきた。自由とは、各人が個性的な人格を発展させていくための基盤であり、各人は自身の内面を自由に解釈したり陶冶したりすることを通じて、新しい善き生に到達することができる。そのためには、各人は既成の善き生をモデルとするのではなく、自由に本来的な価値を認めて、新しい可能性を探らなければならない。新しい善き生は、共同体がもつ意味の文脈のなかにあらかじめ埋め込まれているのではない。意味を求めたり解釈したりすることによって、私たちは自分にふさわしい善き生に到達できるわけではない。善き生は、一見すると無意味にみえる事柄に意味を発見し、いまのところ意味がないと思われている事柄に価値を与えるような、発見的で創造的な過程を必要としている。そのような意味の発見や創造を自由に営む場合に、私たちは善き生の新たな可能性に出会うのであり、そこにおいて自由は、本来的な価値をもって現われる。自由は、新しい発見と創造の営みにおいて、構成的な条件となって現われる。自由は、たとえ私たちが新しい発見と創造の営みに成功しなくても、それ自体として意義深い生の条件となっているのであり、したがって本来的な価値をもつということができるだろう。

九　自律の解放的可能性

全的自由を実現するためには、制度的要因のほかに、主体の側の要因を検討する必要がある。積極的自由を何らかの価値によって基礎づけようとする立場は、アリストテレス的な徳論を受け入れるかもしれない。これに対して、徳の内容を客観的に規定せず、徳はもっぱら主体の主観的な選好形成と選択によって選ばれるべきだとみなす近代啓蒙の立場が対置される。近代啓蒙の立場は、美徳を自律的な選択によって選ぶことそのものを美徳であるとみなし、自律のために必要な主体の内的要素、すなわち下位の欲求を抑えて上位の欲求（第二階の欲求 second-order desire と呼ばれる）を実現するという実践が、美徳それ自体を形成すると考える。

なるほど、自律した選択行為によって、できるだけ高次の欲求を実現していくべきだという考え方は、それ自体としては全的自由の理念に適っている。しかし近代啓蒙のいう自律は、必ずしも全的自由の理想と結びつくものではない。自律は、もしそれが第二階（上位）の欲求を明確に規定する場合には、すでに一定の価値的立場をとることになるが、するともはやその立場は、欲求の新たな潜在的可能性に開かれた態度とはいえない。自律が全的自由へと向かうためには、私たちは第二階の欲求を、開かれたものとして保持しなければならない。そもそも「第二階の」とは、「より高次の」という意味であり、それは程度の問題であると同時に、無限の階梯を想定しているものでなければならない。ところが私たちは、無限の階梯における高次の欲求を、すべて明確にすることはできない。だから自律を完成させることは、あらかじめ閉ざされている。自律の理想とはむしろ、明確に規定できないような高次の欲求を、少しずつであれ育むような態度として、捉え返されなければならないだろう。私たちは、より高次の欲求がどんなものであるかをたえず探究する態度を持つかぎりにおいて自律しているのであり、また同時に全的自由を実現することができるだろう。

　では、高次の欲求をたえず探究するという主体の内的態度を、私たちはいかにして養うことができるのか。もし私たちが自身の高次の欲求を明示化できるとすれば、その欲求を実現するための機会を整備することが、積極的自由の実現に資することになる。ところが主体が自身の第二階の欲求を十分に知らない場合には、どんな機会（選択肢）を制度的に設けていくべきなのか。例えばここに、ある主体にとって二つの選択肢があるとしよう。一つは安楽椅子に座ってくつろぐことであり、主体はこれを「低次の欲求」に基づく選好であることを理解している。もう一つは、アンデス山脈を越える冒険であり、主体はこれを「自身の高次の欲求」であるかどうかと疑っている。この場合、全的自由の立場は、安楽椅子に座ってくつろぐ行為を選びにくくするために、追加の機会費用を与えて、主体がアンデス越えをするように促すだろう。低次の欲求に基づくことがあらかじめ理解されている選択肢を抑制して、新しい行動を促すであろう。その結果としてアンデス越えは、主体にとって高次の欲求とみなされるかもしれないし、みなされないかもしれない。いずれにせよ全的自由の立場は、主体が高次の欲求を探るために、たえず探索行動をするように促すであろう。全的自由の立場は、高次の欲求をあらかじめ規定することなく、低次の欲求に機会費用を加えていく。自律の理想とは、高次の欲求をできるだけ明確にすることではなく、むしろできるだけ潜在的に多産にすることである。そのためには低次の欲求を抑制しつつも、さまざまな可能性を開いていくような態度が推奨される。全的自由の立場はそのための制度的な支援策をさまざまな仕方で掲げるだろう。

●注

（1）R. Dworkin, "We do not have a Right to Liberty," in R. L. Cunningham（ed.）, *Liberty and the Rule of Law*, College Station: Texas A. & M. University Press, [1979] p.172., R. Dworkin, *Taking Rights Seriously*, London: Duckworth, [1977] p.270., R. Dworkin, A Matter of Principle, Cambridge, Mass.: Harvard University Press, [1985] p.189. このドゥオーキンの自由論に賛同するものとして、W. Kimlicka, *Contemporary Political Philosophy*, Oxford: Oxford University Press, [1990] pp.145-151.

（2）Ian Carter, *A Measure of Freedom*, Oxford: Oxford University Press, [1999] p.11.

（3）ただし諸々のハイパー・グッズをいかにして位置づけるか、という問題はきわめて論争的な関心を喚起するだろう。この問題を検討していくと、チャールズ・テイラーのいう「三つ巴構造」の問題に帰着する。拙稿「経済倫理の地殻変動」『創文』二〇一〇年一―二月号、所収、を参照。

（4）この指摘について、T. Hurka [1987] "Why Value Autonomy?," Social Theory and Practice, 13. を参照。

第三章　政治的自律と民主主義的討議

石黒　太

問題設定：「政治的」自律の中身

「歴史的な政権交代」とともに「政治主導」という奇妙な言葉が注目を集めている。「政治主導による政治」という一見するとトートロジーに他ならないように思われるこの言葉は、「官僚」支配に対して、「人民」の付託を受けた「政治家」による決定の主導を主張するものであるらしい。不当に奪われている政治的決定権力を本来あるべきところに取り戻すこと、これこそが「政治主導」の意味するところであると思われる。しかしながら、何故、奪われてしまったのかということ、さらには、「どこから」奪われてしまったのかということに対する原理的考察がないところでは、実効性のない一時的なスローガンにとどまらざるを得ないであろう。

古来より、「政治」を「我々」の手に取り戻そうというスローガン自体は珍しいものではない。「官僚制」はもちろん近代的な意味での「政府」というもの自体を欠いていた古代ギリシア・アテネにおいては、問題とはならなかったのかもしれない。しかし古代ローマあるいは近代市民革命期の事例を挙げるまでもなく、政治的変動の原因は多くの場合、政府による政治的決定のイニシアティブの所在を巡る争いとして現れていたと言えるであろう。「政治的自律」という言葉が、「政治（的課題）」に対する「自律＝自己決定」を意味するならば、「誰が」「どのような形で」最終的な決定をコントロールする権力・影響力を有する（べき）かということは、まさに政治的自律を巡る中心的な問題領域である。

政治的決定のイニシアティブを争う人々の念頭にあるのは、「我々」こそが政治の担い手であり、我々の意見や意向が政治的決定に反映されねばならないという意識に他ならない。そして、いまや大衆民主主義の成立と前後し、「我々」とは何より「人民」のこととなった。人民の政治的な自律の実現は、通常、民主主義の実現と同一視される。民主主義の理念としてしばしば掲げられる「人民の人民による人民のための統治（政治）」という言葉は、そのまま政治的自律の理念を示しているとも言える。

ところが、「政治的自律の主体は誰か」という問題は、実際のところは、極めて複雑な様相を呈している。何より、「政治的自律」という言葉が、「我々人民」は（が）政治的課題に対する自己決定権を有する（べきである）、ということを意味するとして、「我々人民」は個々人としての人民を指していると考えることが可能であるのか、ということが問題である。個々人としての人民が自己決定権を有すると捉えられるべきか、それとも、集合体としての人民であると捉えられるべきか。この二つの人民概念の分裂と相克は、思想史における一大テーマである。

民主主義の本質についてイギリス市民革命期の文献研究から二つの潮流を見いだしたA・D・リンゼイの分析を借りるならば、人民個々人の自己決定（政治的自律）という契機を民主主義の本質として強調する立場は、当時のいわゆる水平派の主張に近いように思われる。「平等」という理念の展開において歴史上重要な位置を占め、近代の民主主義の源流の一つと目されている水平派の主張は、民主主義の本質を「同意」に基づく統治に見いだすものであるとリンゼイは指摘する。彼らは、「生命に対する責任が万人同じであること」、あるいは「（イングランドに住む）ひとは、たとえ、どんなに貧しくとも、もっとも富裕なひとと同じく、生きるべき生命を持っている」という言葉の中に含まれていた精神的原理を重要視する（Lindsay, 1929, p.12）。しかし、リンゼイによれば、この精神的原理から直接に結論を導き出すことが様々な問題を引き起こした。すなわち「すべての統治というものは、民衆のなにものにも拘束されない同意があってはじめて成立する」という原則が、「誰でも、自分自身の同意によらずしては支配される義務を負わないという原理に置き換えられてしまった」と言う（Lindsay, 1929, p.13）。しかしながら、このような形で個人の「政治的自律」が完全に保障されるならば、統治自体が成り立たない。人民個々人の自己決定や同意が、無制限に称揚されるならば、民主主義政体に対して破壊的となり、むしろアナーキーな状態をこそ要請することになる。そして、現実的に実現可能な形態を模索した結果、民主主義過程は同意を調達するための装置へと縮減される。人民は名目的に決定権力者とされるにすぎない。その結果「彼らを満足せしめるものは、もはや一つ一つの法律に対する同意ではなく、法律をつくる人々に対する同意でなければならない」ということになる（Lindsay, 1929, p.13）。しかしながら、そのようなあり方は、民主主義の一形態であると主張しうるとしても、政治的自律を十全に実現した形態と言えるであろうか。

「法律を作る人々に対する同意」を表明する機会があるということが、十全に政治的自律の理念を実現しているとは思えないという感覚は、おそらく「自律」が単に人々が自ら決定すること、あるいは決定（者）

に対する同意があることだけを意味するとは我々が考えていないということによると思われる。「自律」はおそらく単なる「自治」とは異なる。そして通常、「自律」という言葉は、単に「(その内実はともかく)自らで決定する」ということ、すなわち決定において、「我々」の意向が反映されているということだけを意味するのではなく、同時にその決定が、自己内対話の結果として、もしくは何らかのより高次の規範の実現として、人間理性に基づいた一定の合理性・道理性を有するに至るということも含意していると考えられる。自律は通常、「理性による自己統治」である。そうであるならば、「政治的自律」もまた、集団の政治的決定において、一定程度の合理性・道理性に基づいた考慮を要求することになると考えられよう。しかし、とりわけ現代社会のような道徳的構想や価値の多元化が所与のものとされている社会において、如何にして、「理性による自己統治」としての個人の自律性と同様の自律性を、集団が発揮することができようか。現代社会のごとき多元化が進んだ社会において、集団的自律はますます困難となっている。そのような中で、民主主義を、自己決定と合理性・道理性という二つの契機を兼ね備えた政治的自律の実現形態として再構成すべきであるというのが、本稿の立場である。

この課題は同時に、いわゆる「エピストクラシー＝知者による統治」に対して民主主義の優越性を示すことが可能かという問題を伴う。単なる自己決定が自律の内実とされ、民主主義が同意の有無という問題に縮減された場合、同意があるということ自体が、そのままで決定の合理性・道理性を保障することはない。水平派の如く個々人の意向が反映されるべきことのみを強調するならば、民主主義が多数派の専制や衆愚政治に陥る可能性は否定できない。そうではなくとも合理的な決定に辿りつきうるか否かは、賭けにすぎない。それに対して、合理性こそが決定において最重要視されるものであるならば、民主主義に代わってエピストクラシーを採用しない理由を示す必要がある。エピストクラシーの典型はプラトンの示す哲人王による統治であろう。プラトンに見られるように、哲学者による統治と、民主主義的統治は、対立的に捉えられる。というのも、哲学者＝よき一者による統治が、哲学的・道徳的真理に基づいた望ましい合理的な統治であり、民主主義的統治＝多数者による統治は、揺れ動く人間の臆見によって形成された非合理的な意思の表明でしかない、と考えられたからである。

道徳的価値の多元化が進んだ現在の社会においては、当然のことながら、哲人王による統治は妥当なものとはなりえないであろう。エピストクラシーが忌避される第一の理由は、何より自己決定の契機が等閑に付されていることにある。自己決定としての政治的自律の実現を求めるならば、この点において、哲人王政は完全に拒否される。しかし、例えばより穏当な形のエピストクラシーであればどうであろうか。現代社会において登場しうるエピストクラシーは、必ずしも政治的決定に対する人民の同意の契機をすべて放棄するものではない。何らかの形で人民の同意を確保しつつ、決定への影響力の格差を設定することも可能である。そのような形態のエピストクラシーとしては、Ｊ・Ｓ・ミルの代議制に関する主張が挙げられよう。Ｊ・Ｓ・ミルは『代議制統治論』の中で「一人の意見が一人以上に匹敵するとみなすことを正当化できる唯一のものは、個人の知的優越である」とし、「その人の職業の性質によって、あるいは受けてきた教育によって」決定への影響力に格差をつけること、具体的には例えば特定の大学の卒業者に対して余分に投票権を与えるいわゆる複数投票制を提唱している（Mill, 1882, p.182）。[1]

さらに、「専門家」あるいは「（統治の「専門家」としての）官僚」が決定に対して大きな影響力を保持する現代国家の状況もまたエピストクラシーの一形態として理解することができそうである。包括的な道徳的構想の多元化と政治的領域からのその排除は、必然的に技術的合理性のみを判断基準とした専門領域の分化をもたらす。そのこと自体が大きな問題であるわけではない。しかし、包括的教説において多元化し、専門分化が進んだ現代社会では、「最良の判断」をなしうる「専門家」が分化した領域のそれぞれに存在し、あたかもプラトンの哲人王が、各分野に乱立しているかのような様相を示している。この状況は政治的な自律の契機が、自己決定と合理性・道理性の二つに分裂していることと無関係ではないだろう。現代社会において、集団的に「理性的な自己統治」としての自律を実現することの困難さが、自律を同意という正統性の源泉に矮小化し、合理性の部分を専門家の専門知に委ねているとさえ言えそうである。

したがって、本稿の課題は以下の二つである。道徳的構想において多元化した現代社会において、「理性的な自己統治」としての自律を集団的に実現することは如何にして可能となるのかを問うこと、そして次に、現代のごとき専門分化が進んだ社会において、政治的な自律を実際に実現することは如何にして可能となるのかを問うことである。政治的自律の領域は、おそらく無政府主義とエピストクラシーの狭間にある。現代社会においては、人々の自己決定と専門知との狭間において、政治的自律を確保することが可能であるのかという問題である。この課題に取り組むために、まず最初に、現代の多元的社会の性質と自律のあり方について考察し、そして次にプラグマティズムに基づく民主主義理論を取り上げ、政治的自律の実現形態として民主主義を捉える可能性について考察する。最後に、現代的形態のエピストクラシーをどのように評価しうるかという問題について考察する。

一　道理的な多元主義の下での自律

合理性を伴う個人の自律性と同様の自律性を、集団が如何にして発揮するかという課題に対しては、現代の自由民主主義思想の泰斗であるJ・ロールズが、その最初の大著『正義の理論』において取り組んでいる。その一致の鍵となるのが原初状態という装置であった。ロールズによれば、「自律」の価値は原初状態からの推論に組み込まれている。ロールズは「自分の行為の諸原理が、自由で平等な合理的存在としての自分の本性の最も適切で可能な表現として、自分の手で選択されるとき、人は自律的に行為している」というI・カントの見解を示しつつ、社会的地位や生来の気質、たまたま欲しているものに照らして諸原理が採択されたり、そのような原理に基づいて行為したりすることは他律的な行為であると指摘している（Rawls, 1971, p.252）。原初状態における無知のヴェイルは、それらの他律的な契機を剥奪するものなのである。後の著作において明示されているように、この原初状態に組み込まれた合理性は、単純な目的合理性（rationality）を意味するだけではなく、道理的であること（reasonable）も含まれているとされる。『正義の理論』においては、原初状態の当事者は全員一致で正義の二原理に到達する。もちろん、思考実験にすぎないため、人々が実際に推論を行い決定に至るわけではない。しかし理論的には個人の自律と集団の自律はこのようにして連続させられる。その後、原初状態から徐々に無知のヴェイルが引き上げられていき、基本法が制定された後には、それに従って行為し決定することが、自律の実現であると考えられる。このような考え自体は、現代社会の包括的道徳的教説の多元性＝「道理的な多元主義」を理論の根幹に据えて理論構造を根本的に組み直した後期の『政治的リベラリズム』でも基本的には変化がない。

後期ロールズの基本的な考えでは、我々は、自由な理性行使の帰結として、個々人の信奉する包括的教説が相互に対立するという「道理的な多元主義」を現代社会の所与の条件として承認する必要がある。ロールズの主張する「公正としての正義」構想は、包括的教説から政治的構想へと移しかえられ、それに対応して『正義の理論』の道徳的個性をもった人格の観念は、「市民」の観念に移しかえられた。『政治的リベラリズム』においては、「市民」の自律の理想が、原初状態の条件付けの中に盛り込まれている。ただし、その基になるのは、例えばカントの道徳理論のような包括的教説に基づくものではなく、あくまでも既存の公共的文化に含まれた「政治的」な価値である（Rawls, 1996, pp.22-35）。

このようにして、「道理的な多元主義」を現代社会の揺るがしえない「事実」として認めるならば、政治権力の行使においては、「相互性の基準」を満たすべきことが要請される。つまり、政治権力の行使は、お互いが理性に基づいて（reasonable）受け容れ可能な理由に基づかない限り、不正である。このことは、ロールズがいう「包括的教説」に基づいて政治権力が行使されることを禁止する。その結果、政治権力の行使は、道理的な人々が理性に基づいて受け容れ可能な「政治的用語」に基づいたものでなければならないということになる。このように、「道理的である」あるいは「理性に基づいた」（＝reasonable）とは、他者が自らの包括的教説に同意しないことがありうるということを認める態度を意味する。この意味では、「政治的自律」は「政治（的課題）」に対する「自律＝自主的決定」であるだけではなく、「（形而上学的なものではなく）政治（的なるもの）」に基づいた「自律」でもある。人々は、政治的決定を行うに際して、個々の市民の推論においては、各人の包括的教説に基づいたものであったとしても、集合的に政治権力を行使する場合には、政治的な用語によってその正当化をはからねばならない[2]。

以上のようなロールズの主張は、現代の多元的社会において「自律」を集合的に実現することの難しさを端的に示している。現代社会の条件としての「多元性」は、様々に解釈されるが、単一の道徳的真理や何らかの道徳的な自律の観念に従って決定が導かれると考える立場とは相容れないということについては如何なる解釈においても首肯されるところであろう。後期ロールズの議論に従えば、何らかの特定の世界観や道徳的教説に従って決定したり行為を律したりすることは、集団的には困難である。[3]それはすべての道理的な人々が受け容れ可能ではない。「道徳的価値としての自律は民主主義思想の歴史において重要な位置を持っていたとはいえ、それは道理的な政治的諸原理に要求された相互性の基準を満たすことに失敗し、そして、正義の政治的構想の一部であることができなかった」(Rawls, 1996, p.xlv)。それゆえ、市民たちの「政治的」自律は、あくまでも選択された正義原理に一致することによって実現される。[4]

このように自律を捉えることの問題は、何より、正義原理の選択の場面において先取り的に自律の構想が組み込まれており、その後、実際に自律を実現する余地がほとんど奪われてしまっているということである。人々の自律性は正義の原理あるいは基本法の設定という始原的な時点において仮説的に発揮されるに過ぎない。民主主義過程における政治的自律の発揮として人々に要求されるのは、合意された正義原理から逸脱せず、かつ「相互性の基準」に抵触することなく、他者もまた受け容れ可能な正当化のスタイルにおいて具体的な決定を行うという程度のことである。J・ハーバマスの以下の指摘が、ロールズの政治的自律の問題を的確に示している。

「ロールズは確かに政治的自律の理念から出発しており、この理念を原初状態の地平上で描き出そうとしている。……［しかし］そのような政治的自律のあり方は、法的に構成された社会の中心では恒常的なものにはなりえない。なぜなら、無知のヴェイルが引き上げられていけばいくほど、また市民に血と肉を備えたリアルな姿が与えられれば与えられるほど、ロールズの市民は頭越しの進行によってすでに制度化されてしまっている秩序ヒエラルキーに絡めとられてしまうからである。」（Habermas, 1996, p.89, 邦訳八七頁）

その結果、人々の政治的自律の観念は、その意味内容を大きく縮減することになる。如何なる考えに基づいた決定であるのかということについては、各人の包括的教説に委ねられる。それが相互性の基準を満たし、政治的に正当化可能な主張であるならば、自律の中身や決定の内容について問われることはない。決定が「理に適っている」とは、人々が受け容れ可能であるということを意味するに過ぎない。「相互性の基準」は、人々の同意可能な決定の範囲を設定するだけである。

二　真理と政治的自律

ロールズの政治的自律についての考察は、道理的な多元主義という条件への対応を進めた結果、自律の機会が実際に存在しうる余地を縮減し、さらに自律の内実における決定の合理性（道理性）を、「すべての道理的な人々が道理的に受け容れ可能である」ことに限定する結果となってしまったといえるであろう。我々は、自律をモデル化し仮説的な同意を先取りすることによって実際の自律の契機を奪ってしまったり、あるいは決定の道理性・合理性を受け容れ可能性に縮減したりしない構想をこそ模索する必要がある。求められるのは、同意という契機のみを民主主義の本質とは捉えない民主主義のあり方であろう。再び近代民主主義の源流に関するリンゼイの歴史的分析に従うならば、イギリス市民革命期においてO・クロムウェルらによって主張された水平派に対抗するもう一つの民主主義の潮流に、その手がかりを求めることができる。すなわち、集団的に「真理」を求めることによって、決定における道理性・合理性を追求しようとする潮流である。

リンゼイによれば、水平派の主張は「同意による統治」以外に正統なものはない、ということであった。それに対して、クロムウェルに代表される市民革命時の思想家たちは、「同意は結果であっても条件ではない」として、民主主義の条件を「関係するすべての人々が、彼ら自身の意思を表明しようと努めることではなくて、神の意志を表明しようと努力すること」に求めた（Lindsay, 1929, p.19）。リンゼイによれば、近代の民主主義は、「内なる光」についての教義を信奉する独立派や再洗礼派、クェーカーなど、いわゆる新教の諸分派の独立集会から生じてきたとされる。つまり、特殊な能力を持った専門家が、祭司となって神の意思を聞きとるわけではない。これらの諸分派の民衆集会などが基になって展開した民主主義的制度は、クロムウェルらにとってみれば「各人の抑え難い良心が語る事柄に耳を傾けることによって、また神の意思を学ぼうと望んでいる人々の、率直で忌憚のない討論に基づいて見いだされなければならないなにものかを看破し、発見すること」が目的であった（Lindsay, 1929, p.18）。リンゼイは、水平派に端を発する同意を民主主義の本質とする見解は、現代では歪んだ民主主義のあり方に行き着いてしまうことを示唆しつつ、このクロムウェルらの立場をこそ、近代の民主主義の源流であり、民主主義の本質を示すものとして高く評価している[5]。

クロムウェルらの立場は、「真理」と政治的決定の連続性という点から見れば、真理と決定のつながりを保持するプラトンの基本的な考えを踏襲している。本来、これは本質的に民主主義的制度と相容れないと考えられたものである。プラトンにおいては、政治は道徳的真理を追求するものであり、「道徳的真理」を発見しうる「哲学者」＝「専門家」の決定が求められる。リンゼイによれば、クロムウェルらは、「専門家」ではなく、むしろ通常の「信仰の人々」が等しく神の真理に接しうると考えた。ただし、いかなる意見が神の真理と合致しているのかを判断することは極めて難しい。「神は、討議に出席していた人々のうちの誰に話しかけていたかわからない」のである（Lindsay, 1929, p.17）。クロムウェルらは、その真理の「発見」においてこそ、民主主義過程が貢献しうると考えたのである。

現代社会における道徳的価値の多元性を考慮に入れるならば、プラトンの如きエピストクラシーを正当化することは難しく、また、クロムウェルの主張をそのままで受け容れることもできない。クロムウェルらの主張は、ロールズの言うところの「包括的教説」に他ならないのである。しかし、人々の意見が、「神の言葉であるのか、あるいは我々の想像の所産でしかないか」をはっきりさせるために、我々は「討論し、他人の意見を尊重して、理性によって、その区別を明確にしなければならない」とされる（Lindsay, 1929, p.17）。このようなリンゼイの考察は、民主主義過程における討議を中心とした理性の交換を民主主義の本質ととらえる点で、近年の討議的民主主義理論の源流ともいうべき見解を示している[6]。こうした人々の討議の中に、民主主義の本質と政治的自律の契機を見出すことが可能ではないだろうか。

おそらく、これらの潮流を引き継ぎながら、現代社会における価値の多元性への対処を視野にいれつつ真理発見のプロセスとして民主主義過程における討議の契機を理解し、それによって決定の合理性を確保しようとするのが、現代のプラグマティストであるC・ミサクとR・タリッセである。通常、プラグマティズムと民主主義は、実践の過程において連続することが多いと考えられるが、彼女らはプラグマティズムの認識論が、民主主義とりわけ討議的民主主義を要請すると主張する。具体的には、プラグマティズムの創始者であるC・パースの認識論を民主主義過程に接続することにより、民主主義の「認識論的」正当化をはかろうとするのである。そして、ミサクもタリッセもその主張の出発点は、多元主義の進展を認めつつ、その対応の一つとして民主主義の認識論的な基礎付けを模索するということにある。

ミサクが真理を民主主義的討議の目標に捉える第一の理由は、多元主義の進行への対処である。ミサクによれば、多元主義への理論的対応は二つ考えられる。すなわち、普遍的に受容可能な基準を見つけ出そうとするか、不干渉の態度をとるかのいずれかである。ロールズの戦略は、後者の路線をとりつつ、道理的な人々が受け容れ可能な規範を示そうとするものであった。しかし、道徳的問題について客観的な正・不正が存在しないならば、「寛容」に向かうのではなくC・シュミットのような決断主義が採用されてしまうことを妨げることができないであろうとミサクは問う（Misak, 2000, p.12）。同様に、タリッセの関心もまた、多元主義の進行への対処、あるいは自由民主主義という理念に内在するリベラリズムと民主主義の相克の克服という点にある。自由民主主義という理念は、社会的多元主義を承認し、様々な道徳的教説の見解がお互いに対して寛容であることを要請する一方で、自らが他の構想に比べて優れていることを主張する。その結果、「自由民主主義の正統性についての確固とした規範的説明を提供し、それによって社会的多元主義を妨げるか、社会的多元主義と和解し、民主主義の正統性についての説得力のある哲学的説明への熱望をあきらめるか」というディレンマに直面する（Talisse, 2005, p.9）。タリッセの討議的民主主義は、このディレンマを乗り越えるために要請される。道理的な多元主義を前提とするならば、何らかの実体的な、哲学的教説に裏づけられない民主主義理論からはじめる必要がある。タリッセは、「道理的な多元主義」を弱い認識論的多元主義の一種として捉え、道理的な多元主義と矛盾しない認識論的な包括的教説が存在すると主張する。それが、「規範的なコミットメントの観点からは最小限」であるパースの認識論である（Talisse, 2007, pp.76-98）。

パースの認識論は「真なる信念は、探究の仮説的で理想的な終局において同意されるであろうものである」というものであり、「可謬主義」と呼ばれる（Peirce, 5.407）。ミサクやタリッセは、この認識論としての可謬主義を、民主主義過程に拡大する。ミサクによれば、これまで政治は真理の観念から距離をとってきた。しかしパースの可謬主義に基づくならば、R・ローティら現代の主流のプラグマティストの主張とは異なり、道徳的政治的討議が、真理を目指すという考えを展開すべきであるという。この場合の「真理」は、我々がその問題について出来る限りの「探究」（「疑念が刺激となって、信念に到達しようとする努力」のこと）を行った結果到達されるものであり、実際には常に暫定的にしか得られない。可謬主義とは、「真なる信念は、それ以上改良できないものであり、理性、議論、証拠の挑戦を永遠にみたす信念である」という考えに基づくものである（Misak, 2000, p.49）。このように真理を政治の目標とする点で、プラトン以来の真理と政治的決定の接続が再度試みられている。しかし、プラトンやクロムウェルと明らかに異なるのは、パースに基づく真理概念は、あくまでも社会的な認識論に支えられて成立するものであり、単一の個人の何らかの方法によって発見される性質のものではないということである。

もともと認識論を民主主義に接合すること自体は不自然ではない。パースの認識論に基づく民主主義の構想を「認識論的完成主義」あるいは「パース的民主主義」と位置づけるタリッセは、パースが「信念の固定」論文において提示した探究の四つの方法（①固執の方法、②権威の方法、③先天的方法、④科学の方法）を政治のコンテクストに結びつけていたことに注目しながら、それぞれの方法が各種の政治体制における政治的決定の方策と一致することを示している。[7] そして、これらのうち、プラグマティズムの探究の方法として採用されるべき④科学の方法（the method of science）が、民主主義に結び付けられる。それは、「信念を、人間的なものによってではなく、人間の外の永遠なもの、つまり人間の思考によって左右されないものによって決定するもの」である（Peirce, 5.384）。そして、その「外的な永遠のもの」は、特定の個人にのみ影響するものではない。「すべての人に作用を及ぼす」ものである。その結果、この科学の方法は真理を「公共的な」ものとして理解する。科学の方法こそが妥当な方法であるとすれば、「探究のための共同体（community of inquiry）」が必要とされる。探究のための共同体は、ある何らかの特定の信念にコミットするのではなく、「探究を継続すること」にコミットする（Talisse, 2007, pp.63-66）。民主主義社会と制度がまさにこの探究のための共同体となるのである。

それでは、プラグマティズムの認識論を採用することによって民主主義の正当性を示すという企図は、具体的にどのような民主主義のあり方を帰結するのであろうか。ミサクやタリッセの結論はある意味で単純であると同時にラディカルである。すなわち、「他者の経験は、真摯に捉えられなければならない」ということ、そして、道徳的政治的領域では、すべての人は討論に貢献するチャンスを与えられるべきであるということを要請する。「もしあなたがあなたの信念を理性によって支配されることを望むならば、あなたは様々な理由、パースペクティヴ、議論にあなた自身を晒さねばならない」とミサクは主張する（Misak, 2000, p.106）。タリッセのパース的民主主義の立場も同様に、いくつかの規範が民主主義過程において適用されることを求める。具体的には、①不同意に対する完全なる開放性、②対立する見解や意見を異にする議論に注意深く耳を傾ける熱意、③それらの議論の観点から自分自身の見解を変更する心構え、これらの徳性が民主主義過程とその参加者には求められることになる。すなわち、「他者を、仲間の探究者として、そして理性を交換する過程への平等な参加者としてみなすこと」である（Talisse, 2007, p.70）。この構想はタリッセによれば、I・M・ヤングの「道理的な市民」のあり方と一致する。ヤングは道理的な市民について以下のように説明している。

「民主主義的討論への道理的な参加者は、開放的な精神を持っていなければならない。彼ら／彼女らは、優先的な規範もしくは疑いようのない信念の権威に彼らを結びつけるコミットメントをもってして、集合的な問題の討論はできない。また、他の者よりも彼ら自身の利益を主張することや、何が正しいか何が正当かについての初期の意見は改定の対象となりえないということにこだわることはできない。道理的であることは、我々の意見もしくは選好をすすんで変化させる用意があることである。……、開放的であることはまた、他者に耳を傾け、尊敬をもって他者を扱い、問いかけることによって他者を理解しようとする努力をなし、性急に他者を判定しないようにするという心性に注意を向けるのである。」

（Young, 2000, p.24）

民主主義過程への参加者に求められるこれらの徳性をタリッセは「討議的徳性」と呼ぶ。これらの徳の源泉は、道徳的な教説や価値に直接基づくものではない。直接的に政治的な価値であるわけでもない。第一義にはあくまでも認識論的な条件なのである。

このように、プラグマティストによる民主主義理論は、「同意」の観点から「手続き的」「義務論的」に民主主義（具体的なあり方としては討議的民主主義）の正当化を図るのではない。すべての人民が決定過程に関与することで、民主主義過程が妥当な結論に到達するための不可避の条件となることを示すことによって、民主主義の正当化を図り、認識論的な条件から具体的な規範を導き出そうとする。これらの規範に従うことによって決定における合理性と道理性を確保しうるとされるのである。

三　民主主義過程の認識論上の優位性

それでは、認識論に基づいて正当化される討議的民主主義は、エピストクラシーに対する優位性を主張しうるであろうか。自己決定と合理性という二つの契機を兼ね備えた政治的自律の実現形態として民主主義を再構成するという本稿の企図において、決定の合理性を保障する制度として、エピストクラシーよりも民主主義がふさわしいのか、という問題は不可避となる。パースの認識論に基づき、集合的な真理追究過程として民主主義を捉えるならば、エピストクラシーの原理的な正当性を排除できないのではないか。民主主義過程において目指されるものが、ミサクやタリッセのように最善のあるいは真理に基づく政治的決定であると考えるならば、そのための技術を持つ人々が決定に対する影響力を過大に持つことを認めるべきではないか。とりわけ穏当な形のエピストクラシー、すなわちミルの主張する複数投票制のような「教育を受けた人々」によるエピストクラシーや専門家と官僚による統治に対して、認識論的に基礎づけられる討議的民主主義理論はどのような態度をとりうるのだろうか。この問題が現代社会における政治的自律の実現の一つの試金石となる。

「認識論的手続主義」を唱え、民主主義過程の認識論的価値を強調するという点ではミサクやタリッセに近い立場をとると思われるD・エストルンドは、エピストクラシーは三つの原理から成立すると指摘している。すなわち、①真理の原理（それによって政治的決定が判断されるべき真の手続独立的な規範的基準が存在する）、②知識の原理（相対的に少数のある人々は、ほかの人々よりもこれらの規範的な基準をよく知っている）、③権威の原理（よりよく知っている人々の規範的な政治的知識は、ほかの人々に対して政治的権威をもつことを保障する）である。これらを満たさない限り、エピストクラシーは成立しえない。例えば、他の者よりもよりよい知識を持っている人々がいたとしても、そこからは直接的に、彼らが支配すべきであるという結論は出てこない。このことを、エストルンドは、「専門家と権力者の誤謬」と名付けている。すなわち、「よりよく支配できるであろう」という見込みや確信から、「正統なもしくは権威的な支配者である」という推論は成り立たないのである（Estlund, 2008, pp.3-4,pp.30-33）。

では、なぜ専門家は、必然的に権力者にならないとされるのであろうか。この問題の解答として、エストルンドは、「受け容れ可能性（acceptability）」という原理を提示する。彼によれば、確かに、政治制度の正当化は、少なくとも部分的には、その制度によって生み出される決定の「質」に依存しなければならない。しかし、エストルンドは、すべての選択肢の中で認識論的によりよいということではなく、一般的に受け容れ可能な観点から擁護しうるものの中で認識論的に最善のものが民主主義であるという。受け容れ可能性とは、原則的には、問題となっている制度や法・政策について、それが正統性と権威を有するためには、すべての人々が受け容れ可能な論拠に基づかなければならないというものである。この点において、エストルンドの主張は、ロールズの主張に似通っている。ただし、すべての人々が受け容れ可能であるという基準を満たすこと、すなわち、すべての反論や拒否理由を考慮に入れることは現実的ではない。それゆえ、考慮に入れられるのは、すべての「適格性のある（qualified）」反論や主張である。この適格性は、明確な基準を有するものではない。それぞれの問題領域において、適格性の有無はコンテクストに基づいて判断されることになる。当然、考慮されるべき意見や議論に「適格性のある」ことを求めるという点で、この原則を課すことは過度に排他的になりうると批判されうるが、「すべての可能な」批判をまじめに取り上げることはばかげているとエストルンドは言う。必要なのは、現実の反論（actual objections）と単に可能であるにすぎない反論（merely possible objections）の区別である（Estlund, 2008, pp.40-49）。このような「受け容れ可能性」原理に基づくならば、プラトンの哲人王政のごときエピストクラシーは、明確に拒否されることになる。哲人王政は、如何にして統治のための「知恵のあるもの」＝「知者（the wise）」を同定するのかという問題について、一般的に受け容れ可能な基準を提示することができない。もちろん、ミルの複数投票制においても、プラトン以来のエピストクラシーが抱える問題点は指摘しうる。例えば、ミルは、この点について、特定の大学の学位を持っていることや知的専門職に就いていることによって知者の特定が可能であると示唆しているが（Mill, 1882, p.182）、その基準があらゆる人々にとって受け容れ可能とは言い難いということである。

ただし、エストルンドは、ミルの複数投票制に見られるような現代的なエピストクラシーは、単純に人口統計理論的な根拠から拒否されるべきであると主張している(Estlund, 2008, pp.221-222)。優れた知識を有する人々や集団に投票上の大きな有利性を配分することについて、エストルンドは原理的には否定していない。人口統計理論に基づいた反論とは、教育を受けた大衆の一部分は、不均衡に、教育による認められた認識論的利益を相殺する有害な特徴を持っているかもしれないということである(Estlund, 2008, p.215)。例えば、ミルの複数投票制の主張について見るならば、大学の学位を有する人々は、人種や階級やジェンダーにおいて偏っていないであろうか。教育を受けた集団の偏見のある特徴が存在することを疑うことは、非道理的でも非適格でもないとエストルンドは指摘する(Estlund, 2008, p.222)。

では、パース的民主主義の立場からは、エピストクラシー、とりわけ現代的なエピストクラシーに対してどのように応答することが可能であろうか。重要なことは、ミサクやタリッセのように、様々な経験やパースペクティヴに基づいた反証性こそが探究において重要な契機であると捉えるならば、必ずしも真理の探究において「専門性」は必要とされないということである。無論、よりよく知っている人々への認識論的敬意を示さねばならないということは認めなければならない。しかし、パースをはじめとするプラグマティズムの見解においては、専門家は固定化されたエリート階級のようなものではない。専門家であることは、何らかの地位や資格をはじめとする固定的なものに依拠しない。専門家であることを保証するのは、進行中の探究に実際に従事することである。すなわち専門家は、理由を公表し、論拠を与え、反論に対応するという挑戦に対して継続的に対処しなければならない人々のことであり、正当化のプロセスに継続的に参加する限りにおいて専門家であり続けることが可能なのである(Talisse, 2007, pp.91-92)。

この立場を敷衍すれば以下のようになるであろう。プラグマティズムの認識論において、真理は静止したものではなく、継続する探究の過程に耐える能力を持ったものである。専門家に求められるのは、争点となっている問題について「知っている」ということよりもむしろ、多様なパースペクティヴや経験に基づく人々の反論や意向を「聞く」ということなのである。公衆は、争点になっている問題に応じて構成されるとJ・デューイは指摘した。同様に、「専門家」もまた、争点になっている問題に従事する人々の中から構成されてくるということである。以上のように考えるならば、ミルの複数投票制もまた、別の意味を帯びてくることになる。争点となっている問題をよく知っている人々に複数投票を認めることが正当化されるならば、同じ論拠に基づいて、何らかの資格や地位のゆえに「専門家」とされる人々ではなく、争点化する声を上げる人々、すなわちこれまでの議論において不利な状況に置かれてきた人々や構造的に不利を被っている人々に影響力を配分することを正当化することも可能となる。政治的自律を実際に現実化するという観点からは、そのような配分が理に適ったものではないとは決して言えないであろう。

結：絶対的民主主義の可能性

ここまで、現代社会の多元的状況において、政治的自律を実現することの困難さを確認し、民主主義的な討議が集合的な政治的自律を実現しうるか否かを検討した。集合的な政治的自律が単に構成員が自ら決定するということだけを意味するのではなく、同時に道理的・合理的な結論に自ら至るべきことを求めるものであるならば、政治的自律という理想は、プラグマティズムの認識論に基礎づけられた民主主義的な討議によって実現しうる。

個々の人民の自律と集団としての人民の自律の理想は、しばしば乖離する。通常の社会契約論が示すように、始原的な時点において発揮される個々の人民の政治的自律性は、全員一致で政府の設立を志向し、その後においては、自律の能力が発揮される場面は限られている、と考えられる。本来、政治的自律の主体として捉えられた個々人は、集団として名目的に決定権力者とされるにすぎなくなる。これに対して、個々の人民の政治的自律をこそ強く要請するのがA・ネグリである。ネグリは『マルチチュード』や『構成的権力』をはじめとする著作において、例えばロールズのように、政治的自律の契機が、正義原理あるいは基本法の採択においてのみ仮説的にモデル化されたものとして姿を現し、それ以降の民主主義過程においては働く余地が見られないというあり方について、構成的権力と民主主義を切り離すことになるとして、厳しく批判した。民主主義は構成的権力の問題であり、人民個々人が依然として保持し続けているはずの政治的自律の能力の問題なのである（Negri, 1997, Negri and Hardt, 2004）。

ネグリらは、近代の民主主義に回帰することを訴える。通常、民主主義の理念を問題にするならば、理想的な状態、本来の状態として古代ギリシアのポリスにおける直接民主主義を範として示し、近代の民主主義をその本来のあり方からの逸脱として提示することが多い。近代の民主主義が古来よりの直接民主主義を採用せず、代表制をもって代替したのは、政治体の「規模」が拡大したためであり、直接民主主義が不可能であるがゆえの次善の策である、と。しかし、ネグリらは近代の民主主義をこそ評価する。彼らによれば、十八世紀ヨーロッパと合衆国の革命家たちは、民主主義を「全員による全員の統治」と理解した。これは、古代ギリシアにおける民主主義概念のラディカルな改編であり、拡大である。アテネの民主主義は「多数者による統治」であった。十七・十八世紀の近代ヨーロッパと北米では、この多数者による統治という古典的な民主主義の概念を、全員による民主主義へと変えていったというのである。「多数者から全員への移行は語義の上では小さな変化だが、途方もなくラディカルな結果を生んだのだ」とネグリらは言う。そこから導き出される理念が、「私たちは、それぞれが平等な力をもち、それぞれが望むとおりに行動し選択する自由をもつときにのみ、全員による統治を行うことができる」というものであり、これが「絶対的民主主義」の理念である。骨抜きにされた政治的自律ではなく、構成的権力が個々人に保持されていること、これこそが求められる（Negri and Hardt, 2004, pp.231-267, 邦訳（下巻）七七―一三一頁）。しかし、問題は「全員による全員の統治」である「絶対的民主主義」が、アナーキーな状態をもたらすことなく実現しうるのか、そして実現しうるならば具体的に如何なる形態をとるのかということである。

タリッセらのパース的民主主義は、その具体的なあり方において、ネグリの「絶対的民主主義」の理想に近づくことが可能であろう。[8]集団的な自律の実現として民主主義を捉えるパース的民主主義は、同時に、個々人の政治的自律の実現として、すべての人々のパースペクティヴや経験が民主主義的な討議過程に包含されるべきことを要請する。そこにおいては、個々人は、抽象的な個人として集合的な意思形成に参加するのではなく、多様な経験や力量、パースペクティヴを持った具体的な個々の存在として、日常的な討議に参加する。個々の人民の政治的自律と集団としての人民の政治的自律は、こうして、すべてのパースペクティヴと経験を包含し妥当な結論を求めて行われる民主主義的な討議の過程において統合されることになる。政治的自律の実現は、単純に同意があるといったことや、決定に意向が反映されているということだけではなく、多種多様な構成員全員の経験やパースペクティヴが、日常的な民主主義的精査に反映される機会が組み込まれているかという観点からこそ判断されるべきなのである。

●注

（1）ミルは、「この方向にこそ代議制統治の真の理想が存するのであり、見出される限りの最良の実際的な工夫によって、それに向かって進むことが真の政治的改良の道なのである」としている（Mill, 1882, p.182）。

（2）この相互性の基準は、基本法そのものに対してだけではなく、基本法の下でその構造に従って制定された特定の法規や法律に対しても適用されるべきものとされる。

（3）ロールズは別の文脈においても、自律という価値は「道徳的自律」と「政治的自律」の二つに分けられるとしている。前者は、「純粋に道徳的な自律であり、自己の最も深い目的や理想（ミルが言うところの個性の理想のような）を批判的に探究するといった、一定の生活様式や省察のあり方（a certain mode of life and reflection）を特徴付ける」ものである。それに対して、後者の政治的自律が意味するのは、市民たちの法的な独立性と保障された政治的完全性と、政治権力の執行への他の市民と平等な参加である（Rawls, 1996, p.xliv-xlv）。

（4）「市民たちは、基礎構造を規制するすべての適切な下位の法と指針を持つ、自由と平等を保持する道理的に正統な政体の下に生き、また完全にこの政体とその法を、理解しかつ支持すると同時に、変化する社会的環境が要請するに従って調整しかつ改定し、常に正義の感覚とその他の政治的諸徳によって適切に動かされるとき、完全な政治的自律を獲得する」（Rawls, 1996, p.402）。

（5）「大切なことは、国民が実際に政治に携わることではなくて、自分たちこそが支配しているのだと、国民が思い込むことであるというふうに、歪曲された民主主義の理論が言い出してきたのであり、こうした考えが、討論の要素を軽んじて、同意の原理を、不当なまでに強調してきた」とリンゼイは指摘している（Lindsay, 1929, p.22）。

（6）「民主的である最良の方法は、討論を通して特殊な見解の偏狭さが排除され、各人がそれぞれの考えに基づいてもっとも重要だと思う事柄に対して、公平な態度をもって望んでくれると思われる共同活動の原則が発見されることである」(Lindsay, 1929, pp. 33-34)。

(7) 具体的には、探究の四つの方法のうち、①固執の方法 (the method of tenacity「ある問題に対する解答として気に入ったものを取り上げ、それを絶えず心に繰り返し、その信念を強める助けになりそうなものはすべて強調し、その信念の妨げとなるものには侮辱と憎悪をもって背を向ける」こと) は非社会的・非政治的なコンテクストでしか成り立ち得ないがゆえに、無政府主義と結びつけられ、②権威の方法 (the method of authority 国家などの権力が、そのメンバーに何らかの信念を強制する) は、全体主義に結び付けられる。さらに、③先天的方法 (the a priori method「信じようとする衝動を生み出すばかりでなく、如何なる主義主張が信じるに値するかを決定する方法」) は、上記二つの方法に比べて、知的で、理性の観点から尊重されるべきものであり、固執の方法と異なるのは、それが「理性に適う (agreeable to reason)」か否かという基準を持つことである。しかし、パースによれば、「理性に適う」とは、経験と一致することを意味するのではなく、単に「信じたい気持ちになること」を意味する。「いろいろな意見がぶつかり合っているうちに、やがて、人々はより一層普遍的な性質を持った好みに到達することになるであろう」とパースは言う。パースによれば、この方法の典型的なものは形而上学であり、貴族政がその典型となる (Peirce, 5.377-386)。

(8) 絶対的民主主義は単なる意思決定プロセスのみに還元されないが、そのプロセスは、マルチチュードが〈共通 common〉の資源や経験、情報、知識、コミュニケーションを用いて協働しながら自ら社会をネットワーク的に組織化していくイメージで捉えられる。パース的民主主義もまた単なる政治的な意思形成としてのみ民主主義を捉えるのではなく、同時に国家組織における意思形成にとどまらない「脱中心化」された民主主義のあり方をこそ求めるものである (Talisse, 2007, p.102)。また、マルチチュードの意思決定能力の説明として用いられる「オープンソース」運動はパース的民主主義のイメージと大きく重なり合う (Negri and Hardt, 2004, pp.339-340, 邦訳 (下巻) 二三六—二三七頁)。

●参考文献

Estlund, David M,（2008）*Democratic Authority: A Philosophical Framework*, Princeton University Press.

Habermas, Jürgen,（1996）*Die Einbeziehung des Anderen*, Suhrkamp Verlag.（高野昌行訳『他者の受容』法政大学出版局、二〇〇四年）

Lindsay, Alexander Dunlop,（1929）*The Essentials of Democracy*, Oxford University Press.（永岡薫訳『民主主義の本質：イギリス・デモクラシーとピュウリタニズム』未来社、一九六四年）

Mill, John Stuart,（1882）*Considerations on Representative Government*, Henry Holt and Company.（水田洋訳『代議制統治論』岩波文庫、一九九七年）

Misak, Cheryl,（2000）*Truth, Politics, Morality*, Routledge.

Negri, Antonio,（1997）*Le pouvoir constituent*, PUF.（杉村昌昭・斉藤悦則訳『構成的権力：近代のオルタナティブ』松籟社、一九九九年）

Negri, Antonio. And Hardt, Michael,（2004）*Multitude: War and Democracy in the Age of Empire*, Penguin.（幾島幸子訳・水島一憲・市田良彦監修『マルチチュード：〈帝国〉時代の戦争と民主主義（上・下）』ＮＨＫブックス、二〇〇五年）

Peirce, Charles,（1934）*Collected Papers, vol.5*, Harvard University Press.（上山春平編・山下正男訳『世界の名著：第四八巻：パース・ジェイムズ・デューイ』中央公論社、一九六八年）

Talisse, Robert B,（2005）*Democracy after Liberalism*, Routledge.

――――,（2007）*A Pragmatist Philosophy of Democracy*, Routledge.

Young, Iris Marion,（2000）*Inclusion and Democracy*, Oxford University Press.

Rawls, John,（1996）*Political Liberalism: With a New Introduction and the "Reply to Habermas"*, Columbia University Press.

第四章　リバタリアニズムにとってリバタリアン・パターナリズムとは何か

福原明雄

はじめに

法と行動経済学（Behavioral Law and Economics）[1]というアプローチがある。それは従来の法と経済学のアプローチで用いる「経済学」を新古典派の経済学から行動経済学（Behavioral Economics）に変更するものである。この行動経済学がどのようなもので、法と経済学に行動経済学を用いることがどのような意味合いを持つかについては後述するが、このようなアプローチを用いた数多くの研究がなされており、それは少なく見積もってもサンスティン（Cass R. Sunstein）の編による*Behavioral Law and Economics*という一冊に見られるほどの広がりを持っている。そして最近では、サンスティンとセイラー（Richard Thaler）によってこれらの業績が制度設計に応用され、それは一つの統治の在り方、「リバタリアン・パターナリズム（Libertarian Paternalism）」として提唱されるに至っている。[2]彼らが言うところによれば、それは「より大きな政府に賛成するのではなく、ただ、より良い統治に賛成するのである」というものである。彼らは、リバタリアン・パターナリズムは「大きな政府」と「小さな政府」という二元的な枠組みから抜け出して「真の第三の道」になりうるというのであるが、[3] これは一体どういうことであろうか。本当にその枠組みを抜け出しているのであろうか。

本稿の目的はこのリバタリアン・パターナリズムという通常相容れないと考えられるであろう二つの単語の接合物が何を意味しているかについて、正義論で用いられる意味でのリバタリアニズムとの比較を通して、若干の考察を加えようというものである。先に結論だけ述べておけば、リバタリアン・パターナリズムが自らを「リバタリアン」たらしめているという選択の自由（freedom of choice）の尊重と、正義論の文脈におけるリバタリアニズムは議論の位相を異にしているので、リバタリアン・パターナリズムはリバタリアニズムとは必ずしも両立しない、というものである。留意されたいのは、リバタリアン・パターナリズムの議論は決して、リバタリアニズムにおけるパターナリズムの問題を検討するものではない、と言う点である。つまり、リバタリアン・パターナリズムがリバタリアニズムでないことは、それだけではリバタリアン・パターナリズムの矛盾ではない。この奥歯に物が挟まったような表現がどのような含意を持つかについては議論の過程で明らかになるだろう。

以下では、まず、行動経済学および法と行動経済学について概説し、続いてリバタリアン・パターナリズムがいかなるものであるかについて述べる。その後に、リバタリアン・パターナリズムとリバタリアニズムの関係、さらには選択の自由との関係についても述べることにしたい。

一　行動経済学、法と行動経済学、リバタリアン・パターナリズム

本節は、リバタリアン・パターナリズムを考える上で必要不可欠であると思われる行動経済学、および、法と行動経済学についてその狙いや洞察について概観し、とかく曖昧なリバタリアン・パターナリズムの輪郭をはっきりさせることを目的とする。

1　行動経済学(4)

塩野谷祐一によれば(5)、二十世紀初頭における主観的効用概念を基礎とする新古典派経済学に対する批判は、経済学と心理学の関係について以下の二点に関するものであった。第一に経済学が行為者の効用の最大化という動機を前提しており、もっと広範な社会的・制度的・慣習的背景を無視しているという点、第二に経済学が効用や選好や意識といった観察できない形而上学的なものを前提している、という点であった。

塩野谷の見立てによれば、これらの批判について経済学は専ら第二の批判に対処してきた。その応答は測定可能な基数的効用からパレートの序数的効用へ、そして顕示選好へと基本概念を変形して、心理的基礎を放棄することを宣言するものであった。これは批判への対応であると同時に、反心理主義および論理実証主義科学哲学への接近でもあった。しかし、第二の批判にはこのような対処が見られる一方、第一の批判への対処は明確にはなされず、合理的経済人、つまり効用の最大化のパラダイムに執着した。

以上のような過程は、経済学を科学的基礎の上に乗るものにし、その形式的精密さを可能にするもので

あった。このような経済学は現在の精密で多様なモデルの法の経済分析を可能にするという点で法学や政策の分析に大いに役立つものである。しかしその一方で、このような過程は経済学を日常世界から最も遠く離れたところへ導くことになった。

行動経済学はこのような過程の中で主体像、さらにいえば合理性概念の変更を迫るものであるといえる。その嚆矢となったのがサイモン（Herbert A. Simon）の「限定合理性（Bounded Rationality）」という概念である。[6]「限定合理性」とは人が意思決定をする際に関係する知識・計算能力などの認知的制約に注目し、この前提を踏まえた上で考えうる合理性のことである。これは人間の認知能力の限界を指摘するという点で、合理的経済人を前提として理論を組み上げてきた従来の経済学に対する強力な批判である。彼は批判対象であるところの合理性を「実体的合理性」と呼び、この合理性を自らが提唱する「手続的合理性」と対置させた。サイモンによると、「実体的合理性」は行為者の目標以外には行為者に依存しておらず、行為者の認知過程は考慮されていないのに対し、「手続的合理性」はある行動が合理的なのは適切な熟慮の結果である場合であるとして、より人間の認知過程に即し、プロセスに依存しているものだとする。

行動経済学が受け継いだとされるこの「限定合理性」概念は、行動経済学の中ではどのように理解されているのか。行動経済学の狙いは、現実に近い人間像から合理的選択理論が説明できなかったことに対しての説明を与えようとすることにあるから、行動予測を重視した合理的選択理論に対して強力な批判になっている。つまり、人間は合理的選択理論におけるような合理性を持っていない限定合理的な存在である。ここから、合理的選択理論が予測するものから人間行動は逸脱する、という合理的選択理論への批判を導いている。[7]これはサンスティンとセイラーによる共著*Nudge*で度々言及されるEconとHumanの間の違いとして現されることになる。前者はいわゆる合理的経済人であり、後者が現実に存在する我々のような、限定合理的な人間である。[8]

2　法と行動経済学の知見

ジョルズ（Christine Jolls）、サンスティン、セイラーによる、法と行動経済学アプローチのマニフェスト的な論文である"A Behavioral Approach to Law and Economics"によれば、合理的経済人と現実の人間の行動の違いを特徴付ける標語として「限定合理性」「限定意志力（Bounded willpower）」「限定自己利益（Bounded self-interest）」という三つを挙げている。[9] そして、最も一般向けに書かれていると思われ、具体的な事例を挙げている *Nudge* によれば以下のような傾向があるという。[10]

・アンカリング（係留バイアス）

これは、人はそれが全く無関係のものであっても、はじめに与えられている数値に基づいて（影響されて）判断する傾向があるというものである。タバコ会社を訴える弁護士が陪審員に天文学的な額の損害賠償を吹っかけて、高い数値をアンカーにするように誘導している例などが挙げられる。

・利用可能性

これは、人はある事例（地震、テロなど）をどれだけ簡単に思いつくことができるか（利用可能か）によって、リスクを評価し、判断しがちであるというものである。

・**代表性**

これは、人はある対象が、それが属するカテゴリーのイメージやステレオタイプにどれだけ近いかで判断してしまうというものである。例えば、リンダという架空の女性に関して「三十一歳で独身、率直でとても聡明である。大学時代は心理学を専攻し、差別や社会正義の問題に関心を寄せ、反核デモにも参加している」という情報を与えられ、彼女に起こりうる八つの未来を示し、それを発生確率が高い方から並べさせると、「銀行の窓口係でフェミニスト運動に積極的に取り組む」可能性の方が「銀行の窓口係」になるよりも高いとする人が多いという。勿論、この場合、前者は後者の部分集合なので、どう考えても前者の方の確率が高いということはありえない。

・**楽観主義と自信過剰**

これは、人はたとえ統計データや正確な知識を持っていても、自らについてはそのリスクを過小評価しがちであり、また、自らの能力を過大評価しがちであるというものである。

・**損失回避性向 (Loss Aversion)**

これは、人は損失を過度に回避する傾向があるというものである。例えば、一度手に入れたあるものを手放してもよいとする価格は、それを買ってもよいと考えている買い手の、支払っても良いとする価格の二倍になるというようなものである。

・**現状維持バイアス**

これは、人は全般的に現在の状況に固執し続ける傾向があるというものである。例えば、読みもしない定期購読の雑誌の講読料を解約せずに払い続けてしまうというのもこの表れである。

・**フレーミング**

これは、内容は全く同じ情報について、表現が変わることによって人は違った反応を見せるというものである。例えば、「省エネ対策をすると年間三五〇ドル節約できる」と「省エネ対策をしないと年間三五〇ドル損をする」という表現の違いでは後者のほうが省エネの促進に効果的である。

・**限定意志力**

これは、人は長期的に見て、明らかに利益に反すると分かっていても、その様な行動をとってしまいがちである、というものである。ダイエットや禁煙の失敗もこれにあたると考えられる。健康の選好順位の方が高いとしても、短期的な目の前の誘惑に駆られ、その行動を続けてしまう。時間的に非整合的である。

・**社会的影響力**

これは、情報と同調圧力（peer pressure）の二つに大別され、他者を考慮して行為することについての一般的な洞察である。これは、人は一人であれば貫かれたであろう確信が周囲の思考や行動に影響され、自らの確信を否定してでも周囲に合わせるといった傾向を見せるというものである。これは未成年学生の飲酒や喫煙行動に影響が見て取れる。

・**プライミング効果（Priming）**

何らかの先行刺激（Prime）があると、特定の情報を思い出しやすくなるというものである。投票日前日に、有権者に投票に行くつもりがあるか、という質問をすると、その人が投票に行く確率が二十五％も高まるという例が挙げられる。

以上に列挙してきたように、様々な人間行動に関する洞察が存在するが、いずれも行為者の能力の限界、認識枠組みのあり方などに影響されることで生まれるものであると考えられる。これらの影響によって、現実の人間の行動は非合理的なものになる。ゆえに、このような人間一般に見られる無視し難い一定のパターンを持つ、自己利益追求に関する非合理性を、例えばパターナリスティックな方法によって改善することが出来るだろう。さらに、その正当化についても、このような傾向が現実の人間誰しもが避けられないものであるならば、また、その合理的な判断を阻害しているバイアスを修正するという形であるならば、正当化される可能性は大いにあると考えられる。但し、このような非合理的な行為をもたらし得るバイアスは、そのバイアスを修正しようという介入者側にも存在する。ゆえに、介入が正当化されるか否かには、本人と介入者のどちらがよりバイアスを免れているかも関係してくるだろう。

このようなパターナリズムに関する示唆をサンスティンたちは「反―反パターナリズム（anti-anti paternalism）」[11]という言葉で表現している。つまり、パターナリズムであるというだけでそのような介入を否定するのではないが、無批判にパターナリズムに賛成するのではなく、本人と介入者を比較して、どちらがより合理的に判断・行為できるかで正当化されるか否かを考えるのである。

3　リバタリアン・パターナリズム

このような法と行動経済学の議論状況を踏まえて、そのパターナリスティックな介入についていかなる方法でが望ましいのか、また、価値あるものと考えられていると思われる、選択の自由と両立させるにはどうすればよいのかを考える。この過程でサンスティンとセイラーが登場させるのが「チョイス・アーキテクチュア（choice architecture）」という「仕掛け」である。これは限定合理的であるところの人間が何らかの選択を行うときに、望ましい選択肢を選ぶことが出来るよう、選択の文脈（環境）を整え、望ましい選択肢へと誘導するためのものである。つまり、明示的に「あなたの選択は非合理的なものなので、こちらを選びなさい（私の言う通りにしなさい）」というものではなく、2、で示したような傾向に対応した注意喚起や選択肢の与え方をすると、望ましい選択肢を本人に選ばせることが出来る、というものである。この注意喚起や選択肢の与え方を変えることが「nudge（肘でつつく＝促す）」と表現される。このような仕方で、つまり、選択の自由を尊重しつつ、かつ、本人の利益になるような選択肢を強制せずに自ら選ばせる誘導をするような統治のあり方が、リバタリアン・パターナリズムと呼ばれるものである。

曖昧な印象を具体的なイメージにするため、*Nudge*で触れられている具体案の内、便宜的に公的医療保険制度についてだけ簡単に触れておく[12]。

リバタリアン・パターナリズムは公的医療保険制度について、選択の自由を尊重するために数多くのプランを用意することを推奨する。それらは選択の幅が広がるということであり、一人ひとりにより適したプランが提供できるという点で望ましいことである。しかし、選択肢が増えるということは、我々のような能力・意志の強さが限定されている人間にとって、各々に最適な選択肢を見つけることが困難になるということも意味する。

ジョージ・W・ブッシュが導入したメディケア・パートD（主に高齢者の処方箋薬を対象とした医療保険制度で、数ある民間のプランから選んで加入する）のチョイス・アーキテクチュアのまずさはこの点にあまり対応していなかったことにあるという。つまり、選択肢を多く与えてはいるものの、選ぶことについての有用な指標や助けが足りなかった上に、能動的に選ばなかった人のプランを全くランダムに割り当てたのであった。

これに対して、リバタリアン・パターナリズムは、病歴や処方薬歴から各人のデフォルト・オプションのプランを選定する。つまり、能動的にデフォルトのプランから離脱し、他の数ある選択肢からプランを選ぶこと（オプト・アウト）が容易に可能であるという点で選択の自由を尊重しつつ、何も選ばなかった場合に割り当てられるプランは、ランダムに割り当てられるより高い確率で、各人により良いプランが割り当てられるというものである。

このようにして、選択の自由を尊重しつつも、各人にとってより良い帰結をもたらすように選択の文脈を変えることが出来る。これがチョイス・アーキテクチュアを利用した、リバタリアン・パターナリズムの統治の基本的な発想である。

では、そのチョイス・アーキテクチュアについて、何を考慮し、どのように設計されるべきなのか、少々一般化して見ていくことにする。*Nudge*では、リバタリアン・パターナリズムの黄金則と呼ばれる「最も役に立ちそうで、最も害を与えなさそうなnudgeを与える」というチョイス・アーキテクチュアを構築する指針が示され、敷衍されている。まとめると、以下のようである。

nudgeはいつ必要か(13)

まず、自制心が問題になり、選択と結果にタイムラグがある場合である。例えば今、喫煙をして快を得て、後々になって健康を害してツケを払う場合がそうである。

次に、意思決定や作業の難易度が高い場合である。例えば、どんな住宅ローンが自分にとって最適なものであるかを選択することは難しく、この場合には手助けが必要になる。

三つ目は、ある意思決定や作業を行う頻度が低い場合である。難しい問題でも練習すれば対応しやすくなるが、利害が大きければ大きいほど意思決定をする機会は少ないもので、練習が出来ない。例えば、配偶者はそう何度も選ばないし、住宅を何度も買うことは恐らくない。このような熟達するようなチャンスがない決定はnudgeの有力候補である。

四つ目は上手くフィードバックを得られない場合である。練習が機能するのは、ある決定に対する明確なフィードバックが返ってくるときだけである。また、そのようなフィードバックが返ってくるのは自分が選んだ選択肢についてだけであって、ほかの選択肢についてのフィードバックは得られないので得られる情報は少ない。このようなフィードバックが上手く作用しないときには、nudgeは有効であろう。

最後に、自らの決定がどのような影響を与えるのか予測が困難な場合である。例えば、投資信託を選ぶときに、ファンドの選択がどのようなシナリオを辿り、結果としてどのような影響がもたらされるのか、ほとんど理解できておらず予測できない、という場合である。

これらの問題を自由市場が解決できるかについて、サンスティンとセイラーは否定的である。なぜならば消費者が十分に合理的でないと考えられる場合、企業にはそれにつけ込むインセンティヴが強く働くからである。そして採るべき措置として法的な禁止とnudgeを比較検討した場合に、リバタリアン・パターナリストは後者を選ぶ(14)という。

では、効果的にnudgeを与えるためにはどのようにチョイス・アーキテクチュアを設計すべきか。

良いチョイス・アーキテクチュアとはどのようなものか⑮

まず、デフォルト・オプションを注意して選ぶ。行動経済学の知見は我々に現状維持バイアスなど、その選択肢の良し悪しに関わりなく、多くの人がデフォルトの選択肢を選ぶだろうことを示している。もし何らの決定もなされないとしても、その結果どうなるかが決まる文脈は常に存在するので、この意味でデフォルトは必然であり、どんな意思決定も何らかの文脈の上にあるということを避けられない。よってデフォルト・オプションの選定は大きな意味を持つ。

次に、人間のミスを予期し、それを許容するシステムを作る。例えば、切符の入れ方が分からなくても、どのように切符を入れても通ることが出来る自動改札機のように、様々な仕方で起こりうるエラーを予期してチョイス・アーキテクチュアを作っておくことが好ましい。

三つ目に、上手くいっているか、ミスしているかについてのフィードバックを与える様にする。例えば、デジタルカメラはそれまでのフィルムカメラで起こりがちだったミスを、撮った写真をすぐに見られるという形でフィードバックを与え、防ぐことが出来る様にする。このような仕組みをチョイス・アーキテクチュアにも用いる。

四つ目に、選択から効用までの経路のマッピングを理解できるようにする。良いチョイス・アーキテクチュアは行為者のマッピング能力を高めて、効用を上昇させる選択をする力を高める。その例としてRECAPと呼ばれるシステムが挙げられている。これはRecord, Evaluate, and Compare Alternative Pricesの頭文字をとったもので、価格を記録・評価・比較するという方法を用い、選択を検討するようにnudgeするというものである。例えば、携帯電話などの利用料金の報告を書面の郵送と電子データで行い、ウェブ上でそのデータを比較できるようなサービスを用いれば、他社との比較が容易になり、行動を促すだろう。

五つ目に、人が選択をするときの方針は選択肢の数や複雑さによって変化し、選択肢の数や異なる属性が増えると単純化戦略を採用する確率が高くなる。これに合わせてチョイス・アーキテクチュアは設計されなければならず、考えるべき要素が増えれば、良きに付け悪しきに付け、選択に与える影響が大きくなる。よって複雑な選択を構造化することが求められる。

最後に、顕著さが高いコストは過大評価され、低いものは過小評価される傾向にあるので、コストなどの顕著さ、目に付きやすさを調整して適切なインセンティヴを持たせるようにする。

以上から考えるべき要素はデフォルト・オプション、ミスの予期、フィードバック、マッピング、選択の構造化、インセンティヴの操作であり、これらを上手く調整してやることで人々が自らについての決定を上手く出来るようなチョイス・アーキテクチュアを設計できるという。

Nudge では、これらのチョイス・アーキテクチュアを用いた政策のプランが紹介されている。それは貯蓄、投資、クレジットカードなど金銭についての問題から、社会保障や医療保険、臓器移植などの健康に関わる問題、さらには婚姻制度や学校選択の問題などにまで至る。それらを総合して彼らは「真の第三の道」たる、リバタリアン・パターナリズムであるとする。

二　リバタリアン・パターナリズムの検討

第一節ではリバタリアン・パターナリズムとはどのようなものであるかについて、かなり丁寧に見てきた。続いて本節では、正義論の文脈でのリバタリアニズムとリバタリアン・パターナリズムの関係について考察していきたい。

1　リバタリアン・「パターナリズム」

「パターナリズム」とはどのようなものか

まず、リバタリアン・パターナリズムにおける「パターナリズム」とはどの様なものとして理解されているのかについて考えてみたい。

パターナリズムという語は、自由で自律的な主体像を前提するとされる近代法においては、基本的にネガティヴな響きを持って用いられることが多いように思われる。また、パターナリズムとは何かについては、諸説紛々としており確定的にどのようなものであるか、一概に言えないほどである。特に、危害原理（harm principle）やリーガル・モラリズムとの関係などにおいて議論が分かれている。これらとパターナリズムを一応区別する特徴として、パターナリズムは「本人（被介入者）の利益になる」という理由で介入することを標榜する。他者への危害を防止するという目的の危害原理、また、実定道徳を基準とするリーガル・モラリズムとは違い、本人の福祉の増進につながるという理由によってである。[16] これは「パターナリズム」にも言えることだろう。

次に、森村進の議論にも見られるような「『リバタリアン・パターナリズム』は本当はパターナリズムではない[17]」のではないか、という疑問について考えてみたい。なるほど、通常我々がパターナリズムとして思い浮かべるものは家父長的な国家等が人に何かをする（しない）ように強いるというものだろう。これに対して、リバタリアン・パターナリズムは最終の判断は各人に任せつつも、情報などを与えて一定の方向へ促し、能動的でない人々には悲惨な結果にならないようにデフォルト・オプションを変更するというような仕方で我々の選択に影響を及ぼす。このような形でのパターナリズムを森村はＪ・Ｓ・ミルが言うところの説得や議論と同列であると考えている。確かに、ここで言うようなパターナリズムは消極的自由とは抵触しないだろう[18]。それが本当にパターナリズムであるかということは問題になり得るが、定義についての議論は避け、ここではその特徴だけを記すに止める。

もし、ここで問題となっている「パターナリズム」をも含むようなパターナリズムに関する広い定義を採用するならば、リバタリアニズムはリバタリアン・パターナリズムと両立しうると言えるだろう。

「パターナリズム」の正当化

前で述べたように、自由に配慮した「パターナリズム」であるが、その正当化はどのようになされるのであろうか。

前節で見たように、この「パターナリズム」は人間一般が犯すアノマリー[19]を理由に、そのアノマリーをもたらすバイアスを修正するものとして考えられている。つまり、法と行動経済学の基礎にある、（利己的な行動を限定するような社会的影響力を受けながらも）自己の利益を最大化すべきであるという規範的な自己利益説を満たすために、記述的な合理性を高めるためのパターナリズムが要請され、介入する側が本人より上手くそれを満たすことが出来るという場合に、当該介入は正当化されるという議論である、と考えられる。

では、逆にこの定式において、パターナリズムが正当化されないケースとはどのような場合であろうか。それは、介入される本人の記述的な合理性が規範的な自己利益説を満たすような場合か、本人の方が介入する側よりもそれに近いという場合であると考えられる。

しかし、規範的なレベルにおいて自己の利益を上手く最大化できないことが「パターナリズム」の正当化の十分な理由になるのだろうか。もし、リバタリアン・パターナリズムがリベラルを標榜するのであれば、この疑問はさらに大きくなることだろう。リベラルにとって重要であるとされてきた価値、例えば自律が尊重されるべきであるのは、我々が合理的に我々の善き生の構想を達成できるからであるのか、といえば決してそれだけに拠るのではない[20]。自律はそれをどのような意味で考えるにせよ（最もよく自己の利益を達成できる能力と考えるにせよ）、誰もが事実として当然に共有する前提ではないのではないか。そうであるとすれば、「パターナリズム」の正当化の議論は全くのザルである[21]。逆に、自己の利益を達成する能力と関係がないのであれば、法と行動経済学の議論とは別の自律を否定するだけの理由が必要になるだろう。

また、この「パターナリズム」は別の面でもリベラルにとっての脅威になりかねない部分を持っていると考えられる。それは例えば *Nudge* Ch.11 におけるような臓器移植の問題など、自己の存在について宗教や人間観という根本的な関心に係わるデフォルトが設定・変更される場合、政府はそのデフォルトの選択など、チョイス・アーキテクチュアの構築に重大な宣言的・称揚的な意味を、強制力を発揮することなしに付与する場合がある。もちろん、このような重大なものでなくとも、リバタリアニズムを支持するのであれば、健康などについての日常的な問題であってもその影響について謙抑的になるべきであると考えるだろう[22]。この点リバタリアン・パターナリズムはリバタリアニズムと相容れないと考えられる。

本項を総合すると、リバタリアニズムとリバタリアン・パターナリズムは両立しうるが、常に両立するのではなく、両立しない場合もある、といえる。それはどのようなnudgeをするか、また、リバタリアニズムでもどのような立場をとるかにも依存している。例えば前述のような、特定の価値を称揚する効果を持ってしまうnudgeと両立する可能性はかなり薄いだろう。

2　「リバタリアン」・パターナリズム

選択の自由とデフォルト・オプション選択との関係[23]

前節では多くの選択肢を設け、容易にオプト・アウトできることを持って、選択の自由を尊重しており、デフォルト・オプションの設定は問題ない、という議論をしてきた。しかし、どのようにしてデフォルト・オプションを選択するかについての原理は検討されていない。そこで、ここではデフォルト・オプションを決定する原理について、考えてみたい。

そもそも、リバタリアン・パターナリズムが尊重しているという選択の自由とは何であるか。選択の自由とは個人に選択できるあらゆる選択肢の集合である「機会集合（opportunity set）」に関わるものである。選択の自由においては機会集合内の選択肢の量と質が問題になりうる。選択肢が多い方が自由であるが、それを決めるのは行為者の選好順序から見た選択肢の区別可能性（相互の選択肢が有意に異なったものであるか）と適格性（ある選択肢の増加が行為者の自由に貢献するか）による。選択の自由の価値は多様な選択が可能で、また、各人の選好に応じた選択をできることにある。[24]

選択の自由がこのようなものであると考えるならば、[25]選択の自由の尊重として我々に開かれた機会集合のうち、選ばれるべきものは選好順序の上位のものである。しかし、我々は、我々の合理性や意志の強さの限界などによってしばしば誤った選択をしてしまう。このときに我々にとって望ましいデフォルト・オプションを選択してくれるのがリバタリアン・パターナリズムであるということになる。では、デフォルトとして選ばれるべき選択肢はどのような基準によって選ばれるべきか。

もし、リバタリアン・パターナリズムが選択の自由を尊重し、我々の限られた能力を補完し、バイアスを修正してくれるものであるならば、選ばれるべきは我々が選ぶであろう、選好順序に従った選択肢であるはずだ。つまり、修正されるべきは実際に各人が望んでいる選択肢を選び取るための能力や情報だけであり、例えば効用を基準としたより良い選択肢ではなく、各人の内面的な選好順序に応じたオーダー・メイドのデフォルト・オプションが提供されることが望ましいであろうと考えられる。[26]

そのようなことがどれだけ可能であるかということは問題にされるべきであり、その条件は少なくとも次の二点を満たすものであると思われる。一つ目は、主観的な効用を客観的に評価することが可能であること、二つ目は、行為者が次に選ぶであろう選択肢を予期することが可能であること、である。一つ目の条件については功利主義に関する議論において、効用の個人間比較の問題など、多くの議論の蓄積があり、また非常に入り組んでいるため、ここで立ち入ることは避ける。二つ目については、最近頻繁になされているアーキテクチュアについての議論がまさに妥当するだろう。この点、少し掘り下げてみたい。

統治功利主義を唱える安藤馨によれば、「我々が安定した長期の期待を持たずとも統治技術の発展が各時点での快苦の経験主体たる意識に高い功利性を保障するならば、「人格」やその自律、それらを前提とする近代的な「個人」はもはや無用であ[27]り、「高い功利性を保障する」ために用いられるのは、被治者の欲求についての情報（履歴等）の蓄積とその分析である[28]。安藤は自由に何ら内在的価値を認めず、功利性を高める限りで自由を道具的に価値あるものと考える。このような意味で統治功利主義は、チョイス・アーキテクチュアによる選択の自由の尊重というようなリップサービスをしない、より徹底的な効用ベースの（物理的な）アーキテクチュアの構築による統治を目指すものであるといえる[29]。

現時点での精度の問題を措くとしても、大屋雄裕が指摘するように、このようなアーキテクチュアの構築が絶対的完成を見ることは無いと思われる[30]。しかしそれは批判者の側により良い統治像・社会像の立証責任を免除するものではない。果たしてそのような像が描けるかについては、筆者の今後の課題であるが、少なくともそのアーキテクチュアが覆い尽くすことの出来ない部分にある不確定さを端緒に自由を語ることは、一つの方策になりうるのではないかと考えている[31]。

リバタリアン・パターナリズムという企ての位置

前述のリバタリアン・パターナリズムと統治功利主義の比較で示唆されるように、両者の違いは何を価値あるものとして尊重するか、それを踏まえてアーキテクチュアによる統治をどのように行うかという部分で異なっている。その結果として、認知枠組みについてのアーキテクチュアとして（弱く）用いたほうが良いのか、物理的なアーキテクチュアとして(強く)用いたほうが良いのかという道具の用法の選択をしたのであると考えられるのではないか。つまり、統治者の前にはいくつかの用途のある道具がならべられており、自分の目的に合った使い方を選んで目的を達成しようとしているに過ぎないのではないか。両者の結果の差は道具ではなく使用する側の目的・価値コミットメントの差であると考えられる。

科学技術の進歩は我々に多くの変化をもたらし、それは統治手段にも変化とバラエティをもたらす。それらの内の認知科学がチョイス・アーキテクチュアという統治手段を可能にし、そこに或る価値コミットメントが埋め込まれて、リバタリアン・パターナリズムというものになったと考えることが出来るだろう。言うなればリバタリアン・パターナリズムは、アーキテクチュア的な統治の一つの具体例に過ぎない。つまり、正義論の文脈でリバタリアン・パターナリズムがリバタリアニズムといかに違うかを考える場合に問われるべきは、その手法ではなく、前提としてコミットされている価値であろう。(32)「真の第三の道」を標榜する良き統治の新しさは価値コミットメントの次元にではなく、統治手段の次元にこそ存在するのである。(33)

おわりに

以上の議論から導かれるであろう結論は次のようである。すなわち、リバタリアン・パターナリズムとはチョイス・アーキテクチュアを用いた統治技術の一用例であって、その内実と方向性を決める正義構想および何らかの価値へのコミットメントとその統治技術はある程度独立に存在している。つまり、nudgeの性質やリバタリアニズムの内でもいかなる構想を支持するかによって、それらは両立することもあればしないこともあるだろう。それゆえ、どのような政策を行うか、どのような選択肢の方に誘導するような nudgeをするかは、リバタリアン・パターナリズムの様な統治技術を用いるか否かとは別個に検討されるべき事柄である。

このような統治技術が、コミットする価値とは別個に問題になりうるということはリバタリアニズムにとっても重大な意味を持つ。前述の森村進の議論に見られるように、従来の強制を含むパターナリズムにリバタリアニズムは対応できたが、アーキテクチュア的なパターナリズムには議論の射程が届かなかった。森村の言う通りにチョイス・アーキテクチュアによるnudgeが説得などと同列であるかは疑問だが、個人の消極的自由を侵害していないという点については変わるところはないだろう[34]。このことは、統治者による望ましくないデフォルト設定などの悪しきnudgeに対する批判の糸口として、消極的自由は機能せず、寧ろ、先ほど検討したように、リバタリアン・パターナリズムが尊重すると標榜したところの選択の自由の方が有効であるということを示しているように思われる。

さらに進んで、物理的なアーキテクチュアを考えても、森村のような自己所有権論者のリバタリアニズムは大屋が例に出すような新宿の地下通路の「オブジェ」[35]が自由の侵害であるとは主張しないだろう[36]。このようなアーキテクチュアルな統治[37]に対しての無関心は問題ないのだろうか。問題であると考えるならば、リバタリアニズムはどのように対応することができるだろうか。そして、それに対応する時、それは未だに現在の我々が通常考えるところのリバタリアニズムと呼べるものだろうか。

本稿の成果は極めて小さい。リバタリアン・パターナリズムの紹介をした上で、その思考の内容を確認しただけに止まるものでしかない。しかし、リバタリアニズムと統治手段の発達の関係を考えるための、さらには自由へのアプローチを考えるための一助になることができれば幸いである。

●注

（1）この語は、行動心理学的「法と経済学」とか、「法と行動経済学」と訳される。本稿では「行動心理学」の語による誤解を避けるため、法と行動経済学の訳語を用いることにする。

（2）本稿では Cass R. Sunstein ,Richard H. Thaler "Libertarian Paternalism Is Not an Oxymoron" *The University of Chicago Law Review*,Vol.70 p.1159-1202 及び Richard H. Thaler, Cass R. Sunstein *Nudge Improving Decisions About Health, Wealth, and Happiness Revised and Expanded Edition*, Penguin Books, 2009（初出は二〇〇八年、Princeton U.P.)（邦訳、遠藤真美訳『実践 行動経済学――健康、富、幸福への聡明な選択』日経ＢＰ社、二〇〇九年）を主にリバタリアン・パターナリズムを語るものとして用いた。

（3）*Nudge*, p.14（邦訳、三〇頁）

（4）行動経済学を紹介する本として、多田洋介『行動経済学入門』（日本経済新聞社、二〇〇三年）、僅かながらリバタリアン・パターナリズムにも言及するものとして、依田高典『行動経済学　感情に揺れる経済心理』（中公新書、二〇一〇年）

（5）塩野谷祐一『経済哲学原理　解釈学的接近』第六章（東京大学出版会、二〇〇九年）

（6）例えば H.A. Simon "From Substantive to Procedural Rationality" *Philosophy and Economics Theory*, Oxford University Press, 1979, pp.65-86

（7）若松良樹「合理性、自由、パターナリズム」成城法学七四号、一七三〜一八三頁

（8）*Nudge*, pp.6-9. しかし、Richard Posner は、サンスティンらが合理的選択理論をあまりにも矮小化しており、人間行動と合理的選択理論の差を過度に誇張していると批判する。"Rational Choice, Behavioral Economics, and the Law" 50 Stan. L. Rev. pp.1551-1575

(9) この論文は、Cass R. Sunstein (ed.) *Behavioral Law and Economics*, Cambridge University Press, 2000, pp.13-58 にも所収されている。また、日本語で書かれているまとめとして、瀬戸山晃一「法的パターナリズムと人間の合理性――行動心理学的「法と経済学」の反-反パターナリズム論――」（一）阪大法学五一巻三号、同（二・完）阪大法学五一巻四号。

(10) *Nudge*, Chs.1-3

(11) 前掲、注（9）前段論文、pp.46-49 参照。

(12) *Nudge*, Ch.10

(13) *Nudge*, Ch.4

(14) もちろん、リバタリアニズムを支持するのであれば、このような市場に対する国家の優位性を主張する議論には強い反発をするのが常道であろう。しかし、ここではそのような議論は見られない。この辺りにリバタリアニズムとリバタリアン・パターナリズムのずれを見て取ることも出来る。

(15) *Nudge*, Ch.5

(16) 中村直美『パターナリズムの研究』（成文堂、二〇〇七年、一〜二一頁及び二三〜四八頁）。また、瀬戸山晃一「現代法におけるパターナリズムの概念」阪大法学四七巻二号も参照。

(17) 森村進「キャス・サンスティーンとリチャード・セイラーの『リバタリアン・パターナリズム』」一橋法学七巻三号。この論文では、本稿が手をつけることの出来なかった時間選好や時間的割引についての議論等、様々な点に触れており、有益である。

(18) しかし、そうであるとするとこれはパターナリズムと言って良いのであろうか、という疑問が確かに沸き起こりそうである。リバタリアン・パターナリズムは「看板に偽りあり」なのではないか。ただ、リバタリアン・パターナリズム以外にもこのようなパターナリズムの用法は存在する（中村直美、上掲書三二頁）ことを考えれば一応、許容できないというわけではない。尤も、これが本稿のような自由を考える側にとってどれだけ有用であるかについては不明である。

（19）これは本人が十代でも大人でも変わるところはない、という（*Nudge* p.11, 邦訳、二六頁）。これは根本的に従来のパターナリズムの議論と内容を異にする部分である。両者を区別するものとして、井上達夫「パターナリズムと人権」ジュリスト九四五号。

（20）自律の力点は最も良く自己に関する判断が出来るというところ（最良の判定者）にではなく、最終的な判断を自分で行うこと（最終の判断者）にあるのではないか。参照、若松良樹「中村直美著『パターナリズムの研究』」『法哲学年報二〇〇七』

（21）このように考えると、*Nudge*, Ch.17（邦訳十五章）のすべり坂論法も議論としての説得力を増すように思われる。

（22）前掲注（17）、森村論文、一〇九一～一〇九三頁。

（23）ここでは専らデフォルト・オプションを議論するが、フレーミング等、別のnudgeでも、どの選択肢へ誘導するかという問題関心は共有できると思われる。この点を批判的に検討したものとして、Gregory Mitchell "Libertarian Paternalism Is an Oxymoron" 99 Nw. U. L. Rev. pp.1245-1277.

（24）若松良樹「選択の自由とは何か」田中成明編『現代法の展望』（有斐閣、二〇〇四年）。

（25）但し、選択の自由をこれほどに内容の分厚いものとして考えてよいかは問題になりうる。もし、単純に選択肢が複数無い場合や、いずれかの選択肢を選ぶように強制されるのでなければ選択の自由があるとサンスティンやセイラーが考えているのであれば、議論はすれ違っているかもしれない。しかし、選択の自由の内容をこのように薄く考えたとしても、ランダムにデフォルト・オプションを選択することを拒否する彼らには何らかのデフォルト・オプションの決定原理があると考えることに問題は無いだろう。

（26）このようなパターナリズムのあり方は例えば Gerald Dworkin, *The Theory and Practice of Autonomy*, Cambridge

University Press, 1988, p.20 のような自律の定義（一階の選好、欲求、願望などについて批判的に思慮する二階の能力、また、高次の選好を考慮して、それら（一階の欲求など）の変更を受け入れ、また、そう試みる能力）からすれば自律を助けるようなパターナリズムであると考えられる。また、このようなパターナリズムを行う制度構築の正統性とリスク社会論との関係を議論するものとして、中山竜一「リスク社会における公共性」一四三～一四五頁、井上達夫編『岩波講座哲学10　社会／公共性の哲学』（二〇〇九年）。尤も、合理性や帰結よりプロセスが重要である場合も存在し、統治者によるデフォルト設定そのものが問題である場合もある。例えば、配偶者へのプレゼントは何を贈るかにも増して「配偶者たる私が選んだ」というプロセスが重要になるだろう。

(27) 安藤馨「統治と功利――人格亡きあとのリベラリズム」『創文』二〇〇七年、一一二月号、三五頁。

(28) 前節で触れたような処方薬歴による医療保険制度の選択はその一具体例として考えることも出来る。また、ネット上の書店の「おすすめ」などもこの一例である。さらにこの精度を上げる可能性を秘めているものにグーグルゾン（googlezon）などがあると思われる。

(29) アーキテクチュアによる統治の議論については、安藤馨『統治と功利　功利主義リベラリズムの擁護』（勁草書房、二〇〇七年）がある。この部分については第Ⅲ部、特に第十章が該当すると思われる。

(30) 大屋雄裕『自由とは何か――監視社会と「個人」の消滅』（ちくま新書、二〇〇七年）一九九～二〇五頁。

(31) 憶測であるが、例えばオーストリア学派経済学の企業家論や市場プロセス論の「イノベーション」や「発見」という発想をここに位置づけることが出来るかもしれない。参照、尾近裕幸・橋本努編著『オーストリア学派の経済学――体系的序説――』（日本経済評論社、二〇〇三年）主に第九章、第十章。

(32) しかし、アーキテクチュアによる統治とリバタリアンの擁護する消極的自由の関係については別立てで大問題である。これについては、「おわりに」で少々議論する。また、参照、大屋前掲書、一一三～一二三頁。

(33) サンスティンらのリバタリアン・パターナリズムがコミットする価値について、重視しているのは自由ではなく効用であると批判するものとして、前掲注（23）論文Ⅱを参照。

（34）最終的に自ら決定を下すことは共通するが、説得はある行為を実行する前段階の考慮要素になるに止まり、一方、我々にとってnudgeは考慮する枠組みから変更するものである。また、nudgeは帰結に影響を与えるが、強制はしないので、消極的自由と抵触しないと考えられる。

（35）大屋前掲書、一一三〜一一七頁参照。

（36）この場合はリバタリアニズムとアーキテクチュアによる統治が両立している。

（37）アーキテクチュアによる規制の特徴は、機会操作性、無視不可能性、意識不要性、執行機関の不要性、にまとめることが出来るという（松尾陽「アーキテクチャによる規制作用の性質とその意義」『法哲学年報二〇〇七』）。ここまでアーキテクチュア的なものとして一括りに論じてきたが、このような特徴は物理的なアーキテクチュアにしか当てはまらないだろう。チョイス・アーキテクチュアはその存在を認識していれば、そこから容易に抜け出すことができるはずである。リバタリアニズムにとっての両者は一括りにできる面があったが、両者は自由にとって全く違った含意を持つものであろう。この点、非常に大きな問題であるが、ここでは指摘するに止め、他稿を期したい。

〔付記〕脱稿後、東京法哲学研究会五月例会において、森村進先生（一橋大学）から井上嘉仁「ソフトなパターナリズムは自由と両立するか――リバタリアン・パターナリズム論の影――」（姫路法学五〇号）の存在をご教示頂いた。

第五章　リベラルな普遍主義？

――ヌスバウム流リベラル・フェミニズムへの問い

中山尚子

はじめに

社会正義という観点から、マーサ・ヌスバウムはジェンダーの不平等にかかわる問題を基本的正義にかかわる課題であるととらえ、自らのケイパビリティアプローチ[1]によって理論的にも実践的にも克服しようと試みている。彼女の理論においては、「真の人間的機能」というアリストテレス的な人間本性観に基づく人間性理解が根底にあり、そこから導出された人権の尊厳が擁護すべき普遍的な価値として認識される。

その一方でヌスバウムは、自身の立場をリベラル・フェミニズムとも位置づけている。それは、伝統的なリベラリズムに対して一定の態度の修正を迫りながら、リベラルな正義論が本来主張してきた自由・平等といった価値に忠実に個人の尊厳を規定し、ジェンダーの不平等を問い直すことである。それは、既存のフェミニズムに対しては、それらが単純に放棄した自由や平等の意義を訴えることで個人の自律の観点を取り戻し、リベラリズムを批判する際には、公私二元論によってジェンダーの課題を見落とし、あるいは除外してきた誤りを指摘しながら、ジェンダーの正義を法と政治において要請可能なものとすることであった。[2]

しかしながら、ヌスバウムが示す理論的、方法論的態度に対して、たとえばドゥルシラ・コーネルは次のような批判を投げかけている。

センと違ってヌスバウムは、一定の個別で理想化されたケイパビリティの集合を含む配分的正義についてのより伝統的でリベラルな概念に拘ろうとしている。私とヌスバウムとの間の対立点は……彼女がケイパビリティの理想（念）性を、真の人間的機能という概念に結び付け、それによって人間性という理想を人間生活の実在する制限された形態へと還元し、それに伴って理想が促進しようとする自由を縮減してしまうことにある。[3]

これはいわば、ケイパビリティと自由をめぐる批判の論点である。さらにもう一点、

ヌスバウムは、自らのケイパビリティリストに固執しているため、彼女が訴えかけようとしている普遍性に対して忠実になり損ねている。なぜなら、人権が問題になる時には、私たちが普遍性に到達するための唯一の道は、他の正義の概念を尊重するための推論を経由するものであるはずだからだ。……ヌスバウムは、他の正義の概念を正統なものとして認識するだけでなく、多様な正義論の間の重なり合う合意の可能性を育むような種類の積極的な尊重の余地を残していない。[4]

これは正義と普遍性に関わる論点といえよう。

これらは、センの提唱したケイパビリティアプローチを継承しながらも、独自のものとしてそれを発展させたヌスバウムの、理論的基礎に関わる最も根本的な批判のひとつであるといえるのではないか。なぜなら彼女自身の言明においては、彼女の理念の真髄である「真の人間的機能」という価値に訴えることによりケイパビリティの自由は尊重される、と説かれ、ケイパビリティのリストを示すことによって普遍的な正義に訴えることが可能になる、とされているからだ。彼女によれば、目標を「機能」でなく「ケイパビリティ」におくことで、ひとりひとりの自由を尊重できると語られている。またその方法論においては、「包括的リベラリズム」ではなく「政治的リベラリズム」の立場をとることで、正義にかなう社会の最低限の原理を「普遍的に」説明することが可能だとしている。説明の根拠そのものにおいて、ヌスバウム自身による見解と、コーネルによる指摘が相違することは明らかである。それだけに、ケイパビリティアプローチそのものを評価し支持する、コーネルによる批判が妥当性をもつといえるなら、ヌスバウムの目論見にとって重大な致命傷を認めることになりうるのではないか。

本稿では、コーネルによる批判の妥当性を検証しながら、ヌスバウムが唱えるケイパビリティアプローチは方向性それ自体において誤りがあるといいうるのか、それとも方向性自体ではなく、それが達成できないジレンマに陥っているのかをまず確認しておきたい。その上でヌスバウムの目論見の有効性について、その理論と実践における意図に立ち戻りながら、筆者なりの再検討を加えることにする。

一　自由、尊厳、ケイパビリティ

コーネルによる批判はまず、ケイパビリティアプローチそのものの評価と、それを最初に提唱したセンにおける、プロセスとしての自由を強調する姿勢への評価にはじまる。実質所得や効用といった変数に焦点をあてる標準的な開発のアプローチと異なり、開発を自由とその拡大のプロセスとみなすセンによれば、「より多くの自由は人々がみずからを助け、そして世界に影響を与える能力を向上させる。そしてこれらは、開発のプロセスにとって中心的に重要なことなのである」。[5] この自由の観点から、彼は個人の「エージェンシー」概念を発展させ、「その人自身の価値と目的を基準に判断」することの意義として自由の役割を再定義した。様々な自由の相互連関において捉えうる、評価や政策に開かれた視点としてのケイパビリティアプローチ[6]がセンの主眼であるとの理解は、コーネルにおいても共有され、自由としての開発への評価につながっている。『自由と経済開発』におけるセンの言葉をひきながら、人々が自由を認識し、その自由に意味を付与するという「理想的な歴史プロジェクトとしての開発」への彼のコミットメントを示すとした上で、コーネルは次のように続ける。

このプロジェクトが一定の理念性（ideality）を有するということは、人間が開発するものが経済的もしくは政治的に量化しえないことを意味する。人間が最も自由になることを可能にする開発は、人間性の最も充全な開発を意味する。[7]

センは手段としての自由の価値だけでなく、目的としてそれが重要であると主張することで、彼自身のケイパビリティアプローチを様々な比較と分析の可能なものにしてきた。コーネルの理解に沿えば、一定の立場や社会にいる人々は、それぞれが現実的に経験しうるプロセスにおいてしか、異なる立場や社会におかれた人々の発達や進歩を理解しえない。それゆえに、人々が機能やケイパビリティの項目の価値付けを、何らかの先験的な基準等によらず、自らの意思と能力において評価することが重要であるとセンは強調する。そのために人間はケイパビリティを段階的に発展させられるような形で個別に空間を与えられるべきであり、その空間において機能とケイパビリティの多様な比較を可能にすることで、個人だけでなく社会や国家という多元的なレベルでの訴えが可能となる。

このようなセンの主張の含意に、コーネルは自らの「イマジナリーな領域 imaginary domain」との親和性を感じ取っているとみてよいだろう。「人格 persona」のプロジェクトと呼ばれるものにおいて、個人が自らを「再想像するための心的空間」として、その平等な保障を要請されるのが「イマジナリーな領域」であるが、その根底にはカント的人格概念にもとづく人間観が認められる。[8] そこで強調される自由には、（選択の自由とは異なるが）生まれつき備わった属性や、自らは選び取ることが不可能な社会的文脈の中で、それらに左右されながら生きるひとりの人間にとって、保証されるべき「自由」の意義が見出されるといえよう。理念としての「自由」にこういった意味で価値を認めるコーネルの態度には、ケイパビリティにおける「自由」そのものにセンが価値をおく態度と似通ったものが感じられておかしくはない。そしてその態度から導き出される当然の結論として、センがある特定の善の構想を拒絶することに徹底して拘る姿勢を、コーネルはリベラルな思想の範として評価しているようにみえる。

そのようにセンを評価する一方でコーネルは、「ケイパビリティアプローチを人権の基礎にしようとするヌスバウムの試みに付随する問題」として、彼女が「福祉の平等についての自らの概念を、真なる人間的機能についてのある見方と結び付けている。[9]」ことを指摘する。特に、ヌスバウムが提示するケイパビリティのリストに対しては、それが目的論的な説明から導き出される生の形を示そうとしている、つまり「目的論的道徳主義」に陥っているとして、ジェーン・フラックスの批判をひきながら次のように述べる。

フラックスは……ヌスバウムがケイパビリティのリストの中で、社会における一定の帰属のあり方と実践理性とを、価値ある選択や決定をするための唯一の手段として階層的に特権化する視点を想定していると極めて正当に主張している。……私たちが真に人間的とみなすものについて語り始めると、必然的に、私たちの内のある者は他の者よりも人間らしいといわざるをえなくなる。さらに言えば、私たちが真に人間的と見なすものに従って生きていないものは自らの尊厳を失っており、それゆえもはや人間性の範囲内にはいないと強く主張せざるをえなくなる。[10]

このことが「誰が人間とみなされるかについての上下の厳密な線を引く危険をおかしかけて」おり、彼女が「私たちを人間にする複雑な自己――それは、私たちに内在する社会性、欲求、ニーズ、夢、希望までを含んだ複雑な自己である――をより包括的に捉えることで、その反対のことをやろうとしているのは明らかだ[11]」として、コーネルは批判の目を向ける。いわば、ヌスバウムのリスト化の試みは、彼女自身が目指すはずのリベラルな価値の擁護と実際には乖離しており、「すべての人が平等な価値と尊厳を有する」

という理念を自らの手で放棄していることになる。この矛盾の指摘は、どの程度妥当といえるであろうか。ここで、ヌスバウムの主張をあらためて確認しておきたい。彼女は、ケイパビリティアプローチをめぐるセンとの相違について、基本的な主張や議論に同意するとしながらも、次のように述べる。

…私の目標は、単にケイパビリティを比較のために用いるだけではなく、ケイパビリティやケイパビリティの閾値といった概念が、人々が政府に対して要求する権利を持つ中心的基本原理の基礎となりうるということを示すことにある。(12)

ここで示されていることはまず、彼女が用いようとする「人間の中心的ケイパビリティ」のリスト(13)は、「機能としての達成目標ではなく、ケイパビリティとしての達成目標、つまり政治によって個々人に保障されるべき共通善(14)」のリストであるということである。「実現した機能」ではなく、「達成可能な機能」のリスト＝ケイパビリティのリストとするのは、それにより、人々が自ら価値あると考えるその他の機能を追求する自由を保障できると考えるからである。それと同時に、このリストの導出に際しては、方法論としてロールズの「反省的均衡」および「重なり合う合意」を参照し、政治的リベラリズムの精神に基づいた「中心的な憲法保障の道徳的基礎として政治目的のために合意しうる」リストとして、基本的政治原理の支柱にしようとする。その目的のためには、「どのような生き方においても中心的であり重要であると説得的に論じられる人間のケイパビリティを特定する必要(15)」があると考える彼女は、その哲学的基礎として、独自のアリストテレス解釈(16)によって引き出される機能主義的な人間性理解と、形而上学的本質主義とは異なる「地平内部に立つ本質主義[17]」と呼ばれる立場を採用する。それは、文化的相対性を前提にしつつも、それを超越した存在としての人間的本質があると認めることで、文化横断的に妥当するケイパビリティの提示と人々の間での合理的な合意を可能にする、と説くのである。

コーネルが指摘するところの「私たちを人間にする複雑な自己」について、ヌスバウムの提示する方法論においては捉え損ねているといえるのだろうか。ヌスバウム自身の言説においては、人々や文化の多様性に関しては最大限の配慮をすべきであり、自らのケイパビリティアプローチにおいてそれは可能である、との姿勢が窺える。例えば、伝統的な生活様式と女性達の選好や願望をめぐる分析の中で、次のような主張をする。

> もちろん、家庭の外で働くのを止めて、伝統的な生活に戻ることを選択する女性もいるだろう。ベールをかぶらなかった女性が、ベールをかぶる生活に戻ることを選択することもあるだろう。しかし、これは機能のレベルでの変化に過ぎないのであって、市民としての政治的ケイパビリティのレベルでの変化ではないことに注意する必要がある[18]。

機能ではなくケイパビリティの目標とすることによって、伝統的な生活に戻ろうとする彼女の願望も否定されることはない、つまりケイパビリティのレベルでの彼女の自由は保障される、という見解にも受け取れる。しかしながら、ヌスバウムはこう続ける。

中心的ケイパビリティに対する選好が一方向性のものではないと論じるためには、基本的政治原理を選択しようとする市民として、人々はその領域における選択や機会を放棄することを望むということを論じる必要があるだろう。このことを示すのは非常に困難なことである。……しかし、普通、伝統的な生活を望む女性も、他の形態の生活を送った後は、すべての市民に対して選択を否定するようなことのために運動することはないだろう。[19]（傍線筆者）

言い換えると、「自由を知ったものは、自由を否定する立場に与することはないだろう」ということかもしれない。このような楽観的な考えは、とりわけポストモダンフェミニズムの立場からは、例えば、「リベラリズムが想定する「自由な主体」に一定の留保をつけながらも、なお文化「からの自由」を保証することによってのみ女性にもそうした「自由な主体」になる可能性が開かれる」と信じる態度[20]に通じるものとして非難されるであろう。ヌスバウムの主張は同様の問題性をもつといえるのだろうか。

少なくともコーネル自身の言葉においては、「過剰な単純化へのセンの懸念」に対する共感とともに、自らの評価する自由と尊厳との統合的なつながりをめぐって、ヌスバウムとの意見の相違が述べられている。

センは自由を完結に定義する手前で止まっているように見えるが、私は、彼の仕事はマルクス主義の伝統の中の最良のものの特性を継承するシンプルで洗練された考え方に依拠していると思う。それは、私たちの自由とは、異なってある自由、したがって私たちの個人的および集合的な生と歴史を変える自由だという考え方だ。この自由の概念は、自由と尊厳とのつながりを保持している。[21]

自由と尊厳とのつながりを最も深いところで捉えるために、センは「エージェンシー」[22]の概念を重視する。特に、女性にとっての「エージェンシー」の側面と「福祉 well-being」の側面は、人間の「能動的存在 agent」としての役割と「受動的存在 patient」としての役割に対応し、共通する部分もありながら基本的なレベルにおいて相違し、その違いを捉えることには決定的な意味があるとする。自らを「受動的存在」として捉える能力も、彼女の「エージェンシー」と不可避的に結びついており、それにより責任ある存在として認めることを可能にする。それは例えば、自身の「福祉」の低下をもたらす不平等をとらえることにつながるという意味で重要なものとなる。またそれは、他人の「福祉」と自由を考慮することで自らの「福祉」をとらえなおす契機をもたらすものでもある。

一方でヌスバウムは、自らのアプローチにおいて「福祉」と「エージェンシー」の区別を必要のないものと考えており、その概念の重要性を認めるとしながらも、生じる違いについて「すべての重要な区別はケイパビリティと機能との区別によって捉えることができる」[23]としている。ケイパビリティと機能とを区別することにより、ヌスバウムは様々な自律と自由にまつわる問題、適応的選好[24]や宗教的信念と女性の人権の対立等[25]の問題についても克服できると考えている。前者については、選好概念を豊かな分析によって慎重に捉え直すことと、「十分な情報に基づく願望」を尊重することによって、それらの間に収斂が認められるとしたうえで、個人の歪められた選好と自律の価値が折り合うために、現実的な機能のリストでなくケイパビリティのリストを用いることが有用であるとする。また、宗教的信念にともなう伝統的な慣習が女性の権利を阻害し抑圧することに肯定的であった場合に、それらを宗教的機能というレベルにおいて、個人的な善と組織的な善を比較するのではなく、宗教的ケイパビリティとして護りながら、個人にとっての良心の自由や信仰的価値の追求を可能にしようとする。しかもここで掲げられる目標としてのケイパビリティは、「閾値」の概念と結びつけられており、それを憲法上の基本原理として提示することで、人間の「尊厳」を保障するための方策としようとする。ヌスバウムの論理からすれば、彼女のいう「ひとりひとりのケイパビリティ」へと焦点を合わせ、その達成すべき「閾値」を示すことで、ひとりひとりの「尊厳」を実現することが可能になる。

だがそれは、コーネルがいうところの尊厳とははっきりと異なっており、それはそのような形で「実現される」ものではない。コーネルにとっては、「尊厳」のために新たな規準を持ち込むこと、特定の善の構想を示すこと自体が人々の尊厳を脅かす重大な侵害になりかねない。だからこそセンが「エージェンシー」の自由という定式化においてとらえた自由の内実は、自由としての開発の基礎となりうるのであり、ケイパビリティアプローチの本質を表す概念として不可欠な要素であるとコーネルはとらえているのであろう。

ヌスバウムにとっての「尊厳」を実現するためのやり方は、コーネルにとっては尊厳の「自由」を奪いかねないものとなる。(26) なぜなら、「尊厳」を実現するために、選好の解釈を豊かで精緻なものにする試みも、宗教的教義や実践を個人のケイパビリティの促進に照らして抑圧的か否かを判断することも、間接的にであれその帰結において、個人に対し何かを問いただす姿勢とは完全に切り離し得ないからだ。

ヌスバウムがケイパビリティのリストに具体的に掲げた項目は、自身の研究生活において関わった、(27) インドの女性達の闘いと実践を見聞きする中で、彼女たちに感じた様々な変化に少なからず影響を受けたと思われる。彼女たちの姿に「尊厳」が踏みにじられる現状を感じ、それを取り戻す営みとして自らのアプローチを位置づけ、規範的な提言の必要性にこだわっているのだろう。それこそがヌスバウムの基本的な戦略でもある。しかしながらそれは、コーネルのいう「自由と尊厳との統合的なつながり」の意味でのリベラルな態度を擁護するものではなく、一定の諸自由を尊重しながら、人々に保障されるべき生活としての「尊厳」ある生の実現を謳う、という共通善の構想としてであり、コーネルにとっては多くの矛盾を含んだ概念にしかうつらないであろう。

ケイパビリティのリストを提示することで、ヌスバウムは人間のケイパビリティという規範を政治目標の中心に据え、異文化間比較と文化横断的な規範の探求を行うことを目指しており、それは「知的政治的危険を孕んでいる」と自ら述べている。そのような危険を冒してまでやろうとしていることは何か、コーネルの二つ目の批判を念頭におきながら次節で検討していきたい。

二　正義と普遍性

ケイパビリティのリストを具体的に提示するヌスバウムのやり方には様々な観点から批判もあるが、どれだけ批判があったとしてもそれが基本的な戦略であり、理論的基礎にあることを彼女は否定しない。その根拠として、次のような見解を述べる。

政治の舞台においてケイパビリティアプローチの出発点となる基本的直観は、特定の人間の能力を発展させるべきだという道徳的主張である。……それは特定の形而上学的見解や目的論的見解に依存することなく「それ自体独立した道徳観」である。現実の人間の能力のすべてがそのような道徳的主張の対象となるのではなく、倫理的観点から価値あるものと評価されたものだけが対象となる（例えば、残虐性という能力はリストに含まれない）。……それにもかかわらず、特定の人間的能力に関する道徳的主張についての議論の核心に関して、政治目的のために必要な合意に達することは可能である。(28)

彼女は、「すべての国の政府が尊重し実行すべき基本的な憲法上の原理」となるべくリストを示すことにより、実現すべき目標として二つの役割を与えようとする。ひとつは、「ケイパビリティの閾値 threshold level」としての「社会が保障すべき最低水準」を示し、それを評価空間とすることで国際比較を可能にする、指標としての目標である。そしてもうひとつが、政治的リベラリズムの文脈に位置づけるために、多様な善の構想を持つ人々の間での「重なり合う合意 overlapping consensus」を達成するための、規範としての目標である。

このリストの示し方についてコーネルは、ヌスバウムが文化的差異にセンシティブな仕方での定義を試みようとしている点に理解は示しつつも、「純粋に政治的な基礎において正当化」しようとしており、それがひとつの一般的かつ包括的な世界観の中に人権を押し込めてしまうようなリベラリズムを掲げている、として次のようにいう。

ヌスバウム自身が示唆しているように、彼女がセンのケイパビリティアプローチとの関わりにおいて主として望んでいるのは、それを地に足のついたものにすることである。しかし私たちが、人権の擁護を妨げるように実際に作用しうる道徳的もしくは文化的な個別主義の権化のようなものを奉ずるつもりがないのであれば、私たちはロールズの推論された理由付け（conjectural reasoning）を、ヌスバウムの人権概念に対する倫理的矯正として実践しなければならない[29]。

「地に足のついたもの」にするためにヌスバウムがしようとしていることは、文化相対主義およびパターナリズムへの反論において主張される。まず文化相対主義への批判において、「多様性の善」そのものに価値があると論じ、文化的多様性を擁護し尊重する必要を認めている。それぞれの伝統や慣習の中で生きる人々への敬意を払うことと、規範的相対主義を訴えながら伝統を一枚岩のものであるかのように解釈することを区別し、文化相対主義を斥けたところにこそ異文化への寛容さを確保できるとする。また、普遍的なリストがパターナルな価値の押し付け、とりわけ西洋的価値の押し付けに過ぎないのではないかという非難に対して、次のように反論する。すなわち、いかなる基本的人権に関する宣言もある意味でパターナリスティックであるとしながら、人々の選択の自由を阻害するような形のパターナリズムを斥ける一方で、危害原理を主張するJ・S・ミルですら、他人に害を与える行為に関しては国家による干渉に賛成したとして、一定のパターナリズムを許容する必要があると説く。そしてそれは、ある人の正当な善を追求する自由を他の人のそれが妨げている場合、つまり正義の問題が問われるような場合において、普遍的意味におけるパターナリズムが必要とされるのであり、人々の諸自由を護るためにはその意味での普遍的規範を要する、という主旨である。ヌスバウムはこの二つの反論において、多様性や個人の善の追求の自由に注意を払いながらも私たちは「暴君的な普遍主義」でなく「促進的な普遍主義」を求めるべきであり、それは人々を特定の望ましい機能の型に押し込めるものではなく、むしろ選択の余地を与えるものでなければならないとし、そのために「包括的リベラリズム」でなく「政治的リベラリズム」を採用することで、「重なり合う合意」の可能性としての普遍主義を目指すべきだと述べている。

このような意図のもとに、ヌスバウムは指標としてだけでなく、規範としての目標としてケイパビリティのリストを使いこなそうと考えており、そのための様々な配慮をともなった仕掛けとしてリストを位置づける。(30) それは、国際的な開発プロジェクトや西洋のフェミニスト達の運動において、人々の多様性や複雑性を無視した方法により多くの失敗を重ねてきたことへの懸念と反省があるだろう。その上でなお、そういった問題を克服するためには、一定の普遍的な価値、とりわけリベラリズムが訴えてきた自由や平等、自律の尊重や寛容といった価値を擁護し促進しなければならない、とする。それは、ある種のフェミニズムがリベラルな価値をすべて否定してきたことに対する批判でもあると同時に、人々が「自然」であると見なしてきたものに対し懐疑の念を抱くことなく、自律の尊重と寛容について表面的な対策しかとれずにいたリベラリズムの内省と変革を狙う側面も持っている。(31) 彼女にとってのケイパビリティアプローチは、普遍的規範の追求と、その実現のための政治的正当化の作業と切り離せないものとなっている。

しかしながらコーネルにとっては、それは新たな「道徳的もしくは文化的な個別主義の権化」の信奉につながりかねない。ヌスバウムはリスト化の試みを一定の普遍主義を目指すものとして擁護するが、それはそのリストによりいかに人権の尊重に貢献できるか、についての説明に終始するように見える。たしかに「ひとりひとりのケイパビリティ」に注目することで、個人を尊重することと他者や異文化を尊重することの両立に道が開かれるであろうし、個々のリストの項目について、人々にとって基礎的かつ共通性を備えた要素の指摘にするべく、人格の尊厳や実践理性といった価値への最大限の配慮を示そうとしている。但し、それらがどんなに人権の尊重を目指すものであっても、コーネルが指摘する「異なる正義概念の尊重」についてはほとんど触れられていないように思われる。彼女によれば、人権が問題になる際には、私たちが普遍性に到達するための唯一の道は、他の正義概念を尊重するための推論（reasoning）を経由するはずのものであり、それは人権についての個別主義的な概念の倫理的行き詰まりを回避するための唯一の方法でもあるとされる。この「推論された理由付け」を経由しない限り、多様な正義論の間での「重なり合う合意」の可能性を育む余地はうまれない。その意味で、いかにヌスバウムが「ひとりひとりのケイパビリティ」に言及し、個人の人格の尊重に訴えかけようとしても、コーネルにとってそれは「リベラリズムの一つの変種をロールズの言う一般的で包括的な世界観として受容することを含意」[32]（傍点筆者）するものにほかならない。つまり、人格の理想とケイパビリティのリストについてヌスバウムは、ロールズの意味における「立場的に自由なもの free-standing」[33]なものとして位置づけようとしているが、その実「彼女はとどのつまり、自分が思っているようには、ケイパビリティリストを、立場的に自由なものとして擁護しきっていない」[34]とされるのである。

コーネルのこの批判は的を射たものと思われる。彼女も指摘するように、ヌスバウムは自らのケイパビリティアプローチを「純粋に政治的な基盤」において正当化しようとしている[35]。しかしながらそのために要請されるはずの「異なる正義概念の尊重」について、彼女は明確に認識していないように思われる。いいかえると、普遍主義的な正義を目指すといいながら、そのために必要な正当化を経ずに、自らのリストが正当化のための「正当な目標である」との主張と解釈されてしまう。ヌスバウムが普遍的な価値として提示する「人間の中心的ケイパビリティ」は、文化横断的な形で認められる、（形而上学やある種の本質主義とは異なる形式において）人間性の本質に根ざすものとして「地平内部に立つ本質主義」の立場から導出されるものとされるが、その理念的基礎を彼女が手放さない限り、彼女が本来望むはずの普遍主義的な正義（とそれを支えるための政治的リベラリズム）には到達できない、という根本的な矛盾である。普遍主義的なリベラリズムを目指しながら、ヌスバウムが提示する方法は「普遍主義を志向する一種のリベラリズム」でしかないのだろうか。

このような指摘の一方でコーネルは、「自由の普遍的な理想」を保持し続けようとするセンの立場を評価し、それが一種の「リベラルな普遍主義」の精神を保持している、とする。いかなる規格化された生の形式も提唱せず、ケイパビリティと大普遍主義とのつながりを否定するセンの態度への賛同は換言すると、ケイパビリティアプローチの真髄はヌスバウムの方法によっては決して体現されえない、と述べているように思える。確かにコーネルのいう意味において、「リベラルな普遍主義」にヌスバウムの主張はなり得ていない。彼女が目指すところのものは、自らが採用する方法論と折り合えるものではないのだろうか。あるいは、彼女が目指す理想そのものを変更すべきなのだろうか。前節でとりあげた論点も含め、再度検討しながらヌスバウムの意図とその有効性について考えてみたい。

三　ヌスバウムのケイパビリティアプローチ

第一節で検討したコーネルの批判からは、「尊厳」をめぐるヌスバウムとの解釈の相違は決定的なもののように思われる。それはまた「尊厳」を保障すべき自由の位置づけ方の違いにそのまま反映されている。それらの相違は、二人における人間（性）理解や主体化概念における相違に基づいており、理論的制度的な戦略の違いとしても現れる。新たな解釈を加えながらも基本的にリベラリズムの立場に立つヌスバウムの試みは、ポストモダニズムの枠組みにおいて自由の重要性を認識するコーネルの定義とはそもそも一致をみそうにない。ただ、コーネルによるセンのアプローチへの評価は、その相違が単純に、リベラリズムとポストモダン的思考における差異に還元できるものではない、ということも示している。センによる自由の定式化をコーネルは高く評価するが、それは総体としての自由の価値を、彼が（コーネルのいう意味での）「尊厳」に配慮する形で捉えているからではないかと思う。コーネルによれば、

私たちは誰も、全くのゼロからスタートすることはできない——私たちはみな、既に文化的に用意されている善い人生の観念と格闘しているのである。「外にある」諸価値と、私たちが既に内面化し、人格と定義するものとして受け入れている諸価値の間に、明確な一線を引くことは不可能である。私たちが、私たち自身の価値の完全にオリジナルな源泉であることは現実には不可能であるし、私たちが慣習的な道徳性を吸収している度合いをすら知ることはできない。……それにもかかわらず、あたかもそうした源泉であるかのごとく政治的に承認されるべきなのである。抽象的な理想の人格は、選択がおこなわれ

る結節点や価値の源泉として規範的に承認されている。抽象化――人格を規範的な概形のみによって定義すること――は、私たちが人格の自由を保持するための唯一の方法である。[36]

「エージェンシー」の概念的な役割を積極的な形で位置づけ、その自由にゆだねることで、道具としての自由（プロセス）と実質的自由（目的）の相互関係において捉えるセンのアプローチは、ラディカルな定式化でありながら、総体としての自由の価値を最大限に引き出しているという点で、コーネルの意味における「尊厳」への配慮が達成されていると理解できる。しかしながら一方で、センは「エージェンシー」だけでなく、ひとの「福祉」の側面を捉える重要性も示唆している。「エージェンシーの自由」は「福祉的自由 well-being freedom」と不可分な関係にあるものとされる。それは個人における自由の内的連関に関する彼の洞察において説明されるのだが、例えば、ある種の適応的な選好に関して、次のような指摘がある。

> センは「選択抑制 choice inhibition」を指摘する。……私たちは抑圧的な状況への適応を強いられて、自分自身の真の選好――それが自分に対するものであれ、他者に対するものであれ――、よりよい環境であればなしたであろう合理的・理性的な選択から離れてしまうことがある。この可能性を考慮するとき、自由を尊重するためには、つまり、個人を目的そのものとして尊重するためには、個人の顕示的な選択の前で留まることはできないことになる。この視点は福祉的自由という概念の独自性を根拠づける。[37]

ここにおいて要請されているのは、社会の個人に対する積極的な介入にほかならない。コーネル自身の議論においても、一定の場面におけるそのような介入は認めうるであろうし、センにおいてもそこで要請される介入は「顕示された選好と真の選好との比較」という目的の範囲にとどまるものではある。だがそうはいいながらも、究極的には個人の「合理的・理性的選択」を前提とした上でのそういった介入に関するセンの主張について、コーネルはどのように考えているのか定かではない。

他方でヌスバウムは、先にも触れたように「エージェンシー」と「福祉」の区別を自らのアプローチにおいては不要であると考えている。それが彼女の主張するように「機能」と「ケイパビリティ」の区別によって解消できるかどうかについてはここでは検証せずにおくが、センの指摘する意味での自由の内的連関に近い内容を、彼女なりに認識しているようにも思われる。[38] 三つのタイプにおいて捉えられるケイパビリティは、それらの性質的な相互関係において社会的に保障されるべきものの必要性に訴えることを可能にするとされる。だがそれらの区別は、彼女の提示する「ヌスバウムのリスト」の範囲内において操作される概念の域を出るものではなく、「エージェンシー」と「福祉」の区別において捉えうるような、ひとが自らの能力を捉えなおす契機のような役割は、偶然的に実現することがあっても、はっきりと意識されているとはいえない。むしろ、例えば、良心に従った表現の自由という「内的ケイパビリティ」をもっていても、抑圧的で非民主主義的な体制の下で暮らす人々は「結合的ケイパビリティ」を失っている、といった形で、「政治的自由」や「表現の自由」の保障を要請するような、社会に対する条件整備のための役割が念頭に置かれている。[39]

さらにヌスバウムは、人々がより多くの自由を希求し、その価値を肯定するようになることを、ある種当然視しているようにも見受けられる。「機能」と「ケイパビリティ」の区別によって人々の諸自由を尊重できる、との考えは、そのような楽観論に支えられているのかもしれない。それがコーネルの危惧する「尊厳」の侵害になる可能性は、リストの内容をどれだけ改変したとしても、同様の前提をヌスバウムが持ち続ける限り、やはり避けられないであろう。少なくとも、ヌスバウム自身が願う人々の多様性への配慮は、彼女が思うようには達成されない可能性を否定できない。さらなる問題は、そこで想定される個別的な自由の内容が、やはり「ヌスバウムのリスト」の項目に縛られてしまうことである。彼女自身はその内容について、最終的なリストではないとしてその絶対性を否定するが、具体的な項目として提示されたリストは、彼女自身の意図や弁解にかかわらず、独立して解釈され利用されることを免れるものではない。コーネルの二つ目の批判の論点はここにおいて再度現れてくる。

ヌスバウムのリスト化の試みと取り上げられる個々の要素は、特定の形而上学や目的論的見解に根ざしたものではなく、立場的に自由なものと主張されているが、やはりその主張には疑問を持たざるをえない。この疑問は様々な論者による彼女への反論において表明されているが[40]、筆者自身は、そのことがセンのいう意味での「女性のポジショナリティ」の視点を捉える可能性を残す（ヌスバウム本人が同意するかどうか定かではないが）という点において理解している[41]。ただし問題は、それによって彼女が普遍主義の理想を、しかも「リベラルな普遍主義」を目指しながら、そうはなり損ねている、という指摘にある。本当にヌスバウムのアプローチは、「リベラリズムの一つの変種」を「一般的で包括的な世界観として受容することを含意」するものになっているのだろうか。

コーネルの主張に戻ると、ロールズの意味における「推論された理由付け」を経由していないヌスバウムの正当化には、多様な正義間の「重なり合う合意」の可能性を育む余地はうまれない、と考えられている。

ここでいわれているのは公共的な「推論された理由付け」であり、単なる妥当なそれではなく、「他者に宛てられた議論」を意味する。それは「われわれが受け入れるとともに、他の人々も当然に受け入れることができるだろうと思われる前提から出発し、他の人々もまた当然に受け入れることができるだろうとわれわれが考える結論へと進んでいく[42]」過程として認識されるものである。この過程を経ていないものとして、ヌスバウムのアプローチの不十分さが指摘されているのだが、ヌスバウム自身も、政治的正当化の問題を考慮していないわけではない。彼女の言によると、

概して、私の政治的正当化のやり方は、反省的均衡に向けて進むロールズ的解釈に近い。すなわち、道徳的直観中の〝定点〟に照らして特定の理論的立場を支持する議論を展開し、その直観が、私たちが吟味しようとする概念をどのようにテストし、またそれによってテストされるのかを見ようとするものである。……私たちは、もし他の領域で強力に見える理論的概念が要求するならば特定の判断を修正し、もしある理論的概念が最も確かな道徳的直観と適合的でなかったならその理論的概念を修正するか拒否することによって、時間をかけて一貫性を達成し、私たちの判断全体と適合させたいと期待する。……ロールズと同様に、私たちは特に政治的領域においてそれを行っているのであり、様々な包括的見解を持つ人々が政治的共同体において共存していくことに合意できるような概念を求めているのである。このことは、私たち自身の判断と政治的概念だけでなく、他の人々の判断をも考慮することが必要であることを意味している[43]。

このような「反省的均衡に至る過程の第一段階」がヌスバウムの議論と見なされており、その過程の完了する前には、第二段階として「他の競合する構想を詳しく吟味し、詳細にそれらと私たちのものを比較し、どのような理由で私たちのものが選択に値するかを考え」なければならないとする。これは、第二の段階を経ても「他者に宛てられた議論」とみるには不十分なものといわざるをえない。かといってそれは、単なる「妥当な」議論に終始することになるのだろうか。

ここでロールズの議論をあらためて参照してみると、彼は公共的な推論された理由付けの一形態ではないものの、重要な言説形態についてふれている。一つは「宣言 declaration」であり、自らが信奉する包括的教説を公にすることである。これにより各々が、どのようにすれば自分が信奉する教説から出発して、道理に適った公共的な正義の政治的構想、および原理や理想を是認することができ、実際に是認しているかを示すのである。その目的は、異なる包括的教説を支持している自分以外の人々に対し、われわれもまた道理に適った政治的構想群に属する一つの構想を是認していると宣言することにある。もう一つは「推量 conjecture」である。これが他の人々の基本的教説だろうと自らが信じる――あるいは推量する――ことから議論をはじめ、ついで、その当人が実際に何を考えているかにかかわらず、それでもそうした人々が、諸々の公共的理由の基盤たりうる、道理に適った政治的構想を是認しうるということを、彼ら自身に向かって示そうとする試みとして定義される。この試みはまた、誠実なものでなければならない。議論の出発点とした前提を強く主張するわけでなく、相手側や、もしかすると私たちの側の誤解だと思われる事柄を解消する目的で、こうした議論を進めているのだということを説明しなければならない。両者はともに、公共的正当化に向けた作業を補完するものと位置づけられる。

ヌスバウムのアプローチをあらためて見直してみると、彼女のリスト化の試みは一種の「宣言」の性質を備えているのではないだろうか。彼女自身はそれを「包括的教説」と認めることには否定的であろうが、その支持する構想が完全に立場的に自由なものといえないものだとすると、むしろそれを「宣言」であると捉え直すほうが、彼女なりの正当化のプロセスとして評価できる。また、『女性と人間開発』における世俗的・宗教的な異論への向き合い方や、『ジェンダーについての正義』や『正義のフロンティア』において展開されるような、リベラリズムとフェミニズムにおいて見落とされてきた価値をいかにして再生するか、といった議論の中には、「推量」の性質を備えた部分も窺える。その意味では、政治的正当化に完全に失敗しているのではなく、そのためのプロセスを具体的に示しているとも考えられなくはない。もちろん、彼女自身からそのような言明がなされることはないだろうが。

彼女の理論の根底には、（彼女の意味合いにおいて）他者や異文化を尊重することの重要性が認識されており、だからこそ普遍主義の理想が捨て去られることはない。コーネルがいう意味での「リベラルな普遍主義」には、ケイパビリティをリスト化し、それを政治的基礎にする理想を失念しなければ到達できないかもしれない。しかしそれを放棄してまで彼女は「リベラルな普遍主義」にこだわり続けるだろうか。政治的正当化へのプロセスを独自のやり方で進めるヌスバウムのケイパビリティアプローチは、センと一定の理念を共有しながらも、彼のバージョンとは異なる哲学的方法論的基礎を有する。センの含意を評価することが、必ずしもヌスバウムのバージョンの失敗を意味しないものと筆者は考える。彼女の正当化がまだ途上にある、と考えるならば。

むすびにかえて――リベラル・フェミニストとしてのヌスバウム

ヌスバウムは、自身のケイパビリティアプローチによって、リベラル・フェミニズムの再評価と再定義の意義を訴えている。その試みにおいては、コーネルによる批判は大変的確で重要なものとなりうる。それは、ジェンダーの不平等を考える際に最も重要な、人々の尊厳をいかに捉えるかに関わる問題であり、かつ、フェミニズムの訴えてきた諸価値を普遍的な議論に訴えることの意義について、ヌスバウム自身がよく理解しているからである。彼女自身はその批判に対してどう応えるのかは定かでないが、その応答が実現するのであれば、おそらくヌスバウムはまたあらたな示唆を私たちに示してくれるのではないだろうか。

ところで、普遍主義的な枠組みにこだわりながら、だからこそヌスバウムは、それぞれの文脈において不平等や抑圧にさらされながら生きる女性たちの側に立つ意思を捨てることがない。彼女は、社会の基本構造に家族を位置づけながら、正義原理の直接的な適用を避けるロールズを批判しながらはっきりと述べている、「どこでおころうが、レイプはレイプであり、殴打は殴打であり、強制は強制である」[44]。コーネルにおいても、センによる一億人の「失われた女性」の分析をひきながら、「このような圧倒的かつありのままの統計に直面すると、これらの社会が女性を劣った性として格下げしているがゆえに生命を脅かす暴力を女性が耐え忍んでいる、という命題に反論するのは誤りであると思われる。」[45]との理解が語られている。いずれの問題も人々の尊厳に関わる繊細な側面を持ってはいるが、だからといって「自律」や「プライヴァシー」のレトリックによって不正義が隠蔽されてしまうような事態を、コーネルもヌスバウムも望まないであろう。本稿ではヌスバウムの掲げる個々のリストから引き出される含意について検討することはできなかったが、それらのひとつひとつには、漠然と、ただ単純に、人々の共感を呼ぶことのできる要素があると思われる。ただ、それを提示してしまうことの影響力について、彼女自身がどれだけ受け止めているのかは疑問が残る。彼女自身の理論の政治的正当化は、そのような影響力を引き受けた上で検討する必要があると思われるし、それが彼女の推進するリベラル・フェミニズムを力強く豊かなものにするのではないだろうか。彼女の理論はどこから、誰に宛てた議論となりうるのか、筆者はあらためて彼女に問い直してみたい。

●注

（1）「潜在能力アプローチ」とも訳される。筆者は「潜在能力」を「ケイパビリティ」とし、「潜在能力」の訳語はあえて使用しない。セン自身による最も分かりやすい説明としてはSen［1985］等を参照。
（2）Nussbaum, [2009] 参照。
（3）Cornell, [2004] p.74, 邦訳、一五五―一五六項。
（4）Ibid., p.78, 邦訳、一六二項―一六三項。
（5）Sen, [1999] p.18, 邦訳、一七項。
（6）後藤［二〇〇八］七六―八八項
（7）Cornell, [2004] p.68, 邦訳、一四五―一四六項。
（8）小久見［二〇〇八］第三章参照。
（9）Cornell, [2004] p.73, 邦訳、一五四項。
（10）Ibid., p.75, 邦訳、一五八項。

（11）Cornell, [2004] p.76, 邦訳、一五九項。
（12）Nussbaum, [2000] p.12, 邦訳、一四項。
（13）Ibid., pp. 78-80, 邦訳、九二―九五項。
（14）神島［二〇〇八］三二四項。
（15）Nussbaum, [2000] p. 74, 邦訳、八八項。
（16）「新アリストテレス主義（neo-Aristotelianism）」とも呼ばれる彼女の解釈については、神島［二〇〇八］三一一―三二二項、および小野［二〇〇三］等を参照。
（17）「諸地平の相違つまり文化相対性を前提にした上で、それら諸文化に共通な本質的潜在能力を確定することが可能であるという確信」を持つヌスバウムは、それを「地平内部に立つ本質主義 internalist essentialism」と呼ぶ。小野紀明［二〇〇五］参照。
（18）Nussbaum, [2000] p.153, 邦訳、一八四項。
（19）Ibid.
（20）岡野［二〇〇七］七四項。
（21）Cornell, [2004] p.76, 邦訳、一五九項。
（22）センの用いる「エージェンシー」概念は、次のような「エージェント」の理解に基づいている。「それは行動し変化をもたらす人物、そしてその業績を何か外部の基準によっても評定するかどうかはともかく、その人自身の価値と目的を基準に判断されるような人物のことである。」Sen, [1999] p.19, 邦訳、一八項
（23）Nussbaum, [2000] p.14, 邦訳、一七項。
（24）「歪められた選好（deformed preference）」ともいう。Nussbaum [2000] ch.2, Nussbaum [2008] pp.104-107 を参照。
（25）Ibid., ch.3, 邦訳第三章「宗教の役割」における議論を参照。

（26）Cornell, [1998] ch.2, 邦訳第二章を参照。
（27）ヌスバウムは一九九七年と一九九八年の二回インドを訪れ、女性たちの開発プロジェクトを調査する機会を得ている。そこで目にした自助グループや女性たちとの体験は、『女性と人間開発』の中心的背景であると同時に、彼女のケイパビリティアプローチに対しての直観を与えている。
（28）Nussbaum, [2000] p. 83, 邦訳、九七―九八項。
（29）Cornell, [2004] p.78, 邦訳、一六二項
（30）Nussbaum, [2000] ch. 1, 邦訳第一章参照。
（31）Nussbaum, [2009] 参照。
（32）Cornell, [2004] p.79, 邦訳、一六四項
（33）この点については神島［二〇〇八］において同様の指摘がなされている。三一七―三一八項参照。
（34）Cornell, [2004] p.79, 邦訳、一六四項
（35）特に、T. Scanlon の考え（「いかなる個人もその原理を理に適った形では退けられないような原理がよい原理である」）をひきながら、以下のように述べている。「何が善であるかについて……私自身の解決法は以下のようなものだ。私たちは逆向きにはじめることができる。つまり、政治的なよきもの／財について説明することからはじめることができる。この説明は、相当程度正義に適った社会にとって本質的な、一定の基礎的な権原と機会の説明、という形をとる。これが、ケイパビリティアプローチのうち、私なりの方法をもちいて私が行うことである。」Nussbaum, [2009] p. 108.
（36）Cornell, [1998] p.38, 邦訳、八〇―八一項
（37）後藤［二〇〇八］八〇項。
（38）ヌスバウムはケイパビリティを性質上三つのタイプ、「基礎的ケイパビリティ」「内的ケイパビリティ」「結合的ケイパビリティ」と呼ぶものに分類している。個人の生来の資質としての「基礎的ケイパビリティ」

と、それを基礎として変換される、より高次レベルのケイパビリティとして、「内的ケイパビリティ」と「結合的ケイパビリティ」が設定されるが、後者二つの区別は実際には明確なものではない。「内的ケイパビリティ」を発揮するための外的条件として位置づけられる「結合的ケイパビリティ」は、それが十分に整っていないと「内的ケイパビリティ」を行使できないとされる。また長年にわたる困窮状態等におかれた人々は、いずれのケイパビリティも奪われた状態にあると考えられ、両者の区別は容易でなくなる。Nussbaum, [2000] ch. 1-4, 邦訳第一章第四節参照。

(39) このような見方からは、ケイパビリティと「権利」の概念の同一性が窺えそうであるが、その共通性を認めながらも、それらは同一のものではないと語られる。Nussbaum, [2000] ch. 1-6, 邦訳第一章第六節参照。その理由については神島［二〇〇八］三〇八―三二〇項参照。

(40) 例えば、物語を道徳理論として用いるヌスバウムにおいては、悲劇や文学作品が伝える人間の姿に共感を覚えたり、どのような人間であっても外的要因や運次第で心身が脆くも崩れ去ることを学んだりすることがよく引き合いに出されるが、悲劇や文学作品は、人間が惰性や悪を好む存在であることも示しているのであり、それにもかかわらず特定の機能に関して人間性の理解から外す彼女の姿勢について「彼女が提示している「人間の中心的ケイパビリティ」のリストには、独自の善概念が働いているといわざるを得ないように思われる」。神島［二〇〇八］三三一項。

(41) 中山［二〇〇八］参照。

(42) Rawls, [1999] p.155, 邦訳、二二五項。

(43) Nussbaum, [2000] pp. 101-102, 邦訳、一二一項―一二二項。

(44) Ibid., p. 277, 邦訳、三二八項。

(45) Cornell, [1998] p.5, 邦訳、二〇項。

●引用文献

Cornell, D. [1998] *At the Heart of Freedom*, Princeton University Press（石岡良治他共訳『自由のハートで』情況出版、二〇〇一年）。

―――, [2004] *Defending Ideals : war, democracy, and political struggles*, Taylor & Francis Books（仲正昌樹監訳『〝理想〟を擁護する――戦争・民主主義・政治闘争』二〇〇八年）。

Nussbaum, Martha C. [2000]. *Women and Human Development— The Capabilities Approach*, Cambridge University Press（池本幸生・田口さつき・坪井ひろみ訳『女性と人間開発――潜在能力アプローチ』岩波書店、二〇〇五年）。

―――, [2009] 'The Challenge of Gender Justice', in *Against Injustice—The New Economics of Amartya Sen*, edited by Reiko Gotoh, Paul Dumouchel, Cambridge University Press

Rawls, J. [1999] *The Law of Peoples, with "The Idea of Public Reason Revisited"*, Harvard University Press（中山竜一訳『万民の法』岩波書店、二〇〇六年）。

Sen, A. K. [1985] *Commodities and Capabilities*, Amsterdam : Elsevier Science Pub（鈴村興太郎訳『福祉の経済学：財と潜在能力』岩波書店、一九八八年）。

Sen, A. K. [1999] *Development as Freedom*, New York : Alfred A. Knopf（石塚雅彦訳『自由と経済開発』日本経済新聞社、二〇〇〇年）。

岡野八代［二〇〇七］「フェミニズムの新しい波――他者の視線／他者からの視線」『女性・戦争・人権』第八号。

小久見祥恵［二〇〇八］「「差異」と「平等」のジレンマに対する平等論のアプローチ――D・コーネルの理論を手がかりに――」『同志社法学』第六〇巻第二号（三二七号）一〇一―一三九項。

小野紀明［二〇〇三］「ヌスバウムの思想史方法論と人間学」『法学論叢』第一五六巻第五・六号。

―――［二〇〇五］『政治理論の現在――思想史と理論のあいだ』世界思想社。

神島裕子［二〇〇八］「多元主義社会の成立条件――マーサ・ヌスバウムの政治哲学」『ヨーロッパにおける政

治思想史と精神史の交叉――過去を省み、未来へ進む』慶應義塾大学出版会。

後藤玲子［二〇〇九］「実質的自由の内的連関とその制度化について」『福祉と正義』東京大学出版会。

中山尚子［二〇〇八］「M・ヌスバウム『女性と人間開発』に見る女性のポジショナリティの視点――A・セン「ポジショナルな客観性」概念をてがかりに」仲正昌樹編『社会理論における「理論」と「現実」』御茶の水書房。

第六章　掘り起こされ、芽生えてゆく自由
――フェミニズム理論の第三の波

菊地夏野

はじめに

本稿では、フェミニズム理論にとって「自由」とは何を意味しているのか、「自由」という概念で照らすことでフェミニズムの何が見えてくるのか考えたい。

よく言われるように、フェミニズムとリベラリズムは複雑な関係にある。近代リベラリズムの幕開けのなかでフェミニズムも産声を上げながら、両者の関係は一筋縄ではいかなかった。そして新自由主義的な社会の再編が進むなかで、その関係は一層複雑化しているように見える。

現在、フェミニズムはその輪郭が見えにくくなっている。一九八〇年代以降現在にかけて女性の状況は大きく変化した。女性の賃労働力化は進み、消費社会のなかでの地位も獲得し、女性を取り巻く状況は変化の一途をたどっている。そのようななかで、以前のように女性という表象によって、一定のライフコースやライフスタイルを想定できる時代ではなくなっている。女性といっても職業や雇用形態、収入や学

歴・地位・地域等々によって生活も違い、直面する悩みも違う。

このような時代状況を反映して、ジェンダー論やフェミニズム研究はそれまでの枠組みを揺らがせているように思える。フェミニズムは女性という存在が共通して被っている抑圧や被害に対抗するものとして作られてきたが、今やその前提も明確ではないのである。

さらに、「ポスト・フェミニズム」という言葉すら生まれた。これは、「フェミニズム以後」という意味である。「ポスト」「以後」という言葉が何を意味しているのかあまりはっきりしない。ただ連想されるのは、フェミニズムが何らかの形で終焉を迎えたという意味である。

フェミニズムは終わったのだろうか？　あるいは、もはや必要とされていないのだろうか？

本稿は、以上のような状況のなかで、改めてフェミニズムというものを考えるならば何を語り得るのか、これまでのフェミニズムの蓄積の上に立って敢えて何を語ることが可能なのか考えるものである。

そのさいに、自由という概念を基軸に用いる。念のため付け加えれば、本稿は現在の政治経済状況を実証的に考察しながら新自由主義と女性の関係を分析するものではない。より素朴に、より根本的にフェミニズム理論に内在しながらそこから浮かび上がる「自由」概念の姿を考察したい。

そして本稿は英語圏の代表的なフェミニズム理論家のテクストを題材にとる。ジェンダーやセクシュアリティについて徹底的に思考を重ねたテクストを検討することで、この日本社会にとっても有益な視点が見いだせると考えるからである。

英語圏では一九九〇年代以降新しいフェミニズムの理論的潮流が生まれてきている。本稿では、それぞれの魅力を紹介しつつ、フェミニズムがどのように変化してきているのかを考察する。まず第二波フェミニズムの代表として紹介されることの多いマッキノンの理論を検討した後、第三波とも呼ばれるジュディス・バトラー、ドゥルシラ・コーネル、ナンシー・フレイザーらの理論を考察する。前者と後者は対立的に語られることが多いし、じっさい後者のテクストのなかにはマッキノンの理論への批判として書かれているものもある。しかし本稿では、マッキノンが古く、後者は新しいから素晴らしいという判断は採らない。異なる点は明確にしつつ、それぞれの理論的特徴や可能性を最大限に評価したい。そして日本でフェミニズムを考える上でその変化から何をくみ取れるのか考えていくこととする。

女性にとっての自由、身体的自由や性的自由はまだ掘り起こされていない。言語化されていないように思える。同時に女性にとっての不自由も見出されていない。それは、日常に構造化されているのである。本稿では、フェミニズム理論のひとつの来歴とその存在意義を「自由」概念から振り返りたい。

一　マッキノンのラディカル・フェミニズム

1　セックスとジェンダー

キャサリン・マッキノンはセクシュアル・ハラスメント裁判の弁護活動で有名な法律家である。ポルノグラフィに対する反対運動の理論家としても知られている。

ラディカル・フェミニズムとは一九六〇年代から七〇年代のウイメンズ・リベレイションのなかから形成されてきた思想である。当時の社会背景を簡単に説明しておこう。

様々なマイノリティが平等と自由を求めて立ち上がる時代状況のなか、女性たちも立ち上がった。運動に参加した女性たちは、コンシャスネス・レイジングによってそれまで受けた男性中心社会のなかでの経験を語り合うことで、意識変革を行った。またピルや中絶、スペキュラムなどをテーマに取り上げて討議・集会を行い、身体を女性自身の手に取り戻そうとした。そこには大きなうねりがあった。
そのような状況を背景に活動したマッキノンの理論は、ひとことでいえば、怒りに満ちている。その特徴を以下の部分に沿って、二つの点から説明する。

第一のテーマは、男性が支配し女性が服従するかたちで作られている両性の社会関係を取り上げ、この関係が性的なもの、つまりセックスであることを分析する。両性だけではないにしても、とくに男性が、社会における不平等に、とりわけ両性間の不平等というものに、性的特性を与えている。第二のテーマは、ジェンダーとは基本的には差異であり階層ではないとする考え方への批判である。ジェンダーを差異として扱うことは（この言葉にフランス語のアクセントをつける、つけないにかかわらず）それを相反する二つの特性として扱うことを意味し、それぞれの特性は互いに対照的なものとして、互いの生来的属性として定義づけられてしまう。（略）性差という考え方は男性支配の現実を維持するのに役立っている。第三のテーマは、アメリカではポルノグラフィが、これらの二つの力学を生活のなかで現実化するうえで中心的手段となっていることの究明である。ポルノグラフィは性の不平等をセクシュアリティ（性的なもの）に変え、男性支配を性差に変えてしまう。（『フェミニズムと表現の自由』一九八七＝一九九三、明石書店、五―六頁）

第一に、マッキノンにとって、男女の関係は支配と服従の関係である。これは第二波フェミニズムに広く共有される前提である。そしてマッキノンの理論に特徴的な点は、この支配と服従の関係を「セックス」だとしているところである。

つまり、現在の性行為・性関係は男性中心的であり、女性にとっていかに暴力的な行為や関係であろうともそれは暴力とは見なされず、「セックスの楽しみ」と解釈されてしまう。「暴力は、それがセックスとして実行されたときにはセックスとなる」(11)のである。性差別社会では、暴力とセックスは排他的に位置づけられているとマッキノンは指摘する。性的反応をおこす行為や表現は「セックス」として無害なものとして扱われ、それはすなわち「暴力」ではあり得ないことになる。それによってさまざまな性暴力が隠蔽される。

セクシュアリティは、不平等として在るジェンダーの相互作用的な力学として立ち現れる。(一一頁)

マッキノンによれば、セクシュアリティはジェンダーの力学、ジェンダーのひとつの現れであり、ジェンダーがセクシュアリティよりも上位の位置に置かれている。

そういう意味でマッキノンにとって暴力としてのセックスと男女の不平等な社会関係はひとつのものである。

両性の不平等がセクシュアリティの楽しみであると社会的に定義されているから、ジェンダーの不平等

は合意のものに見える（一三頁）

さらに、そのような不平等な関係はセクシュアリティの楽しみと定義され、自明のものとされてしまう。第2に、ジェンダーが差異ではなく階層（ヒエラルキー）であるという主張である。

私たちが性に起因すると考える差異は不平等によって引かれる境界線であって、不平等のどのような基盤でもない。社会的、政治的な不平等は、基本的には、同一性や差異と無関係である。差異は不平等の事後的な言いわけにすぎず、不平等の結果として人為的に作られたもので、原因として提示されている結果、すなわち、損害が起こったあとで損害を与えた行為を正当化するために挙げられる損害である。（14）

性差別を正当化する論理として、あらゆる場所であらゆる時に持ち出されるのが性差である。「男女はもともと違う」「性別によって向き不向きがある」と誰もが言う。社会的な女性差別に反対するときにでもこの性差論は手を携える。ある意味で、今の社会は性差にとらわれているのだが、上記の引用部分はこの性差にとらわれた社会への明快な批判である。

2　ポルノグラフィ

さらに、以上の二つのテーゼに関連して、男女の支配関係を実現する中心的手段となっているのがポルノグラフィだとマッキノンは考えている。そのためにマッキノンはポルノグラフィに反対する活動に尽力するのである。

マッキノンによれば、ポルノグラフィ制作過程における女優へのレイプ・虐待はすべての女性に対するレイプ・虐待・差別とつながっている。ポルノグラフィによって男性は周りの現実の女性を攻撃するよう仕向けられるのである。

つまりマッキノンにとってポルノは言論ではなく行為である。

ポルノを取り締まるために、マッキノンはポルノ規制条例を主張する。

一部の地域では、わいせつ規制法の下で、同性愛の性行為を写実的に表現する性的にあからさまなものを基本的に違法としているが、この条例の場合ならそういうことにはならない。この条例においては、何らかのものが違法とされるためには、実際に被害が生じたことの証明が必要となる。しかもその被害は道徳的なもの——例えば、誰かがそのものによって不快に感じたとか、適切な家庭内娯楽ではないと思ったとか、自分の宗教上の信念を侵害していると見なしたといったもの——ではだめである。証明されるべき被害は、強制行為、暴行脅迫、名誉毀損、性に基づいて従属させるものの取引行為といった被害でなければならない。…被害をもたらすことが証明されうるものだけが告発できるし、しかも告発する主体は政府ではなく被害者本人である。（マッキノン・ドウォーキン『ポルノグラフィと性差別』二〇〇二、青木書店）

マッキノンはポルノグラフィそのものを全て禁止する提案をしていると一般には思われているが、右記から分かるようにそれは事実ではない。あくまでも個別のポルノ作品や制作による被害を立証できる場合に限って禁止の対象としているのである。

この論理にはマッキノンの思考の主要な特色が現れている。ポルノグラフィに対して、告発する主体を設定している点である。これは多くの場合女性を想定しているだろう。

3　政治的主体としての女性の登場

マッキノンの理論は、ポルノグラフィが蔓延する男性中心社会に対して、告発する女性の主体を生み出したのである。

これは、当時のウィメンズ・リヴェレーションの風潮とも呼応している。当時の女性運動は男性的身体からは差異化されるべき女性の身体を発見した。それは女性のアイデンティティの「構築」と切り離せない。男性とは差異化されるべき女性の存在が運動のなかで発見されたのである。それは、男性から差別される存在としての女性であり、差別に抵抗するためのシスターフッドの価値が提唱される。そして、女性による、女性のための女性の学問として女性学（ウィメンズ・スタディーズ）が誕生することになった。

しかしながら、マッキノンの理論のなかでその女性の主体の内実は明らかではない。ひとつはっきり描かれているのは、女性が常に男性からの暴力におびえて生きていることである。

何ごともなく一日を過ごすために、女性はおびえ、恐怖におののき、植民地化され、次の標的にならないためにはどうすればよいかを考えながら、信じがたいほど多くの時間、人生、そしてエネルギーを費やさなければならない。男性が女性に何を求めているかを学び、それを彼らに与えようと努力しながら、女性は、望まれるイメージに合わせることで、自分が犠牲者になる確率が低くなるよう願っている。…（略）…問題は、いくつかの事情、説明、状況、さらに性暴力行為の詳細を総合して判断すると、標的にならないチャンスをもつ女性は一人もいない、という点にある。レイプされるかもしれないということは、人生のごくあたりまえの過程を女性というジェンダーとして生きると言うことである。(12)

これは、フェミニズムによる性暴力批判の基本的視点であり、女性というジェンダーに与えられる規範と圧力を見事に言い当てている。自然化されていた女性の社会生活の一断面を、批判的にえぐり出している。この部分は第二波フェミニズムおよびマッキノンが発見した功績の大きなひとつだろう。

しかしながらこれ以外に女性の主体を説明するものはない。レイプされる危険性や差別される苦しみと女性であることはほぼひとつのものであり、それ以外の内容はないに近い。

改めて考えれば、マッキノンが論じているのは、男性の論理なのである。この社会が男性、とりわけ異性愛男性に都合の良いものの見方で作られていることを、詳細に、怒りをもって描き出し、女性がそのなかで恐怖におびえ、暴力を被っていることを暴露している。そしてそのような男性中心社会を維持する文化的手段としてポルノグラフィに注目している。

マッキノンのこの理論に価値があるのは、そのような男性中心社会のありようが、これまでは当たり前のことであり、あえて語られたり問題化されたりする必要のないことと見なされていた社会的認識を覆す端緒を開いたからである。

この視点を得ることで始めて、性暴力を告発し批判することが可能になった。もちろんこれまでも「公然わいせつ」や「暴行」等の法概念は存在したが、それは性差別との関わりから考えられたものではない。あくまでも社会秩序を乱すものとして問題化されたのであり、そこでの社会秩序そのものには疑義は呈されず、むしろ守られるべきものとして考えられている。しかしその社会秩序が男性中心であることをフェミニズムは言語化した。マッキノンや第二波フェミニズムによって、性暴力を男性中心社会という文脈において批判することができるようになった。

ではそれ以外の面では女性はどのように存在しているのだろうか。性暴力の恐怖は女性の生活のなかで多くを占める問題であり、女性の人生に大きく影響している。だが女性は性暴力のことばかり考えて生きているわけではない。性暴力に抗議し、異議申し立てするのは重要な実践ではあるが、それ以外の面で女性がどのように生きているのか、また生き得るのか、マッキノンの理論はそれについてはほとんど語らない。

マッキノンの理論において「自由」は大きな位置を占めている。それは「表現の自由」として登場する。マッキノンにとって「表現の自由」は左翼が擁護するものである。左翼は「表現の自由」を盾に、ポルノグラフィーを擁護し、女性への暴力を放置するのである。そしてそれは実は国家権力と共犯関係にあるという。

この「表現の自由」に対してマッキノンは「平等権」を対置し、ポルノグラフィーへの反論を展開する。このなかで女性にとっての自由の価値の有無はほとんど省みられない。この問題は後にとくにコーネルが批判する点である。

二　ジュディス・バトラーの主体への批判

前節で見たように、マッキノンは性暴力被害を足がかりに女性の主体を立ち上げた。それは男性中心社会を変革する上で大きな一歩だった。

しかしその後、この理論は批判を受けることになる。その筆頭に位置づけられるのがジュディス・バトラーである。

一九九〇年代においてフェミニズムに最も大きな理論的衝撃を与えたのはポスト構造主義のインパクトである。とくにバトラーによる『ジェンダー・トラブル』（一九九〇＝一九九九、青土社）は当惑を呼び起こした。

バトラーは以下のようにフェミニズムの基盤を女性の主体に置くことの危険を指摘した。

フェミニズムの主体という基盤があると断言してしまうことで、権力の磁場がうまく目隠しされてしまい、そしてその目隠しされた権力の磁場の中でしか主体形成がおこなわれないなら、フェミニズムの主体というアイデンティティなどけっしてフェミニズムの政治の基盤としてはならない。おそらく逆説的なことだが、「女」という主体がどこにも前提とされない場合のみ、「表象／代表」はフェミニズムにとって有意義なものとなるだろう。（Butler, ［1990=1999］: 26）

バトラーはミシェル・フーコー（Michell Foucault,［1976=1984］）が権力の法システムのもつ主体の生産作用を見出したことを受け、その観点から表象の政治作用を解剖する。表象の政治作用とは、フェミニズムの〈女〉という主体の構築が必然的に排除を生んでしまうことである。主体の構築は、必然的にそのカテゴリーに含まれる内容を囲い込み、そこから外れるものを排除する。フェミニズムもこの権力の法構造から無縁ではいられない。〈女〉の主体も権力システムに先立って成立するものではなく、フェミニズムがそこからの解放を目指したような、女を抑圧するシステムによって産み出されたものであるというのだ。

さらにその立場からフェミニズムの論理を転換させたのがジェンダーとセックスの関係性についての指摘である。フェミニズムはジェンダーとセックスを概念的に区別し、それぞれに「社会的・文化的性別」「生物（学）的性別」という定義を与えた。この区別は、セックスは変えられないがジェンダーは変えることができるという主張を導きうるものであるため、フェミニズムの主要な論理として用いられた。だがバトラーはその論理にあるセックスの「不変性」に疑問を投げかけた。そしてセックスの概念こそジェンダーによって産み出されたものだと転換したのである。バトラーは次のように書いている。

セックスの不変性に疑問を投げかけるとすれば、おそらく、「セックス」と呼ばれる構築物こそ、ジェンダーと同様に、社会的に構築されたものである。実際おそらくセックスは、つねにすでにジェンダーなのだ。（Butler,［1990=1999］: 28-9）

ここでなされた転換は、ジェンダー概念にとってパラダイムの転換に等しい。「セックス／ジェンダー」

の二元論は、可変的なジェンダーに対する不変のセックスを設定しており、ジェンダーはセックスから発生するものと位置づけられ、セックスに優位性がおかれている。

　それに対してバトラーはジェンダーこそがセックスを自然なものとして産み出していると指摘した。ここにおいてジェンダーは初めて認識上の拘束から解放された。ジェンダーにセックスが先行している限り、性差別はどこかで批判を免れ温存される。

　バトラーの議論は焦点を主体から行為体（agency エージェンシー）に移動させることでジェンダー規範の反復を流動化させる戦略をいうものであった。だがこの転換は単純に「女性の連帯」を否定するものとして受けとめられる傾向があった。バトラーの議論によって「女性」の主体はそれ自体が政治的産物であることとなり、安易に女性の主体を想定することができなくなる。

　同時に、「自由」概念との関連で考えると、『ジェンダー・トラブル』においては自由について明示的に論じているわけではない。ただ、バトラーの論理構成は、フェミニズム運動の様々なスローガンやルールから自由である。マッキノンのような被害者としての女性主体を崩し、そこから自由になって誰もがパフォーマティブにジェンダーをずらしていくことが可能だというものであり、フェミニズムを始め様々な言説の認識論的拘束から外れていくことを志向している。

　しかしそこでわたしたちはまだ立ち止まることになる。確かに女性の主体が権力関係の産物であり、一枚岩でも強固なものでもないことは分かった。それではセクシズムに抵抗するとき、私たちは何を根拠にできるのか？　自由な、何もない空間のなかに放り出された感がするのである。

三　フレイザーとバトラーの論争

それまで暗黙のうちに共有していた当事者主義的前提をバトラーらの主張によって見直さざるを得なくなったフェミニズムは、一種行き詰まりの空気に取り巻かれる。そのなかでその批判に応答しながらそれを受けた新しいパースペクティブを構築しようとしているのがナンシー・フレイザー（Nancy Fraser）である。フレイザー（一九九八）は現在の政治状況を「承認を求める闘争」の新しい興隆に対して「搾取」「再分配」を問題にする社会主義の失墜として対比的に捉える。そしてそれをそれぞれ文化的平等を求める「承認」のパラダイムと社会経済的不平等の是正を求める「再分配」にもとづくパラダイムとして理解する。その上でそのふたつのパラダイム双方に関わる問題としてジェンダーと「人種」に焦点を当て、今日の「正義」は再分配と承認の両方を必要とすると主張する。

これに対してバトラーは、フレイザーが文化と経済を恣意的に区分していると反論した。バトラーによれば、レズビアンやゲイ達の闘いを物質的抑圧の問題というよりも文化的承認の問題として位置づけるフレイザーの論理は、伝統的にある思いこみに過ぎない。むしろセクシュアリティが社会的に規制されている現状を批判し変容させようとする運動は、政治経済の作用の核心に迫るものだとは言えないだろうかと提起する。

セクシュアリティの社会的領域を変化させるための闘いが政治経済の核心に迫るものであるとすれば、それはセクシュアリティが無賃労働や労働の搾取の問題と直接結びつきうるという理由によってではなく、むしろそれが、「経済的」領域そのものを、物質の再生産のみを含むものから、人間の社会的再生産をも含むものへと拡大させるという理由によってである（Butler,［1998=1999］: 235）

レズビアンやゲイたちの闘いを文化的承認の問題として理解することに反対し、それをむしろ政治経済作用の核心に迫るものとして再解釈しようとする。経済の領域そのものを、物質の再生産だけではなく人間の社会的再生産を含むものとして再定義させる闘いとして考えるのである。同時に、「統一を目指さない抵抗の政治」を提起することで左翼とポスト構造主義との連携をつくろうとしている。

この論争は結論が出ずに中途で止まった感があるが、女性の同一性をめぐって重要な問いを提出している。

フレイザーの議論の背景には、階級を重視する運動や理論が伝統的に抵抗する者の同一性の構築を目指す傾向があったのに対し、近年隆盛している承認を求める運動や理論は逆にそれぞれの独自性を尊重しようとするという対立があった。目指すものが異なっているように見えるこのふたつの政治を、フレイザーは架橋しようとしているのだ。

フレイザーからすれば、バトラーは承認の政治を推進するものに見える。だがフレイザーの挑発的提起にバトラーが応えたのは、経済の領域の再定義の必要性だった。

これまでバトラーは「経済」や「階級」についてはほとんど語らず、問題設定を言説分析に限定していた。その姿勢を超えてフレイザーに応答したときには、フレイザーの問いをさらに掘り下げる、越境的な主張があった。『ジェンダー・トラブル』で女性の同一性に対して根底的な批判を行なった地点から進んで、「経済」という領域概念に関わって、その概念自体の排他性を問い直している。

従来フェミニズムにおいては、マルクス主義フェミニズムに代表される経済的抑圧を重視する立場と、それ以外の文化や言語を重視する立場との対立の歴史がある。この二つの立場の間の論争が、フェミニズムの議論を深化させていった。

四　コーネル

1　イマジナリーな領域

バトラーとフレイザーの対比によって映し出されるフェミニズム理論の構図は鮮やかである。言語や表象の領域からジェンダーの脱構築を試みるバトラーと、経済的抑圧の重大性を強調しようとするフレイザーの論争は、単なる文化対経済の二項対立に陥ることなく、現在のフェミニズムをめぐる困難を明瞭に浮き彫りにしている。

そしてその困難に対して、フェミニズムの問題意識をそのまますくい上げながら同時に西洋哲学の伝統に内在的に、「忠実」に言語を紡いでいくのがドゥルシラ・コーネルである。

コーネルは、フレイザーが批判的に問題化したような、マイノリティからの承認の要求が個々バラバラになされて、近代リベラリズムの理念がパンクしているような言説状況に対して、法がマイノリティの要求をどのように保証できるのかという観点から挑む。

コーネルが使うのは「イマジナリーな領域」という概念である。マイノリティを含めすべてのひとは性的な存在として人格を認められなければならない。そのための最低条件として各人のイマジナリーな領域が保証されなければならないのである。

そうした立場のコーネルの、哲学への関わり方は以下の部分に見て取れるだろう。

ここで読者に、カントの自律概念は、自由意志を、道徳的行為性（agency）の唯一の原因として表象していることを想起して頂きたい。別の言い方をすれば、道徳的主体は、道徳的存在としての自らの自己表象の意識化を通して、自己を形成するのである。正しい事をするだけでは不十分なのである。私たちは、正しい理由のために正しい事をやっているものとして自己を表象しなければならないのである。（略）しかし私の主体および人格理解は、心的生活の基本的構造さえも象徴的領域の中で形成されていることを暴露する精神分析に由来するものである。つまるところ、カントの洞察を転倒することによって、それを保持するものであると考えてもらえれば分かりやすいだろう。私たちに自己表象の権利が必要なのは、まさに、カントの言う意味での自由意志の自律という点で、私たちが自律しえないからである。（［二〇〇〇＝二〇〇二］『正義の根源』御茶の水書房、九一―一〇頁）

コーネルはカントの哲学のなかから自己を表象する権利の意義を立ち上げながら、同時に精神分析に依拠することでカントの自由主義を構成する基盤のひとつと訣別しているのである。

フェミニズム、ことにラディカル・フェミニズムは西欧近代哲学への強い批判をルーツとしており、その男性中心主義を暴くことを大きな目標としていた。しかしここでコーネルの姿勢から学べるのは、フェミニズムが近代哲学と対等にわたりあえることの証明である。

そしてフェミニズムのなかでのコーネルの特色は、セクシュアリティを正面から取り上げる点である。コーネルのフェミニズムにおいて中心にあるのが「性的自由」という理念である。

2　性的自由

私の擁護するフェミニズムは、私たちの身体的で性に関わる存在（corporeal and sexuate being）に焦点を当てるよう要求する女性たちの関心――これらはあまりにもしばしば私たちに自由と平等を否定するために用いられてきたわけである――が、私たち全員にとっての自由を増大させることになる普遍的な法的理想の表明に繋がることを示してくれるはずである。（略）残念なことにフェミニズムは、今在るがままの世界におけるジェンダーの平等の要求に自己を限定することで、自らの倫理的・政治的守備範囲を限定している。ジェンダー平等にのみ限定的に焦点を当てることの危険は、性的自由を求める女性たちの闘いの政治的意味を特殊化してしまうことにある。（略）性に関わる存在が、自己自身及び他者に対して、自己が性的に誰であるかを表象する権利は、女性だけの必要性あるいは利害ではないのである。（同上、一〇―一一頁）

コーネルの念頭にあるのは性的自由を求める女性たちの願いである。自らの性的な感情や欲望を表現する権利、性的な事柄について拒否する権利とその意志を尊重される自由、性的なリスクから自分の身体や生活を守る自由等々。

問題は、これらの要求が、現在の社会の性的コードでは、女性に特有の、特殊な主張だと解されてしまうことである。セクシュアリティを含む社会制度が既に男性中心的にできあがっているため、女性が性的自由を求めることは、それらの制度から浮き上がった、ごく例外的なものと見なされてしまう。そして、性そのものが公共空間では発現しない、私的に隠されるべきものとされているため、性的自由を求めることはそもそも大きな壁の前に立たされている。

そのようななかでコーネルが懸念するのは、「ジェンダー平等」の理念は、この強大な壁を越えられないということである。「ジェンダー平等」は、男性モデルの標準化をともなってしまう。今ある世界の平等に照らすだけでは、女性の願いはあくまでも特殊なものに写ってしまい、開かれていかないのである。したがってコーネルはジェンダー平等よりも性的自由の理念を重視する。性的自由を求めるフェミニズムを通して、女性だけでなく、他の様々な存在にとっての性的自由も見出されていくのである。

ここで、マッキノンとの違いに気づくだろう。マッキノンにおいて最も強調されていたのは権力関係としてのジェンダーであった。そしてマッキノンにとって、以下の部分に明らかなように、ジェンダー構造のもとでは自由の理念は女性に何ももたらさない。

寛容という名のこのような擁護のペテンでは、すべての人のセックスはレトリック上では表現の自由として守られる。そこには、すべての人を性交によって潜在的な共謀者にしようとする政治の巧みさがある。だが、政治的にわずかでも現実主義者である人なら誰でも知っているように、そんな約束は幻想でしかない。セックスの自由は、どれほど多くの女性が犠牲者として祭壇に献げられようとも、平等に分配されることはなく、これからもないであろう。少しでも政治的分析力をもつ人なら、平等の下での自由、正義の下での自由は、たんに力のある者の力をいっそう強くするだけで、もっとも表現を必要としている者をけっして自由にすることはない、ということを知るべきである。(『フェミニズムと表現の自由』二六—二七頁)

マッキノンは自由にも平等にも願いを託さない。賭けるのは女性という主体と、それによる運動であるフェミニズムだけである。

3 コーネルのポルノグラフィ/マッキノン論

マッキノンとコーネルの違いは、ポルノグラフィをめぐる具体的な方法論においてさらにはっきりと現れてくる。

コーネルによれば、マッキノンはポルノ産業で働く女性たちを、自分自身の権利を主張できない、代表されなければならない存在として扱っている。しかし、ポルノ産業内で女性たちは組合運動を組織化したり、自分自身の表現を作る努力を行っている。コーネルにとってはそれらの努力こそが現在のポルノの暴力性を変えていく鍵である。

また、ポルノの問題において、法に絶対的な力を与えることにコーネルは反対する。法的介入は限定的にのみなされるべきとする。マッキノンの条例案では法の基礎としてステレオタイプな女性性が強化されてしまう。法は部分的には、現在の社会規範に適応させようとする力だということを忘れてはならない。コーネルは、マッキノンのポルノ批判をよりよく解釈するには、セクシュアリティと表象の問題に対する異なった分析状のアプローチが必要だという。

ポルノ・シーンは、終焉＝目的（end）に到達することのない解体の反復的なダンスへと凍結されるという明示的にフロイト的な意味での死の衝動によって突き動かされている。その終焉＝目的とは何であろうか？　その終焉＝目的は、絶対的に大文字の女性／他者を制御できる、想像上の父の地位に一度っきり戻っていくことだ。（[一九九五＝二〇〇六]『イマジナリーな領域』一七五―一七六頁）

私が示唆しているのは、ポルノグラフィは男性が望むものではなく、ある男性たちにとって、原初的なナルシスティックな傷を補償するものがあるというファンタジーを補給するために必要なものであるということだ。（同上、一九二頁）

上記のくだりでコーネルが探求しているのは、マッキノンのようにポルノを消費する男性を断罪するのではない批判のしかたである。ポルノを消費する、ある男性たちの精神構造を内在的に分析することで、その姿を言語化し、対象化し、批判しようとしている。

コーネルが提案する具体策は、ポルノ産業の労働者による自己組織化と女性のポルノ制作者による挑戦、および「ゾーニング」である。ゾーニングとは、ポルノは女性が自己の身体的な統合性を想像する領域を侵害し得ることを踏まえ、公共空間で見たくない者にポルノを展示することのないよう都市環境を構築することである。

コーネルは、マッキノンのポルノ論がポルノ的世界観を反復していると批判する。男性を束縛するよりも、女性的な想像界を活性化したり解放することに重きを置くフェミニズムを表明する。

五　バトラーの深化

以上、コーネルとマッキノンの対比を中心にフェミニズムの変化を探ってきた。女性に対する暴力がありふれた現実に対してあくまでも女性の主体による法的変革を目指すマッキノンと、性的自由を理念に掲げ、女性の想像的領域の保障を、女性以外の存在にも広げていこうとするコーネルの違いは大きい。その一方で、このふたりは、主張の起点を女性の経験におく点は共通している。マッキノンがあくまでも女性の主体を前面に出しながら、分析によって描こうとしているのは男性中心社会の論理であるのに対して、コーネルは女性の想像的領域を内在的に描き出し、実現していこうとしている点は異なるが、コーネルも、女性という集合体が存在することについては絶対的には否定していないように見える。

その点で異なるのはバトラーである。バトラーは、根底的な主体の批判を成し遂げ、それは女性という主体についても徹底していた。そしてその後に何が来るのかという疑問が残されていたことを見た。

バトラーは『ジェンダー・トラブル』以降、身体性をめぐって思考を続けてきたが、『生のあやうさ』（"Precarious Life" 2004=2007, 以文社）においてそれまでとは違う側面が現れてきた。この本は、９・11のショックの後、政治的・社会的に保守化を進めるアメリカ合衆国において、保守化が暴力へと結びつくことを押しとどめ、9・11によるショックを他者への共感・連帯へ転換しようとしている。そのなかでも可傷性、暴力、身体性、承認が中心的テーマとなっており、これまでには見られない、創造的な議論になっている。

暴力による被傷性、可傷性と身体性について論じた以下の部分を見てみよう。

多くの政治運動が大事にすることとして、身体的な統合性と自己決定権の主張がある。私たちの身体が自分自身のもので、私たちが自分の身体に対して自律する権利を主張できること、これはとても重要なことだ。（略）しかし私たちにとって表明し防御すべき基本的な希求が、他にもあるのではなかろうか？（略）たしかに私たちは自分自身の身体をめぐる権利を求めて闘うが、私たちの闘う根拠である身体そのものが、実は私たちだけのものであったためしはないのだ。（略）事実、自分の「意志」が形成される以前に、自分の近くにいてほしいと選択したわけではない他者に私の身体が関係しているということを、もし私が否定してしまうのなら、すなわち、他者が近くにいるという根本的で自分の意志によらない事実を、もし私自身が否定することによって自分が「自律している」という概念を築き上げるのなら、私は自律という名のもとに自らの身体を形作っている社会的条件を否定していることになるのではないだろうか？（五七―五九頁）

ここで、いわゆるアイデンティティ・ポリティクスに対するバトラーの姿勢が、身体を軸にして見て取れる。フェミニズムを含め社会運動が「わたし」の身体を根拠にして立ち上がるとき、「わたし」をめぐる様々な社会関係、他者の存在を見落とすことへの警鐘である。

この視角は、『ジェンダー・トラブル』の徹底的な主体批判とは大きな違いを感じる。『生のあやうさ』でバトラーが念頭に置いているのは、合衆国の政府と市民であり、視野をより広く採っているためかもしれない。

9・11による合衆国民の被傷経験が、「身体的可傷性の世界における配分のされ方がきわめて不均衡である」（六五頁）ことに気付く契機となるようにバトラーは希望している。ここで、その視野は合衆国政府による軍事的攻撃によって傷つく無数のひとびとのもとまで広げられている。

さらに、「人間」の観念について以下のように語る。

暴力、哀悼、可傷性、私はそれらについてここで語りながら、より一般的な人間についての観念があるということを考えている。それはまさに初めから私たちが他者に対して開かれて在ること、私たちが個として存在する以前に、身体が要求するところによって一連の根源的な他者性にゆだねられている、そのような概念だ。（略）しかしまたそれは、別の接触に対しても私たちが傷つきやすいということであり、そこには私たちの存在が抹殺されてしまうことが含まれている一方で、それが私たちの生を物理的に支えてくれることも他方において含意されているのである。（六六頁）

「私たちの外部に私たちの本質がある」「身体の根源的な他者性」といった言い方は、身体や社会というものに対するバトラーの見方を一新させるような要素がある。

六　今、フェミニズムが問いかけていること

以上、主体と自由を軸にフェミニズムの流れを追ってきた。マッキノンは、男性中心社会の暴力性に対抗するために女性の主体を立ち上げた。バトラーは主体の構築ではヘテロセクシズムの権力構造から自由になれないことを論じ、コーネルは性的自由を理念としてフェミニズムを他者へと広げていくことを主張した。

全体としては主体の構築よりも「自由」の理念を組み替えていくことでフェミニズムの目標を広げていくことが目指されてきたように思える。ただフレイザーの提起した経済的配分の問題はまだ十分くみ取られてはいない。しかし、コーネルが常に労働運動の役割に多くを期待していること、またバトラーが可傷性の「世界的配置」という点で世界規模の資本主義経済の片鱗を示唆していることなどを考えれば、フレイザーの問題意識は共有されていると言えるだろう。

そして、最後に確認したいのは、今回取り上げた論者たちが、相互に率直に批判を重ねて自らの理論を織り上げていることである。その理論の重なりは、どれかひとつを唯一正しいものとして採用し、他を斥けるという姿勢ではなく、それぞれの重なりとずれとを尊重しながら、その織物全体をフェミニズムとして読んでいく姿勢を喚起しているように思う。

マッキノンの議論ですら、否定はできない。彼女の激しい性暴力・性差別批判がなければ、現在のセク

シズムがわたしたちの認識の奥底まで拘束していることに気づけなかっただろう。気づかなければ、それを超える自由も想像できない。

最後に日本社会の状況に立ち戻るならば、今回の考察から端的に学べることは、相互批判の重要性である。ここでは詳細に論じる紙幅はないが、日本のフェミニズムは一九八〇年代から九〇年代にかけて華々しく展開しながら、現在はあまり活発ではない。その理由は複数あろうが、フェミニズム側の問題としては、異論を表明しにくい、互いに規制しあってしまうようなところがあるのではないか。

しかし今回見たように、フェミニズムは相互の批判と論争によって活性化していく。一人の思想が絶対ではなく、多数の論者の応答とともに全体が編まれ、深められてゆくのである。それが本当の意味での、男性中心主義的な体系志向の権威主義への批判となり、フェミニズムによる自由の創造につながるのではないだろうか。

●参考文献

Butler, Judith, [1990] *Gender Trouble: Feminism and the subversion of identity*, Routledge.（=［一九九九］竹村和子訳『ジェンダー・トラブル』青土社）

——, [1998], "Merely Cultural", *New Left Review*, 227.（=［一九九九］大脇美智子訳「単に文化的な」『批評空間』第Ⅱ期第二三号、太田出版）

——, [2004], *Precarious Life*, Verso.（=［二〇〇七］本橋哲也訳『生のあやうさ』以文社）

Cornell, Drucilla, [2000], *Just Cause*, Rowman & Littlefield Publishers.（=［二〇〇二］仲正昌樹監訳『正義の根源』御

茶の水書房）
——, [1995], *The Imaginary Domain*, Routledge.（＝［二〇〇六］仲正昌樹監訳『イマジナリーな領域』御茶の水書房）
Foucault, M, [1976], *L'Hisoire de la Sexualite, Seuil.*（＝［一九八四］渡辺守章訳『性の歴史Ⅰ　知への意志』新潮社）
Fraser, Nancy, [1997], *Justice Interruptus*, Routledge.（＝［二〇〇三］仲正昌樹監訳『中断された正義』御茶の水書房）
——, [1998], *Heterosexism, Misrecognition, and Capitalism: A Response to Judith Butler*, New Left Review, vol. 228.（＝［一九九八］「ヘテロセクシズム、誤認、そして資本主義　ジュディス・バトラーへの返答」）
Mackinnon, Catharine, [1987], *Feminism Unmodified: Discourse on Life and Law*, Harvard U.P.（＝［一九九三］加藤春恵子他訳『フェミニズムと表現の自由』明石書店）
Dworkin, Andrea & Mackinnon, Catharine, [1985-1994], Pornography and Civil Rights, etc（＝［二〇〇二］中里見博・森田成也訳『ポルノグラフィと性差別』青木書店）

第七章　意識覚醒（CR）とフェミニズム認識論

高原幸子

はじめに

同じ立場の人間が、また同じような経験をしてきた人々が集まってグループを作り、被ったことや今まで話しにくかった事柄を話し合い、励ましあい、力づけあう場をもつことを、セルフ・ヘルプ・グループ（SHG）という。エイズ患者やがん患者、犯罪被害者や自殺者とその家族など、また薬物やアルコール依存症患者同士のグループなどがあるが、本稿では、とくにフェミニズム（女性解放運動／思想）に関わるSHGを念頭において考えたい。ドメスティック・バイオレンス（DV）や性的虐待を受けた女性たちの会、また離婚経験がある女性たちの会、性的マイノリティや外国籍の女性たちの自助グループなどが存在している。

特に本稿では、移住女性たちのSHGを活動の柱として置く北部タイにあるNGOにおける状況[1]から教えられることを基礎にしたいが、ウーマン・リブやフェミニズムのなかでとりいれられていた自助や互助の手法において、自分たちの社会的立場や己の内面に潜む規範からそれを克服しようとする意識覚醒／意識化／意識変革（コンシャスネス・レイジング／CR）がどのように行われるのか、という点について本稿では明らかにしていきたい。

それは、CRのグループができていく過程において基底になってきた「個人的なことは政治的である」という考え方が、社会的な構成であるジェンダー（社会的・文化的性差）概念の自己内対話を通じてどのように、ある結節点に至るのか、また性的自由としての心的空間を保つこと（D・コーネル）は、どのように社会的平等とつながることができるのか、といった問いを置くことにもなる。

CRはセラピーではなく、女性の抑圧を理解し、社会の変革につなげることに力点を置く（田上時子）ことが主眼となっているなか、グループの自律性や組織化、個人間の共通部分と個人の差異を常に認識せざるをえないことが、何か別様の自己認識へとつながる可能性にはならないのか。

性支配の意識化と自立への志向が、自己開示を通じた、まるでかみそりの刃の上を歩くような力学を持つものであることを、理論と実践の乖離などという手垢のついた表現を使うことなどで思考できるわけもない。だからこそ、こういった力学を「矛盾の包摂」として、現象とその一様の意味の体系的世界に埋め込むことではない、その臨界域に留まり続け、解放の糸口を探す必要を感じる。

ある自助グループに自分自身の位置づけをはっきりとさせずに入ること、もしくはオブザーバーとして入ることは、常に自分は何者かという問いを宙吊りにし、ある化身を身に引き受けざるを得ない行為である。当事者性とは、言語主体になるものをはっきりとさせ、そうではないものを区別する作用がある。実社会において言語主体にはなかなかなれない者たちが集って小グループをつくるのであるから、そのなかで自分を安心して出せる空間は貴重なものであり、それが各自の居場所（ホーム）と言えるものとなろう。

それと同時に、自助グループのなかで語る言葉が客観性を持っていく過程が見受けられよう。自分が語る物語の整合性のなかに他者が潜み、ある表象が重なり合う過程において、一度きりの対象化や客体化では見いだされない無限の潜在性が見出される。それは、〈客観〉と言う事象として捉えてもいいのではないか。

決して個々人の主体性や意思が希薄なのではなく、一個人の言語主体に発話の帰属を固定させることではない自律性を持たせる試みなのではないだろうか。政治と言うことができる世界が、自由意志を前提とした道徳的共同体を基礎としてそこに帰属することで人格を保持することができるのであれば、その下位概念となる性差はこうした共同体に二重三重の意味で序列化されているものであり、そこに新しく主体を見出そうとしても同質の共同体を再構成することになってしまうのではないか。

ここに、言語や認識を司る主体形成自体に着目する必要が見出せ、混乱や悲しみなどの身体表現、祈りなどとの関連を言語化する試みに進む手立てができると考えられる。

岩谷良恵は、複数の人々の「話し合い」（speech）によって成り立つ空間であるハンナ・アーレントの「政治」概念を基軸にしながらＣＲを再考しているが、ＣＲからフェミニスト・カウンセリング(2)への移行の一つに、感情の吐露への一体化や個人への閉塞につながる点があることを指摘している。

「個人的なことは政治的だ」という基底において、自己自身を解放する試みが、むしろ傷を被りながらでしかできないことは、この個人への閉塞にも関わるだろう。何故傷を負うのか、ここでは二点だけ指摘しておきたい。まず自分自身の活動や信条指針にしているはずの性（ジェンダー）規範を問わなければならないことは、文字通り身も凍る出来事である。それも直接的・間接的に他人から正しさを盾に指摘されることほど怒りや感情の高ぶりが出ることはなかろう。

二点目は、自己の対象化や客体化によって浮かび上がる表象自体が、自分自身のものとはかけ離れた感じを受けるということ。またその表象自体によって自己自身が押しつぶされそうになることも起こりうる。

こうした「個人的な」ことの奥底にあるだろう性の自己像においては、外側から自己同一化（アイデンティティ）として男性、女性、ゲイ、ストレートとして見ることは難しく、そのかわりに自分を非常に深く「内側」から「性を帯びた」ものとして見ている。（D・コーネル『自由のハートで』七八頁）

「個人的なことは政治的だ」ということは、自分自身が社会的存在だということを「意識化」すると同時に内部の「性を帯びた」ものが曝される瞬間でもある。その主体化にまつわる動態を明らかにしていくことがこれからの主題となる。

一　コンシャスネス・レイジング（CR）の流れ

コンシャスネス・レイジング（CR）が登場したのは、一九六〇年代のアメリカのウーマン・リブ運動（第二波フェミニズム）の勃興のなかであり、小さなグループが全国組織NOWから分かれ草の根的に広がっていった。男性主宰によるグループとは異なり、力関係や上下関係を持たず、家父長の象徴であるリーダーを置かないで参加する人を意識的に育てていくことを目指したものである。（田上［一九九四］九頁）

CRに似通ったものとしては、途上国の識字率の低い地域でのワークショップや、文化大革命前の中国での政治目的で行われていた意識化も挙げることができる。また車座になって思考地図を作成したりする国際協力ＮＧＯや多文化教育など広義のワークショップはＣＲに近似するものとして考えることができよう。

タイのチェンマイに事務所を置く、法と開発に関する女性アジア太平洋フォーラム（ＡＰＷＬＤ）では、フェミニストの法理論と実践を推進していくために、社会状況や男性の基準から不平等の分析をするジェンダー分析と、女性の経験を女性の権利への闘争へとつなげる政治的宣言としてのフェミニスト分析とを分けて考えながら、実践への架け橋として、次のように異なったフェミニストアプローチを提出している。（ＡＰＷＬＤ［二〇〇五］一三―一四頁）

（Ａ）リベラルフェミニズム――リベラリズムの流れを汲み、正義や平等、自由に価値を置き、第一に公的空間に焦点を当てた。また男性と同等の権利に値することを主張した。しかし、男性的基準によって測られることによって、女性の差異を議論する余地を残さない点が残され、平等の機会によってより女性のやるべき負担が増えたと指摘される。

（Ｂ）ラディカルフェミニズム――女性的差異に着目し、家父長制を階級やその他の支配よりも以前にある最も古い支配形態とする。私的領域に属する結婚や家族の制度やそこでの女性の役割に挑戦する。このようにしてジェンダー化されたアイデンティティや労働編成、それによる女性に対する差別を表面化した。

（Ｃ）マルクス主義フェミニズム――主眼点と政治的構成は階級的不平等である。女性の従属は、資本主義と私的所有に結びついている。すべての抑圧や従属の元はこうしたシステムであるとする。

（D）ポストモダンフェミニズム――女性たちを、単一のアイデンティティを持つ集団としてまとめたり、分析したりすることはできず、女性たちのあいだの多様性を保持する。それは、階級、エスニシティ、セクシュアリティ、カーストなどの多様な形態の差別を議論する。

こうした異なったフェミニストアプローチは、例えばフェミニスト・カウンセリングのような実践において尊重される。法と開発に関する女性アジア太平洋フォーラム（APWLD）が一九九八年に韓国で、一九九九年にインドネシアで行ったフェミニスト・カウンセリングのワークショップでは、次のようなガイドラインが出来ている。

女性が抱える問題の根のところに家父長制があり、その規則や基準や価値によって、女性の生が決められているのだということを認識し、その抑圧や差別を取り除くというフェミニストとしての自覚から始まり、エンパワーメントという概念を使用するフェミニストの理念を紹介する。それによりフェミニスト・カウンセリングは、女性たちに家族における権力作用による暴力や抑圧の条件や要因に気づくようにし、孤立よりも個人のアイデンティティや自己価値の感覚を促進し、避難施設などの支援機構によって自己尊重を回復し、そこから女性の権利やジェンダーに配慮した政策への活動によって社会変革を目指すという。

このようなプロセスで重要な点は、脱困惑化とセラピーであるという。性的虐待などによってすべての事実に至ることができないゆえの混乱状況に対し、暴力の起こるパターンや、加害者の振舞い方、法的権利の情報などを示し、決して女性自身の不適合や自責に帰することなく、知らないゆえの不安を取り除くことが脱困惑化である。

また、セラピーの要素として、四段階のステージを呈示している。

ステージ１――物語を語る。問題の根に辿り着くような物語の詳細を女性が語る。そのとき、カウンセラーは現実としてそばに居て、よく聴き、共感的であること。そこでは伝統的カウンセリングでは許されていないカウンセラーの自己開示を、タイミングや話す量に注意深くするなら行える。

ステージ２――悲しみと頼りなさの表現。カウンセラーは共感的であり、女性としての感情を持ち、クライアントの見方でものごとを見て、悲しみや痛みや抑圧の表現に向き合う。カウンセラーの痛みを表現することは必要ではないが、そのような痛みになんとか対処し、解きほぐすような資本を分かち合う。また、よくものごとが見えるように、カウンセラーは論理的な道筋をつけるために質問をしたりする。

ステージ３――抑圧の認識。問題解決や決定を進める実践的技術が必要となる。例えば怒りの感情を咎められたりすることなく表現し、意識覚醒をする段階となる。怒りは起こった不正を見ることができるようにし、必要な変化を教えてくれる。アジア太平洋において女性が怒りを表現することは至難の業でもある。怒りをむしろ自責へと転化してしまったり、心身の不調へと帰結してしまったりもする。しかし、女性が抑圧に向き合い変化へと動き出す重要な機会でもある。

ステージ４――変化への働きかけ。彼女の居る状況を変化させようと決定する段階。時々クライアントは彼女の置かれた現実に気づき、より落ち込むことがある。この段階では、カウンセラーだけではなく、サバイバーの自助グループなどへの参加も行われる。CRを行うフェミニストグループの組織は、通常セラピーは行わないが、フェミニスト・カウンセラーたちは、CRをセラピーの手段として用いる。[3]

フェミニスト・カウンセリングが通常のカウンセリングと異なる点は、客観的な立場を超えて自己開示をすることもありうる点と、個人的な選択と社会的行為が重なるような政治的意味を伴う点である。（APWLD［二〇〇三］四一―一三頁）

以上の二点は、フェミニスト・カウンセリングがCRの息吹のなかから出てきた運動であることを示していると言うことができるであろう。では初発のCRの思考や行動はどういったものであり、解放をどのように考えていたのだろうか。

キャシー・サラチャイルドは、ラディカルなフェミニストのプログラムとして、一九七三年のニューヨークで行われた女性の権利の全米集会にてCRを提出した。ラディカルとは、根（root）というラテン語の意味を持ち、社会の根元にある問いに関与することを示している。これは、性に基づく隔離や差別の障壁を止めさせ、男性中心主義的なものの考え方を突破するような、平等と女性の解放を形成していく過程を表わしている。家事や子育て、セックスなどは、どちらかというと嘆かわしく、非政治的な課題として扱われ、同一賃金同一労働といった職場での賃金格差などは議論として積極的に扱われたという。一九六八年には、女性解放運動として全米ミスアメリカコンテストに反対することや、ハイヒールやガードルなどといった女性の身体を「女らしく」する道具に反対するアクションを行った。

ＣＲの重要な観点として、よく女性自身の感情を聴くことにより、彼女自身を分析するのではなく、彼女の置かれた状況を明らかにし、知識を得ること以上に女性自身や女性の内面を変えることではなく、男性的価値観の至上を変革することがある。（Kathie Sarachild,［1975］pp.144-150）

エレン・ウィリスが述べるように、リベラルからラディカルへとフェミニズムがＣＲを武器としながら変化するには、中絶に対する議論やブラジャーを焼くといった行動によって女性に負荷されている女性的な価値を根本的に変革するような、一見してグループ自体が分裂していく方向へと動いていく機運があった。（Ellen Willis,［1992］pp.58-59）ラディカル・フェミニズム自体は、反人種差別的、資本主義・帝国主義反対の立場に立ち、レイプ・クライシス・センターやドメスティック・バイオレンスのシェルター、女性のヘルスクリニックなどを立ち上げる運動も行った。それは、シュラミス・ファイアーストーンなどが中心になり、新マオイストの唯物論者として中国との親和性を持ち、家族主義への批判や性的解放、人種や階級闘争への関与を持っていたことにも関係するだろう。（Ellen Willis,［1992］Ibid. pp.118-119）また唯物論者の立場からシモーヌ・ド・ボーヴォワールには、人間の自由が自然征服から成り立っていることを問わなかった点で異論を述べていた。（Ellen Willis,［1992］Ibid. pp.159-163）

以上の点は、文化的（カルチュラル）・フェミニズムをどう考えるのか、また唯物論思想はレズビアンと連帯できるのか、という問いを喚起する。

カルチュラル・フェミニズムは、ライフスタイルや個人の解放に焦点を当て、別様の女性文化を作り上げようとするものである。しかし、政治的・経済的男性至上主義の体系を変革しない限り、個人の変化を望んでも、それ以上は進まないという点と、私たちの自由がモラルや宗教性と結びつき、母系制の至上を

促すのではないか、という危惧に晒される。(Brooke, [1975] pp.79-83)

ダンスや前衛アートの批評をしながらレズビアン・フェミニストの運動に関与していたジル・ジョンストンなどの立場性と、多くの左翼集団が女性解放を述べるフェミニストよりもレズビアンに対して寛容であることに疑義を唱える社会主義フェミニストたちとの確執は、やはり性差別自体の解体を目指すことで変化の兆しを見せた。(Susan Brownmiller, [1999] pp.178-179, Redstockings, [1975] pp.190-198)

CRが、女性自身の適応を促すものではなく、社会的・文化的に強制されたもの、その社会自体を変革するという立場は、グループセラピーや自助グループに専門家が入り、社会への適応や心理療法を行うこととは根本的に異なっている。CRのテーマは様々であり、「母性について」、「女らしさについて」、「結婚について」、「女の性について」など、起こった出来事や何をやったかという現象を問いかけることよりも、そのときの自分の意識がどうであったか、今どう感じているのかという自分を見つめる作業を重要視する。(田上時子[一九九二]四〇―四八頁)

加藤伊都子は、NOW(全米女性機構)の一九七五年に出された『フェミニストCRのガイドライン』の原理からその目的について、CR講座を実際に運営しながら分析・検討している。そこでは、個人の強さや尊厳、能力に気付くよう手助けし、女性たちが自信を増し、他の女性をより近しく感じることができるような感受性訓練の場を挙げながら、しかしそれはフェミニストの意識覚醒ではない、とする原理から、「社会における力の概念」、つまりは政治的論点の欠如を確認する。性差別社会の抑圧を内面化した結果の内的抑圧に気付き、それを解放することがCRの目的だとされているが、そこに向けられていた力を、外的抑圧を撃つことへ振り向けるという発想が日本での自分たちのCRには欠けていたのでは、という反省

が込められている。（加藤伊都子［二〇〇二］七六―八五頁）

しかし、加藤が述べる自分たちの共通部分よりも差異のほうに敏感なこと、日常や身近な人の話に終始するのも女性性が絡んでいるのではないか、という指摘は日本社会に限らず多くのＣＲに近似したグループを実施している地域にも見られるのではないか。性差ゆえの政治化が内部に痛手を負うような分裂を引き起こすことは、多くのリブ運動や女性グループの分裂などからも鑑みられることである。

田上時子は、ＣＲにおいて始まりからジェンダーの問題であると指摘されてもなかなかそれぞれ個人には入ってこないもので、体験とマッチするような「意識化」が起こることが必要であるとする。（田上時子［一九九四］二三頁）様々な感情の表現がひとつの言語化として行われることで、それが女性ゆえの認識構造において起こることを理解する手立てとなる。ＣＲでは、グループでの相互作用が重視されるが、むしろ個人が孤立し超越した領域を獲得したときに初めて性差を認識することが出来ると考えるほうが妥当だろう。

二　自助と互助のあわい

次にＣＲが持つ言語の獲得が社会変革につながる点として、パウロ・フレイレの識字教育における思想との接点を見ていきたい。これは、フェミニズムの世界同時的な勃興のなかで第三世界からのより実践的な呼びかけ(4)とも関わりがある。

フレイレは、フランツ・ファノン、アルベール・メンミ、アミルカル・カブラルといった植民地主義に対抗した第三世界革命家・思想家からの影響を強く受けており、実存主義や現象学を基底としたヘルベルト・マルクーゼ、アントニオ・グラムシ、ゲオルク・ルカーチといったマルクス主義に基づく思想を実地の識字教育を支えるものとして展開している。一九六〇年代初頭、住民三〇〇〇万人の約半数が非識字者であったブラジル東北地方において、フレイレはその状況を「沈黙の文化」と呼び、農民や労働者との対話によって識字教育を行った。

CRにおいて見受けられる、主観的意識と客観的現実から抑圧の気付き[5]を経て自己の認識が変化することは、フレイレが「被抑圧者の二重性」と捉えている過程になぞらえることができる。それは、Aが客観的にBを搾取したり、Bが責任ある人間として自己肯定を追求するのを妨げたりするどのような状況もすべてひとつの抑圧である、とする。(『被抑圧者の教育学』三六頁)この抑圧状況によって矛盾し分裂した存在として被抑圧者はある。そこにフレイレが抑圧者のモデルとして呈示するのは、銀行型教育概念[6]であり、温情主義的社会活動装置を用い、被抑圧者を周辺の福祉受領者とする型である。被抑圧者は決して社会の周辺人でもなければ、社会の外側で生きている人間でもない。かれらは常に内側に、構造の内側におかれ、解決策は抑圧構造に統合することではなく、かれらが自分自身のための存在になれるようにその構造を変革することにある、とフレイレは述べる。

これに対立する教育としてフレイレが提起するのは、「課題提起教育(problem-posing education)」であり、意識的存在としての人間と、世界に向けられた意識としての意識を採り、志向性を生み出さなければならない、とする。ここにおける意識の特質とは、抑圧という意識形態における「分裂」意識自体にも眼を向ける意識であり、認識対象が認識行為の目的になるのではなく、認識者を相互に媒介するような学習状況を指す。

「人間と世界の弁証法的関係は、この関係がどれだけ知覚されているかということとは無関係に（あるいはそれがまったく知覚されていようといまいと）存在するけれども、人間がとる行動形態は、かれが世界のなかでどれだけ自分自身を知覚しているかに応じて大きく機能を変える」。（『被抑圧者の教育学』八七頁）

これは、フレイレの実践と理論の重要概念となる「意識化（conscientization）」（もしくは「人間化」）のひとつの説明となるもので、何ものかになりつつある過程の存在として、同様に未完成である現実のなかの、現実とともにある未完成で未完了な存在として人間を肯定する。

成人の識字過程を認識行為として捉えると、現実的ないし具体的脈絡が提示する事実を、対話の理論的脈絡のなかで批判的に抽象化する過程と述べることができる。

「対象的に認識する ad-mire とは、非我 not-I を客観化することである。それはひとつの弁証法的作用であり、この作用が人間を人間として特徴づけ、人間を動物から区別する。それは、人間の言語がもつ創造的次元と直結している。人間が非我を把握するために非我に立ち向かうこと、それが対象的に認識する ad-mire ことの意味である。したがって認識さるべき対象をつき放して凝視 ad-miration せずして、認識行為は存在しないわけである」。（『自由のための文化行動』二九―三〇頁）

またフレイレは、この対象化の言語構造を対話的行動理論[7]としてマルチン・ブーバーを引用しながら次のようにも展開している。

「反対話的で支配する側の我Ｉは、支配され征服される側の汝thouを、たんなるそれitへと変形する。しかしながら対話的我は、自らの存在を出現させたのがまさに汝（非我not-I）であることを知っている。かれはまた、かれ自身の存在を出現させる汝が、同時に別の我にほかならず、その我のなかに汝があることも知っている。我と汝は、こうして、弁証法的関係のなかでは、ふたつの我になると同時にふたつの汝になる」。（『被抑圧者の教育学』二二八頁）

これは、世界と我（自己）が対立項として在るのではなく、非我という創造的領域を媒介することで認識が成立することを表わしている。自己は決して独立して存在しているのではなくて、互いが成立されうる非我とともに存在している。フェミニスト・カウンセリングが二者間の役割分業と言い切ることができず、またＣＲが同属の共同体の再生とは全く異なることは、こうした非我という領域の自己生成的な在り様によるのだとも言えよう。

抑圧による二重意識と呼ばれるところから癒されることと政治的解放とが同時に訪れるのか、それは人間化（意識化）することが必ずしも抑圧者になることとは同義語ではないことからも分かる。

三　ヒューマニズムの存在論

フェミニズムのＣＲが示した抑圧から解放への初発の問いと、フレイレの「意識化」から鑑みられる世界とともに開かれてある存在としての人間論は、自助（self-help）が人間性の歴史を受け継ぎ、実存を改めて問いなおすきっかけを与えてくれる。

それは、人間性からの導きによる贖罪への働きかけはあるのか、というどちらもヴァルター・ベンヤミンの『歴史哲学テーゼ』を引用するドゥルシラ・コーネル（『自由のモラルイメージ』）やポール・ギルロイ（『黒い大西洋』）の問いに結実する。(8)

コーネルは、ベンヤミンが用いる経験（Erfahrung）という語が神話を通じた自省への道筋を持ち、そのような経験が可能となる道徳的行為体への可能性につながるような「弁証法的イメージ」を手元に擱いておく。

「メシアは、たんに解放者として来るだけではない。アンティキリストの征服者として来るのだ。過去のものに希望の火花をかきたててやる能力をもつ者は、もし敵が勝てば『死者もまた』危険にさらされる、ということを知りぬいている歴史記述者のほかにはない。そして敵は、依然として勝ち続けているのだ」。（ベンヤミン『歴史の概念について』より）

コーネルは、かすかなメシアの力とともにしかない次の世代において、アンティキリストとは先進資本主義のなかで足かせを除かれた自由な意志（Willkur）というイマニュエル・カントが呼んだ語に近くなってくるというが、同時にベンヤミンの「想起する連帯」（anamnestic solidarity）という死者と生者のあいだに渡された道筋において、弱々しいメシア的力を次世代として正義の世界への闘争に誓うことが残されているという。（『Moral images of freedom』pp.139-142）

コーネルはまた、ベンヤミンが用いる経験（Erfahrung）とジャック・デリダの不可能性の経験とのあいだを示すために、脱構築をあらゆる体系の限界を露呈する仕方において独自であるとし、「限界の哲学」と言い換えて法への分節化を試みている。

ベンヤミンの以下の引用から経験の時間的次元を考えることができる。

「罪の連関が時間的であるとしても、それはまったく非本来的にそうなのであって、〔その時間性の〕ありよう〔種類〕と尺度からすれば、救済や音楽や真理の時間とはまったく異なっている。救済や音楽や真理といったものを完全に解明しきるには、運命のもつ時間の特殊なありようを見定めねばならない」。

（ベンヤミン『運命と性格』より）

ギルロイが黒人の音楽やサウンド、映像文化が醸し出す生のリズムと愛の物語が、黒人のヴァナキュラーにおいて、奴隷制に由来する死の現前との独特な関係と、「苦しみのなかで存在すること」という時間を根元的に記録することと言語を通時的に理解することを共に含みこむ場所としてきたことが、この経験の時間的次元として見えてくる。もちろん、ギルロイが幾重にも論を積んでいく黒人とユダヤ人の双方の受難が、人類全体にとっての特別な贖罪の力を持っているという考え方は、合理性と近代人種主義の関係や、人種的被従属者たちの不自由な労働による進歩のイデオロギーの否認、言語を絶する崇高な恐怖（テロ）と長らく慣れ親しんできたことの影響などを通じて、これらの残虐な歴史と明らかに共謀してきた人間主義（ヒューマニズム）のイデオロギーについても何かを露呈する。（『黒い大西洋』三八一―四二二頁）

人間事象のもろさについて活動と言論の介在を通じて述べるハンナ・アレントは、触知できない人間の「正体（who）」ではなく、哲学は人間の定義を「なに（what）」の判断や解釈によって求めようとしたとする。その「正体（who）」が触知できる実体として知られ、理解されるのは、活動者＝言論者の生涯の物語においてであり、その物語がようやく終わってからである。（『人間の条件』三〇四―三一三頁）

触知しようとしても手から零れ落ちてしまうような人間の「正体（who）」は、そのもろさゆえにその生産物や労働、交換市場、それから支配といった秤にかけられ、ある程度の固さを持ったイデアによって人間事象が把握されていく。「行うことと被害を蒙るということは、同じ硬貨の表と裏のようなもの」（『人間の条件』三〇七頁）というアレントが活動に込める見方は、そのままＣＲや意識化の過程、もしくはフェミニスト・カウンセリングや自助グループの過程で生じる経験に通底するものである。

個人がそのかけがえのなさを保持しながら、支配や抑圧という施政に入る事態を把握することは、痛みや感性でその事態を受け止める以前の原初的な曝されに対峙している。その感性や観念を鍛えていくこととは別様の、地盤を持たない、震えるような触角のまま人間性であり続けることはできないだろうが、個人同士が共通地盤を作って政治化（もしくは主体化）することではない、その震えるような触角において惹かれあうことは、イデオロギーとはまた別様の共にある在り方を示しているのではないだろうか。

意識化によって人間になろうとする過程、また二級市民であった者たちが権利主張をしていく過程というものは、その一人の個人において過去の堆積した時間の流れとは無縁ではありえない。また感情の一体化はそれがそのまま共同体を作り出すわけではない。

アレントは親密さを最初に発見した人としてジャン・ジャック・ルソーを挙げ、近代の同情や憐れみ、情熱や苦悩といった感受性を発展される上で大きな役割を果たしたとし、連帯（solidarity）との対比を試みた。（『革命について』一三二頁）

同様の経験があること、同様の立場であることは、親密さや感情の一体化を生み出しやすいだろうが、自己存在を不適合や自責に追い込むことなくそのまま認めることは別様な回路である。

アレントが活動と言論の網の目（ウェブ）と呼ぶなかでその人が出現する空間を必要とするとき、言語主体は何者かを曝し、傷を被りながらでしか立つことができない。それはどんなに聴衆の多い眼前であっても、親密なたった一人の聴き手の前であってもそうであろう。たとえ自己自身が痛みを感じ取っていなくても、語る物語に感情的一体化をしていなくても。被傷性とはそういうものだ。

おわりに

フェミニズムが励起した当初の意識覚醒（ＣＲ）という手法は、認知の歪みや今まで生きていた時間を自己自身を責めることなく社会的存在であると認め、意識化（政治化）する過程であるが、それ以上に自己と他者（自己と世界）の認識論として組みかえられる可能性を持っている。コーネルが、超越性と想像性との両立は可能かという問いに対するひとつの答えとして、概念化されないような美的観念をカントから引き出していることは、フェミニズムのこの意識化（政治化）を今までは含まれてこなかったヒューマニズムのなかに埋め込むことではない、存在の彼方へ導き出すひとつの手立てになりうるだろう。

ベル・フックスが述べるような、傷が癒えることや贖罪的な愛が日常生活の政治の現実化から起こるという論とも、この存在の可能性は重ね合わせて議論するべきことである。人種的抑圧、植民地化の抑圧、性の抑圧のどれも切り離して考えることではない、今まで普遍には程遠い存在として据え置かれた抑圧の二重性から、ひとつの普遍の想像領域を見出す可能性が生まれても不思議ではない。

自己認識の歪みが何に対する歪みであるのか、という問いかけがあったとき、その歪みを正す基準を探すのではなく、これから航海する世界への引き手として意識化は行われてきただろうし、これからもそうであろう。

●注

（1）二〇〇一年二月設立のNGO（国際協力組織）、PO（民衆組織）。正式名称はSEPOM（Self Empowerment Program of Migrant Women：タイ——日移住女性ネットワーク）。特に八〇年代を通じて増えた日本へのタイからの人身売買・移住女性たちのタイに帰国後のケア、実態調査等を目的としていた。当初から集まってお互いのことを話すSHG（セルフ・ヘルプ・グループ）を活動の柱にしていたが、その後ILO（国際労働機関）などから支援金を得て、北部タイのチェンライ県の各地にSHGを設立している。またSEPOMキッチンとして当事者たちが従事する日本食の店も経営していた。筆者は、二〇〇三年、二〇〇六年、二〇〇九年とSEPOMを訪れ、こうしたSHGにオブザーバーとして参加させてもらっていた。こうした詳細は、拙文「〈セックス・ワーク〉論と公共性」叢書アレテイア6『ポスト近代の公共空間』二〇〇五年、御茶の水書房などを参照。

（2）フェミニスト・カウンセリングは、草の根のCRや自己主張トレーニングなどから発展し、各地の女性センターの需要や、ドメスティック・バイオレンスやセクシュアル・ハラスメントなどの制度化などから一九九〇年代を通じて必要性が増大し、確立されてきた。

（3）サバイバーとは、生存者とも訳すことができ、戦争や事故、自然災害などの被害者、性暴力やドメスティック・バイオレンス、また従軍慰安婦の人々が生き延びてこられたことに対する敬意を示す言葉でもある。

（4）一九七五年の国際婦人年から開催されてきた国際女性会議のなかで、特に一九九五年の北京国際女性会議では、第三世界の女性たちの現実が先進国中心のフェミニズムの考え方とは異なるゆえに批判の矢が放たれた。リプロダクティブ・ヘルス・ライツ（性と生殖に関する健康／権利）も、リベラリズム（自由主義）の伝統から議論する先進国の立場とは異なる。

（5）キャサリーン・A・ラフリンは、成人教育の場における、女性の学習認識を検討している。そこでは、解放教育や女性運動の成果を取り入れながら、変化する行為主体としての学習者を念頭に置いている。パウロ・フレイレの抑圧への覚醒については議論の基礎に置いている。

（6）銀行型教育概念とは、預金行為としての教育と述べることができる。生徒は容器のように満たされるべき入れ物のように扱われる。収集や目録であって、創造力、変革の可能性、知識を喪失し、すりへらされてしまう。抑圧社会を全面的に反映する。人間を順応的で管理しやすい存在としてみなす傾向を持つ。抑圧者は自分に有利な状況を維持するために人道主義を利用する。

（7）対話的行動理論において対話とは、世界を命名するための、世界によって媒介される人間と人間との出合いである。対話にはさらに人間に対する力強い信頼が必要である。それはつくり、つくりかえ、創造し創造しなおす人間の能力にたいする信頼である。創造力と変革力は、たとえそれらが具体的状況のなかで挫かれようとも、かならず再生するという確信を持つ。その再生は、無償にではなく、奴隷労働が解放闘争のなかで、またそれをとおして生活に潤いを与える解放された労働にとって変わられるときに行われる。この人間への信頼がなければ、対話が温情主義的操作へと退化する茶番劇になるのは避けられない。最後に、対話は批判的思考を含まない限り存在しない。その思考は、世界と人間との不可分の結びつきを認め、その二分化を許さない思考である。現実を動かないものとしてではなく、過程や変容として捉える思考である。行動と切り離されず、危険を恐れることなく、たえず時間性のなかに没頭する思考である。

（8）ドゥルシラ・コーネルは社会主義の未来を根底に置いており、ポール・ギルロイは、奴隷制に始まる黒人の受難に対する贖罪はあるのかという問いを置きながら、ベンヤミンの「歴史哲学テーゼ」をそれぞれに引用している。

●参考文献

APWLD, 〔2003〕 A Guideline to Feminist Counselling

APWLD, 〔2005〕 Feminist Legal Theory and Practice Training

Kathie Sarachild, Consciousness-Rasing : A radical Weapon in Redstockings 〔1975〕 *Feminist Revolution* Random House New York

Brooke, The Retreat to Cultural Feminism in Redstockings 〔1975〕 *Feminist Revolution* Random House New York

Redstockings, The Pseud~Left/Lesbian Alliance Against Feminism in 〔1975〕 *Feminist Revolution* Random House New York,

Ellen Willis, 〔1992〕 *No more nice girls-countercultural essays*, Wesleyan University Press

Susan Brownmiller, 〔1999〕 *In Our Time-Memoir of A Revolution*, The Dial Press

Kathleen A Loughlin, 〔1993〕 Women's Perception of Transformative Learning experience within C-R (Distinguished

Disertations）Mellen Research University Press, San Francisco
岩谷良恵［二〇〇五］「Consciousness-Raising（意識覚醒：ＣＲ）再考——アーレントの「政治」概念を通じて——」学校教育学研究論集第一二号東京学芸大学大学院連合学校教育学研究科編
加藤伊都子「ＣＲ研——その後」『フェミニストカウンセリング研究・創刊号』二〇〇二年、新水社
田上時子［一九九二］『ＣＲグループとは何か？——輝くシスターウッドに向けて』
田上時子［一九九四］『ＣＲ（意識覚醒）グループ——ガイドラインとファシリテーターの役割——』家族社
パウロ・フレイレ、小沢有作・楠原彰・柿沼秀雄・伊藤周訳［一九七九］『被抑圧者の教育学』亜紀書房
『Ｉ・イリイチvsＰ・フレイレ　対話——教育を超えて』［一九八〇］野草社
パウロ・フレイレ、柿沼秀雄訳・大沢敏郎補論［一九八四］『自由のための文化行動』亜紀書房
モアシル・ガドッチ、里見実・野元弘幸訳［一九九三］『パウロ・フレイレを読む——抑圧からの解放と人間の再生を求める民衆教育の思想と実践』亜紀書房
パウロ・フレイレ、里見実訳［二〇〇一］『希望の教育学』太郎次郎社
Ｇ・グティエレス、関望・山田経三訳［一九八五］『解放の神学』岩波現代選書
Albert Memmi, trans. Robert Bononno, [2006（2004）] *Decolonization and the Decolonized*, The University of Minnesota Press
マルティン・ハイデッガー、渡邊二郎訳［一九九七］『「ヒューマニズム」について——パリのジャン・ボーフレに宛てた書簡』ちくま学芸文庫
ヴァルター・ベンヤミン、浅井健二郎編訳、久保哲司訳［一九九五］『近代の意味』ちくま学芸文庫
ヴァルター・ベンヤミン、浅井健二郎編訳、三宅晶子・久保哲司・内村博信・西村龍一訳［一九九六］『エッセイの思想』ちくま学芸文庫
ハンナ・アレント、志水速雄訳［一九九四］『人間の条件』ちくま学芸文庫

ハンナ・アレント、志水速雄訳［一九九五］『革命について』ちくま学芸文庫
ポール・ギルロイ、上野俊哉・毛利嘉孝・鈴木慎一郎訳［二〇〇六］『ブラック・アトランティック――近代性と二重意識』月曜社
Drucilla Cornell,［1992］*The Philosophy of the limit*, Routledge, 仲正昌樹監訳［二〇〇七］『限界の哲学』御茶の水書房
Drucilla Cornell,［1998］*At the Heart of Freedom*, Princeton University Press, 石岡良治・久保田淳・郷原佳似・南野佳代・佐藤朋子・澤敬子・仲正昌樹共訳［二〇〇一］『自由のハートで』情況出版
Drucilla Cornell,［2008］*Moral Images of Freedom-A Future For Critical Theory*, Rowman & Littlefield
bell hooks,［1994］*Killing Rage-Ending Racism*, Henry Holt and Company
bell hooks,［1994］*Outlaw Culture-Resisting Representations*, Routledge
bell hooks,［2000］*all about love*, Harper collins

第八章　構築主義の内なる「本質」

――性的指向性と差別是正の論理

高橋慎一

問題設定と論の構成

一九八〇年代から二〇〇〇年代にかけて、フェミニズム研究、ゲイ・レズビアン研究、クィア研究、トランス研究などのジェンダーやセクシュアリティの社会規範を問題にした学のなかで、本質主義と構築主義との論争があった。ここで争点になったのは、性の徴を付された身体である。それはセックス、妊娠、出産、介護、育児などの身体の性能や動作、男女や異性愛の区分からなる性役割を割り振られている身体である。本質主義（essentialism）とは、男女の生物学的基盤から男女や異性愛の社会的な性役割をみちびく立場であり、構築主義（constructionism）とは、この不変の生物学的基盤とみなされているものが、逆に社会的な性規範によって意味づけられ構築されていると考える立場である。[1]

本稿は「性的アイデンティティ」という主題について、セクシュアリティ研究の動向を整理しながらこの論争を再検討するものである。ここで「性的アイデンティティ」とは、「性的指向性（sexual orientation）」と

「ジェンダー・アイデンティティ（gender identity）」をさして用いている。とくに本稿では「性的指向性」に議論をしぼる。[2]「性的指向性」とは、当人の性愛の向かう先が異性であるか同性であるか（どの性を愛するのか）によって分類される性の帰属である。「ジェンダー・アイデンティティ」とは、自分の性自認が男性であるのか女性であるのか（自分はどの性であるのか）によって分類される性の帰属である。同性に性的指向性が向かう人や性別違和をもつ人たちは「異常」「逸脱」として病理化・本質化された歴史をもち、この病理化と対抗した社会運動――ホモファイル運動、ゲイ解放運動、エイズの社会運動、トランスジェンダーの運動など――の軌跡がある。これら運動の結果もあり、同性愛者や性別違和を持つ人たちは、医学の治療対象という位置から自らを解放し、性を取り囲む社会的な障壁を問題にしていったのである。

セクシュアリティの諸問題における本質主義と構築主義の論争では、主に性的少数者の社会的不利益の構造や社会運動の問題点が考察されてきた（Jagose 1996; Lovaas and Yep 2006）。[3] しかしながら、本稿の視点からは、構築主義と本質主義の論争において整理されないままに残された重要な課題がある。構築主義と本質主義の論争においては、特定のアイデンティティを基盤にした社会運動の組織的な問題点が強く指摘されてきた。しかし、アイデンティティをめぐる闘争や社会運動の本質が十分に評価されてきたとは言いがたい。本稿は、「被抑圧の経験や主体性」という意味でのアイデンティティ、セクシュアリティ、身体に関する考察を進める。社会運動とこれら主題を繋ぐのは、不均衡な社会構造と対抗する差別是正の論理であると考える。[4] このような視点から本稿が関心をよせるのは、構築主義の次のような問題点である。

（a）「私的領域と公的領域の線引きとその正当性」

構築主義は、公共化されていない私的領域における不利益を公的責任があるものとして記述する。しかし、私的領域と公的領域の境界線については根拠を提示しない。そのせいで、差別による被害が私的なものとされることもあり、また逆に、私的領域が公権力からの過度の介入を導くこともある。

（事例／男女間の接触行為が私的なコミュニケーションの一部となるか、セクシャルハラスメントとなるか）

(b)「アイデンティティの政治とその限界」

構築主義は、社会運動の基盤となるアイデンティティが「構造的非対称性」をもっていると批判する。それによって社会運動そのものが否定されることがある。

（事例／エイズ患者の運動において白人男性同性愛者が運動の中核をにない、女性差別や人種差別の観点が失われる）

(c)「差別是正の論理」

構築主義はそれ自体としては差別を是正する論理を導かない。ある社会的事象が構築されているという指摘は、その指摘自体が社会的事象を是正することを正当化するわけではない。

（事例／同性愛概念が近代以降の異性愛主義によって構築されたものと分析されても、それ自体として同性愛差別を是正する論理にはならない）

(d)「アイデンティティの実在性」

構築主義は、差別的性格をもつ社会構造の規範の構築性を指摘することで、特定のアイデンティティの実在を否定しかねない。特定のアイデンティティの実在を否定することで、そのアイデンティティをもつ主体の主体性を否定してしまうことにもなる。主体的選択と強制状況とがはっきりとは区別し難い領域について、不利益や差別的な帰結をもたらす構築を問題にする方法をどのように構想すればよいのだろうか。

（事例／トランスセクシャルが男性になりたい女性になりたいというニーズをもつこと、女性が異性愛男性と結婚して出産したいというニーズをもつことを否定することなく、強制状況だけを批判することはできるのか）

構築主義の立場をとるセクシュアリティ研究には、性的少数者の社会運動の限界にふれる（a）「私的領域と公的領域の境界線とその正当性」や（b）「アイデンティティの政治とその限界」が多い。これに対して本稿は、（c）「差別是正の論理」と（d）「アイデンティティの実在性」に焦点を当てるものである。

以下、第一節では「構築主義とは何か」を概説的する論者たちの議論を検討する。構築主義は本質を否定する反本質主義の立場であると考えられている。しかし、（c）「差別是正の論理」に着目するならば、構築主義の論者の核心には（d）「アイデンティティの実在性」の肯定があるのだと分析する。次に、第二節では本質を擁護する議論と否定する議論の各根拠に着目しながら、セクシュアリティ研究における構築主義と本質主義の論争を概観する。セクシュアリティ研究には（d）「アイデンティティの実在性」を「認識対象である性的アイデンティティの実在性」というテーマに関連させて論じるものがある。しかし、本稿は（c）「差別是正の論理」の視点から、（d）「アイデンティティの実在性」を「被抑圧の経験や主体性の経験の実在性」と解釈する。さらに、第三節では性的指向性に特殊な差別的不利益と差別是正の論理を考察する。（c）「差別是正の論理」は再解釈された（d）「アイデンティティの実在性」によって正当化されるのであり、また、社会運動はこの差別是正を要求する主体が担っているのだと論じる。

一　「構築主義とは何か」をめぐって

1　構築主義と規範的価値判断

この節では、性的アイデンティティにかぎらない、「構築主義とは何か」という一般的な構築主義の定義に答えようとした論者として、ビビアン・バー［一九九五＝一九九七］、イアン・ハッキング［一九九九＝二〇〇六］、加藤秀一［二〇〇一］の議論を検討していく。

バーによると、「構築主義（constructionism）」という語の使用例はきわめて多岐にわたり、ほとんどインフレ状態にある。バーは、ヨーロッパ、北アメリカの社会科学の学徒たちのあいだで用いられるようになったアプローチ、「批判的心理学」「言説分析」「脱構築」「ポスト構造主義」等の名で呼ばれたものを、「社会構築主義（social constructionism）」という社会学的方法として包括する（Burr, ［1995=1997］,3）。バーの「社会構築主義」の定義は、非常に広いものである。「一、自明の知識への批判的スタンス」、「二、歴史的及び文化的な特殊性」、「三、知識は社会過程によって支えられている」、「四、知識と社会的行為は相伴う」という定義のいずれかを満たせば、その研究方法は、「社会構築主義」に含まれるというのである（Burr, ［1995=1997］, 4-12）。

ところが、このように広い定義を採用しながらも、実際のところ「社会構築主義」の課題としてバーが率直にも述べているのは、「社会変革」である（Burr,［1995=1997］, 146）。社会構築主義の立場をとる論者たちの課題と傾向について、ハッキング（Hacking,［1999=2006］）は次のように言っている。

社会構築主義者〔構築主義者〕は社会に対して批判的である。「Xが社会的構成物である」と主張する論者は、だいたい次のような見解を抱いているのである。

(1) Xのこれまでの存在には必然性がない、ないしは、それが現在あるような仕方をしている必然性はまったくない。Xの存在ないし、今日のXのありようは、物事の本性によって決められているわけではない。端的に言って、それは不可避ではない。

おうおうにして、社会構築主義者〔構築主義者〕は、さらに一歩進んで、次のようにも主張する。

(2) Xの今日のありようは、まったくもって悪いものである。

(3) もしXが根こそぎ取り除かれるか、少なくとも根本的に改められるかすれば、われわれの暮らしは今よりずっとましになるだろう。（Hacking,［1999=2006］, 14-15　傍点と〔　〕は引用者による）

ここでハッキングは、多くの構築主義の論者が⑴歴史的構築性の指摘から、すぐさま⑵正・不正の規範的価値判断、および⑶不正を是正する要求へと論理的に飛躍していると述べている。「ある事柄は、現在の状況では不可避なものに思えるかもしれないが、しかし実際は不可避なものではなかった。しかし、だからといってそれは悪いものではない」という主張もありうる。そうであるにもかかわらず、⑴と⑵および⑶との間に、記述対象として選択した状況に対する確固とした規範的価値判断が暗黙の内に存在している。

「社会的に構築された」という主張は、それ自体としては価値中立的な記述である。しかし、ある個人や集団がおかれている構築された強制状況に対する是正要求には、価値的な記述が含まれている。そしてかりに構築主義の主張が、はじめから社会構造の是正要求を前提に記述対象の選択を行っているとしたら――実際におおよその構築主義はバーがいうように「社会変革」を目的とする――、⑴から⑵⑶への展開は不可避であるばかりか、⑵⑶の不正に対する論理や感覚が⑴に内在しているということはできないだろうか。

2　二つの本質と規範的価値判断

この規範的価値判断の内在性は、社会的事象の構築性を指摘する人々が「何の」構築性を記述しようとしているのかを考えるとより明らかになる。

例えば、宇宙物質「クォーク」が社会的に構築されているという主張と、「女性難民」が社会的に構築されているという主張とは異なる効果をもっている（Hacking, [1999=2006], 24; 72-74)。「ある一人の女性が、自分が女性難民であるというある種の人間であることを学び、その種にふさわしいように行為するようになること」はあるが、宇宙物質「クォーク」が、「自分たちがある種の存在者であることを学んだり、その結果、それにふさわしい振る舞いをしだすということはない」。「女性難民」という語は、「侵入を阻む障壁、パスポート、入国審査官らの制服、空港の入国管理カウンター、不法入国者仮収容所、裁判所の建物、難民の子どもたちの野外活動施設といった、入国管理システム」の集合体のなかに位置づけられることで意味づけられ機能する。それらの物質的条件が現実の人々の心身に影響をおよぼし、また同時にこの語の意味が物質的条件に影響をおよぼすのである。

「クォーク」と「女性難民」を区別できるのは、ある語とその語が遂行する規範を、自らの選択を方向付けるものとして引き受け、またときには、その語を再解釈することで規範的・物理的条件を変革する、というような主体的な相互作用が存在するか否かという点においてである（酒井［1998］、Hacking 1999=2006）。私たちが構築性を記述するとき、対象になっているのは、この意味のネットワークや物質的条件との相互作用をふくむ主体性である。

さらに、私たちがあえて構築主義のアプローチによって記述しようとする本質とは、この社会が大きな関心をよせることで、主体性をもつ人の身体を拘束するような事柄であるとされる。加藤秀一（二〇〇二）によると、構築主義が批判する本質主義（差異の論理）には二つの異なる対立軸がある。どのようなものか。本質主義の問題点は、遺伝・自然的要素をもって社会構造の規範を正当化することにあるとされてきた。しかし、すべての遺伝・自然的要素が社会構造の規範を正当化するわけではない（加藤［二〇〇二］一七八―一七九頁）。たとえば、爪の形は遺伝的に決まっているかもしれないが、爪の形を問題にする反本質主義は展開されない。なぜならば、爪の形によって人が差別されないからであり、爪の形が人の本質としては扱われていないからである。それに対して、性差の観念と結びついた性別は、社会差別に結びつく指標として扱われている。すべての差が有意になるわけではなく、有意になる差と有意にならない差が、現に存在している。したがって、反本質主義である構築主義にとっては、次のような二つの本質の区別が重要になる、と加藤は言う。

第一に、「ある属性が、認識主観の活動に先立って対象それ自体に帰属しているのか、それとも認識主観が対象に属性（にみえるもの）を付与するのかという対立軸がある」。たとえば、男女の性役割は、男女の生物学的な基盤に内在しているのか、男女の違いを見る者の認識枠組みに外在しているのか、という軸である。第二に、「対象の様々な属性のなかに、『そのものをそのものたらしめる』という特権的な価値を与えられたもの（本質的属性）とそうではないもの（偶有的属性）とがあるという対立軸」がある。たとえば、男女区別に重みをもたせる人における性差と、その人にとっての爪の形の違い、という軸である。生物学的な基盤を語るのは第一の軸であるが、生物学的な基盤は差別にとって必要不可欠の条件ではない。加藤によると、差別を成立させるのは、そして構築主義が真に対立するのは、本質主義の第二の軸である。私たちが社会的不利益をもたらす差別状況を問題にするとき、差別の根拠となる生物学的基盤が存在するか否かということよりは、本質としての差異が社会や当人にとって「特権的な価値」をもっていることが重要であるというのである。

加藤による整理をさらに進めてみたい。まず、違い、差別においては差異の評価と能力の評価が重なることがある。例えば、加藤がいう第二の軸の本質としては、白ではない有色（皮膚の色）、健常ではない障害（精神・身体の能力・性能）、男ではない女（性差）、異性愛ではない同性愛（性的指向性）などの差異、違いが現にあるとされている。その差異、違いは個体の偏差、特殊性を示しているが、このような差別類型の多くは、労働、戦闘、性愛、出産などの能力・性能と相関させられており、その能力・性能の否定は、劣位に置かれた人の否定感覚につながる。このとき劣位に置かれた人にとっては、能力・性能の評価と存在の承認は区別しがたい。

社会学の権力論が論じているように、この否定感覚によって基礎づけられる「支配と従属の関係」は文脈依存的なものである。力関係が行使される局面は、脱文脈的なものと文脈依存的なものとに区分することができる。脱文脈的関係とは、たとえば物理的暴力によって行使されるものである。銃によって脅され殺害されるなどには、どのようなコードも解釈も必要ない。これに対して、物理的暴力を背景に行使される選択圧力などは、文脈依存的である。物理的暴力が後景に退いて目に見えない状態での命令・勧誘などは、コードに則って解釈することが要求され、実際に解釈され、ときに強制と意識されずに個人の選択を左右する(5)。

構築主義は、このような選択圧力によって主体が左右される条件を「強制状況」として記述しようとしている。その前提として、文脈依存的で読み解きにくい状況を「強制状況」と感受する規範的価値判断があったはずである。私たちは、主体の心身を左右する「そのものをそのものたらしめる」特権的な何事かであると考えるものについて、その構築性を指摘する。そして、その規範的価値判断が成立するのは、本質の第一の軸に関して、差別が生物学的基礎付けをもたないことを実証したいからではない。そうではなく、本質の第二の軸、差別が「そのものをそのものたらしめる」価値に関わっており、私たちがそれを毀損から防衛しようとしているからである。

そうであるとするならば、その価値は何であるか、どのように擁護するかが重要であるはずなのだが、多くの構築主義の論者は彼らが採用する方法論上の制約もあり、論理的飛躍として暗に示すのみであって、社会構造を是正する正当性を展開しない。構築されているということだけではなくて、なぜ、その構築ないし強制状況が問題であり、かつ是正されるべきであるのかが――それはすでに論者によって感受されているはずであるにも関わらず――述べられていない。構築主義は規範的価値判断について黙して語らないのである。(6)

3　本質と差別是正の論理

構築主義と本質主義の論争において、構築性の主張が認識／実在のどの程度の水準におよぶのかという点が論じられることがある。ここでも認識対象としてのアイデンティティと第二の軸のアイデンティティの区分が問題になる。構築主義の批判対象になるものが、認識の水準にとどまるのか、実在の水準にとどくのかという点で、構築主義のもたらす帰結は大きく異なってくる。たとえば、「『生む性としての女性』は近代の性規範によって構築されたものである」という主張は、「生む性としての女性」という認識を転換するものなのか、「生む性としての女性」という実在を否定するものなのか。もっともラディカルな構築主義は、「生む性としての女性」の実在を否定する (Stein,［1990］; Burr［1995=1997］; Hacking,［1999=2006］)。

この極端な否定はどこからくるのだろうか。本質主義批判を行ってきたフェミニズムにとってさえ論理的には、自然に立脚した性差別に対する批判と、性差の存在を否定しないこととは両立可能なはずである。ところが、加藤によると、実際にはフェミニズムは性差の存在をも否定せざるえない局面に追い込まれてきた。

しばしばフェミニストたちが性差の存在そのものを否定ないし極小化しなければならなかったことには、たんなる概念的混乱以上の意味がある。かつて江原由美子が的確に分析したように、すでに性差別と性別役割規範に貫かれた社会空間のなかでは、事実認識としての性差を認めることが規範命題としての男女の分割を認めることと同値に解釈され、性差別を再生産してしまうからだ（江原［一九八五］）。それゆえ性差別に対する批判という思考の線は、生物学的決定論という本質主義のひとつの型への抵抗と同時に、その向こう側にある、そのような考え方が自明の前提にしている性差そのものをも、批判（Kritik）の対象としなければならなかった。（加藤［二〇〇二］一七八頁）

江原は、事実としての性差を認めることが、規範としての性別役割分業を認めることへと自動的に連動するシステムがあるという。だから、フェミニズムは男女に格差を設ける規範を否定するために、性差という差異、違いが存在しているという事実までも否定してきたのであると。江原は、女性が男性よりも劣っていないことを示す生物学的根拠を探求するのではなく、事実と規範を混同させるシステムそのものの作動を批判するという方法を選択する（江原［一九八六］）。

しかし、差別を是正する論理を求める私たちの視点からは、江原のいう事実と規範を混同させるシステムの分析も示唆に富むものではあるが、より根本的なのは加藤が本質主義を定義するさいに用いた二つ目の軸、すなわち、「そのものをそのものたらしめる本質」への着目である。差別是正の論理にとっては生物学的根拠の否定は必然的なものではない。かりに不均衡な状態（能力・性能の差異）に生物学的根拠があったとしても、差別されてはならないといえる場合が事実としてある。逆に、その差があるからこそ救済が必要になるという発想も現にある。例えば、私たちはすでに遺伝的に劣勢であるからといってその人間を淘汰することに同意しない。そのときには生物学的根拠とは無関係に差別を是正する論理が存在しているのだといえる[7]。性差別や異性愛主義に対する差別是正を要求するとして、私たちが差別を批判できるのは、事実と規範を混同させるシステムが存在するからというだけではない。そのシステムによって損なわれるべきではないもの——自由、生命、財産、身体、アイデンティティ、当人にしか分からないにせよ大切な何か、主観的なものと客観的なものとの中間のもの——が損なわれているからなのである。

　このようにラディカルな構築主義の否定性は、記述がはじまる動機や根拠である本質的水準の要素をも論理的には否定してしまいかねない。だが、構築主義の内部にも構築主義の否定に抵抗する本質的要素がある。そして本稿の視点からすると、この構築主義の内部にある本質が否定しつくされていないがゆえに、現に構築主義の記述は可能になっているのである。

二　構築主義とセクシュアリティ

1　アイデンティティの政治

　これまで私たちは、「構築主義とは何か」という問いを立てた論者たちの定義を、差別是正の論理に着目して分析してきた。そして、構築主義の核心には語られることのない本質的要素、規範的価値判断があるのだと述べてきた。この節では、本稿の視点を保持しながら、セクシュアリティ研究における構築主義と本質主義の論争のなかで、この本質的要素がどのように批判され、あるいは擁護されてきたのかを概観したい。

セクシュアリティ研究においては、構築主義と本質主義をめぐる議論は、「アイデンティティの政治」との関係で論じられることが多い。アイデンティティを基盤とした運動（「マイノリティ・モデル」、「エスニック・モデル」といわれる）は、合衆国においても、ホモファイル運動、ゲイ解放運動、エイズの患者運動、同性婚推進運動などのなかに存在し続けていた。性的指向性の自己決定は、公民権運動などと同様にエスニック・モデルの民族自決権の枠組みで解釈され、エスニック集団として権利を要求する社会運動が展開される。当初それは、近代以降の医学的な専門知や治療の対象とされてきた同性愛カテゴリーを、医学から解放する運動としてあらわれた。性的指向性というアイデンティティは、そのような運動のひとつの核になって、動員を促進する資源として活用されたのだとされる。また、このエスニック・モデルの社会運動と繋がりながら、ゲイ・レズビアン研究は、差別の機制を探求した。性的アイデンティティを分類することで駆動される社会的排除の機制を分析するために、ゲイ・レズビアン研究は、経済的条件（下部構造）から重層的な文化的作用に焦点をあてる構築主義へと、方法論的な転換を行ったといわれている。

他方で、ゲイ・レズビアン運動のなかでは、マジョリティ階層である白人・中産階級・男性（男性同性愛者）を中心とする組織のあり方が問われ、本稿が冒頭で述べた論点（b）アイデンティティ概念に形式的に内在してしまう「構造的非対称性」が批判された。このときポスト構造主義の影響を受けて、ゲイ・レズビアン研究よりもさらに徹底した構築主義の方法を用いたのがクィア研究である（Corber and Valocchi, [2003]）。クィア研究は、構築主義の影響を受けて展開したゲイ・レズビアン研究のうちのとくに社会学や歴史学の領域から派生していった。クィア研究は、アイデンティティ概念の「構造的非対称性」を回避しようとして、社会運動の基盤になっていたアイデンティティの実在を否定してしまうという点で、きわめて逆説的な主張を行っていると考えられた。

構築主義が排除機制を批判するとき、実在する本質を否定することによって、抵抗の拠点でもあるアイデンティティもまた否定される。ここから本質主義と構築主義を調停する議論が生まれることになる。

2　認識と実在――「アイデンティティの実在性」をめぐる論争（1）

社会運動の組織論に強く焦点を当てた「構造的非対称性」をめぐる議論のかたわらで、本稿が問題設定と論の構成で提示した（d）「アイデンティティの実在性」という論点を、「認識対象である性的アイデンティティの実在性」と解釈する論もある。この論は、加藤の区分でいう本質主義の第一の軸にあたる議論を展開することで、本質主義と構築主義の対立構図を調停しようとした。ここでは近年まとめられたアイデンティティに関する論集から、代表的論者としてエドワード・ステイン［一九九〇］、ラジャ・ハルワニ［二〇〇六］を扱いたい。ステインとハルワニは、構築主義と本質主義の争点となっている課題を再整理することで、それらの対立状況を解消しようとする。

ステインやハルワニによると、本質主義は、性的指向性を「文化から独立した客観的かつ本質的な性質・能力」であると考える立場である。例えば、「古代ギリシャにも異性愛者や同性愛者は存在していた」。「遺伝、ホルモン、オイディプスコンプレクスについての知識がなくても、古代ギリシャ人もまた同性に対する性的指向性をもっていたはずである。したがって同性愛者や異性愛者も存在したといえる」。これに対して構築主義は、性的指向性を「文化に依存した相対的かつ非客観的なもの」だと考える。例えば、

「性的行為のあり方は特定の文化に依存しているので、特定の文化（〔近代以降の〕私たちの文化）においてだけ性的指向性をもつ人々も存在しているにすぎない」（Stein, [1990] pp.325-326; Halwani, [2006] p.210）。それでは、性的指向性概念が文化に依存した可変的なものであるという構築主義の主張と、文化を超えて存在する対象であると考える本質主義は、両立不可能な対立関係にあるのだろうか。

ステインによると、構築主義が実在性を否定しているのは、「同性愛差別の根拠」となる自然的・生物学的実在を参照する本質主義に限ってのことである。したがって、構築主義は本来、文化を超えた客観的存在を想定する「本質主義一般」を否定するものではない。またハルワニによると、構築主義は「性的アイデンティティ」について論じているにも関わらず、本質主義は「性的欲望」について論じている。論じている対象にすれ違いがあるので、それを認識するならば、多くの論者が主張するような対立状況などはそもそも存在しないとされる[8]。

構築主義の方法は主に二つあり、①「現在とは異なる性的指向性概念の歴史」を提示する、②「多様な生活様式において構築される多様な性的指向性概念」を示すというものである（Stein, [1990] pp.344-347）。そこでは古代ギリシャの少年愛、中世の性愛、ネイティヴアメリカンの性愛、太平洋地域の諸文化の性愛などが実例として挙げられる。よく使われる例を挙げる。十八世紀初めにロンドンに現れた男性同性愛者たちの社交場モリーハウスは、それ以前の同性愛者の会合とは性質を異にするとされる。そこで「同性愛」の概念が新しい形をとったからである。その同性愛の概念は、「行動」ではなく「人格」に焦点をあて、かつての定義のように「誰でもが犯しうる悪徳」ではなく、「特殊な人間の非性愛的行動」全般に影響を与える「本質」とされたのである。「同性愛」概念はこのモリーハウスで初めて発明されたのであり、それ以前には、同性愛概念は「人格」ではなく「行動」に焦点を当てていたので、現在の意味での「同性愛者」は存在しなかった。したがって、モリーハウス以前に「同性愛者」は存在しない。これが構築主義の典型的な手続きである。

ところが、ハルワニによるとこのような見解は、同性愛者の欲望と同性愛者のアイデンティティを区別しないせいで、本質主義を誤って理解しているということになる。構築主義の見解は、モリーハウス以前の文化では人を「同性愛者」や「異性愛者」というカテゴリーで分類することができないと述べているだけである。この主張は、同性愛者が自分の性をどのように認識するかという性的アイデンティティについてだけ当たるものだが、同性に向かう欲望や行動の実在に関していうならば妥当しない。

しかし、このような調停の意味はどこにあるのだろうか。ハルワニの動機とは、本質主義との対立のなかで、構築主義が単純な事実（「十七世紀以前にも存在した同性愛欲望や行為」）の実在を否定していることに対する違和感である。この動機からハルワニは、本質主義の定義自体を非常に狭いものとして設定し直し、そもそも対立など存在しなかったのだと再整理してしまう。いままで確認してきたように、構築主義が記述しているのは、構築された強制状況であり、強制状況が主体の選択に圧力をかけ、主体がそれに対して抵抗する局面である。構築主義は規範的価値判断を下させる本質的要素――自由・身体・アイデンティティ――と関わっているからこそ、その是正要求が正当化されうる。ハルワニの論は、構築主義と本質主義の論争の核心にあるはずの、差別を是正する根拠になっている本質という視点を欠いているという点で、この議論を整理する仕方のひとつの極北であるといえる。ハルワニにとっては、意味づける私たちの認識だけが問題であり、意味づけられる対象である物質的条件は構築主義の問題ではないというのである。

また、ハルワニのはっきりとした区分が逆接的に示してくれるのは、そもそも構築主義が記述対象とするものにおいては、客観的行動・状態・物質性の実在と、主体が自らの性質・状態を認識する作用をはっきりと切り分けることが困難であるということだ。ステインは、「ある文化が人の能力・性格・特徴・性能に関する概念をもっていないということは、そのような概念が生来備わっている能力を明らかにできるということを否定はしない」とした上で、概念の変化が能力・性格・特徴・性能の実在的な変化と連動する場合もあるが、「癲癇」「色盲」「下肢不自由」など物理的に変化が困難な状態をともなうものに関しては、きわめて率直に、概念変化によって生活様式が変化するという主張は妥当しないとしている。そしてときにこの変化しにくい物質的本質を軸に主観的なアイデンティティが形成される。ステインはハルワニとは異なり、主体と客観的物質との中間領域――身体、能力、セクシュアリティなど――において実在性への問いを捉える視点をもっている（Stein, [1999] pp.347-349）。

しかしながら、差別を是正する論理に着目するならば、「文化を超えて客観的に実在する本質」であるにせよ、「主観的解釈の対象となる文化的対象」であるにせよ、毀損されてはならない当人にとって大切なものが実在する。当人にとって大切なものとは、客観的に実在する物質的な次元（たとえば物理的な身体への傷害行為）だけではなくて、主体性の次元（たとえば差別発言による尊厳の毀損）から切り離しがたい要素がある。また主観的なものを変化させても、どうにもならない不変の物質的条件もある。そして、これらは実在している。

このような視点から本稿は（d）「アイデンティティの実在性」を、「認識対象である性的アイデンティティの実在性」という解釈から離れて、「被抑圧の経験や主体性の経験の実在性」という解釈の下で論じていく。

3　被抑圧の経験──「アイデンティティの実在性」をめぐる論争（2）

本項では、「被抑圧の経験や主体性の経験の実在性」という観点から、（d）「アイデンティティの実在性」を擁護する代表的な議論として、ダイアナ・ファス［一九九〇］とマイケル・R・ヘムズ＝ガルシア［二〇〇六］を検討する。これらの論者は、クィア研究のアイデンティティ否定を受けた上で、再びアイデンティティの政治を擁護している。ファスもヘムズ＝ガルシアも、アイデンティティの「構造的非対称性」を回避しながら、アイデンティティの実在性を肯定する方法を探究する。

ファスは、多数者のあり方が少数者に、その少数者のあり方がさらなる少数者に対して抑圧機制として働くことが繰り返されてきたのだという。そもそもアイデンティティ概念を利用する組織が集団の成員の資格を限定して、有資格者以外を除外する形式をもっているとしたら、アイデンティティと政治の結びつきには排除を呼びこむ危うさがある。ヘムズ＝ガルシアは、アイデンティティを基盤とする本質主義の陥落と民族主義の陥落は同型であるとする。成員資格による形式的な境界確定に加えて、アイデンティティを基盤にした社会運動には感情的紐帯に結びついた排除的性格がある。ある特定のアイデンティティを共有する集団内において「同質性や統一性」が前提にされるとしたら、他の被抑圧アイデンティティは除外される可能性がある。

ヘムズ＝ガルシアは、アメリカ合衆国ハワイ州での同性婚運動を複合的抑圧の事例として挙げている。ハワイ州での同性婚運動は、「Hawai'i Gay Liberation Program」、「National Community Relations Division of the

American Friends Service Committee's Hawai'i」、「Na Mamo O Hawai'i」、「the Urban-Rural Mission（USA）」などの連合体が支えていた（Hames-Garcia, [2006] p.90）。この共闘団体はハワイでの同性婚運動を、ハワイに生きる人々の上にいまだもって継続している植民地主義的状況の文脈から捉えていた。「Hawai'i Gay Liberation Program」は、ネイティヴ・ハワイアンたちの条件は、本国の宗教右派との闘争から形づくられたLGBTの同性婚運動とは異なるのだと考えた。「Na Mamo O Hawai'i」は、本国のゲイやレズビアン活動家がハワイでの同性婚合法化を推進する動機を「セックス・ツーリズム」であると主張した。ヘムズ＝ガルシアによると、本国からセックス・ツーリズムの対象にされるハワイにおいては、「ハワイの脱植民地化は、LGBTのセクシュアリティの脱植民地化から切り分けがたい」（Hames-Garcia, [2006] p.91）。ゲイ解放運動は性的自己決定を重視して同性愛嫌悪に抵抗したが、それは植民地主義や人種主義を批判する実践からは切り離されていた。だが、ハワイの運動の担い手たちからしてみれば、同性愛者のアイデンティティ構築は、他のアイデンティティが構築される過程と複層的に同時進行している。ゲイやレズビアンのアイデンティティは、「ホモフォビアとの抵抗及び共謀」によってだけ構築されるのではなく、「人種主義、植民地主義、資本主義との抵抗及び共謀」によって複層的に構築されているのである（Hames-Garcia, [2006] pp.79-80、傍点は本文のママ）[9]。

ヘムズ＝ガルシアは、アイデンティティを「抑圧の経験とそれを基盤とした抵抗が構造化される場」として概念化しようとする。それは「構造的非対称性」の下での抑圧の位置を自らのアイデンティティとして再び主体的に選択し、さらに自らのアイデンティティが形式上はらんでいる「構造的非対称性」を徹底的に回避しようとする選択である。

ファスもまた、「アイデンティティの政治」の源流にさかのぼることで、本質ないしアイデンティティという概念には何が賭けられているのかを再検討している。「アイデンティティの政治」というときのアイデンティティとは、現在のゲイ・レズビアン・コミュニティに広く知られた言葉としては、一般的には「個人的なアイデンティティ感覚——ゲイ、ユダヤ人、黒人、女性など——に依拠した政治」を意味する（Fuss, [1990] pp.97）。「政治的なものの個人的なものへの還元に挑戦するとしたら、必然的に「アイデンティティの政治」を取り上げ再び政治化（*re-politicizing*）していく」ほかない（Fuss, [1990] p.101）。ファスは、集合的な対抗政治の水準を擁護するために、本質主義を擁護している。社会問題を個人化する傾向に対して、一見したところ個人的な不利益を被っているとされる人々を、社会的構造的不利益を受ける集団として把握して公共化する手続き、また、これを実現するための社会運動を肯定にするために、ファスは本質、アイデンティティを擁護するのである。

しかし、本稿の視点からは、ここでヘムズ＝ガルシアやファスが説明を省略しているように思えるものがある。差別是正の手段には、公共的取り組み、インフォーマルな集団性、個人的努力など様々な場合がある。それにも関わらず、なぜ集合的な水準である社会運動が差別是正の手段として要請されるのかが語られていない。是正手段を導き正当化するのは具体的な被害内容を検討しなくてはならないが、そのような手続きが省略されている。たとえば、ドラッグユーザーでＨＩＶポジティヴの人が自己責任といわれてケアを受けられない場合と、たび重なる職場での侮蔑発言によって精神障害を発症した人が加害者を訴える場合とでは、是正手段が異なるのではないだろうか。

ファスが行っている本質の擁護は、具体的に擁護されるべき対象から、集合性の水準の必要性を導いたのではなく、手段であるはずの集合的行為の水準を第一に擁護している。この点で、本質を擁護しようとするファスの議論は、構築主義と同じように、本質に依拠する差別是正の論理を省略している。また、人種にせよ、階級にせよ、セクシュアリティにせよ、アイデンティティの「構造的非対称性」を指摘するだけで、是正されるべき対象として正当化されるわけでもない。ヘムズ＝ガルシアやファスの議論の中にあるはずの差別是正の要求が正当性をもつか否かは、この時点では不確定である。

　差別是正の論理を組み立てるためには、社会的不利益によって毀損される被害内容と状況が実在するものとして扱われ、それがどのようなものであるのかが示されなければならない。しかし、しばしば人種、階級、ジェンダーなどアイデンティティ構築の複層性が強調される場合、各被害の特殊性、セクシュアリティの特殊性が議論の中から消されていることが多い。性的アイデンティティの差別是正の論理を示そうとする本稿の観点からは、性的アイデンティティを理由とする不利益の特殊性についての考察が必要になる。

三　差別是正の論理

1　性的指向性

本稿は第二節で、セクシュアリティ研究における構築主義と本質主義の論争を概観してきた。「被抑圧の経験や主体性の経験の実在性」という観点から（d）「アイデンティティの実在性」を擁護する議論を検討した。その結果として本稿が到達したのは、性的アイデンティティの特殊性に基づいた差別によって損なわれる本質的要素、具体的な被害内容を明示することで擁護する論理である。まずこの節では、性的指向性を理由にした社会的不利益を是正する論理について考えたい。

アイデンティティ構築をめぐる「構造的非対称性」（少数者に対する強制状況）は、目に見えて分かりやすい物質的な社会的不利益を必ずしも帰結させない場合がある。そのため、これは「強制状況」として記述し難くなり、是正要求の正当性を担保するのは困難になる。このような問題意識が、「性的指向性」の社会的不利益を問題にする研究においては核心的であるように思われる。[10] 同じ問題意識を共有しているものとして、アイリス・マリオン・ヤング［一九九〇］、ナンシー・フレイザー［＝二〇〇二］、チェシュア・キャルホーン［二〇〇〇］らの著作がある。[11]

キャルホーンは、物質的不均衡を是正するだけでは解消されることのない文化的抑圧の水準を区分するヤングの「抑圧 oppression」概念を引きながら、「性的指向性」というアイデンティティを理由とする社会的不利益には特殊性があると述べる。キャルホーンによると、性的アイデンティティの社会的不利益には、人種、階級、ジェンダーなどには解消されない特殊性が存在する。

フレイザーも同様に、セクシュアリティの不平等については、「文化的承認」の側面を重視している。フレイザーは、政治哲学の議論を参照しながら、不平等概念を、経済的不平等と文化的不平等の二側面から分析する。「経済的不平等」においては不均衡が「基本財」（ロールズ）、「潜在能力」（セン）、「資源」（ドゥオーキン）のいずれであるのかによって様々に論じうるが、フレイザーは、物質的条件の不均衡という程度の意味合いでそれらを括る。この不平等の是正は、物質的欠乏状態からの離脱を保障するという手段をとる。他方で、「文化的不平等」（テイラー、ホネット）は、「表現、解釈、コミュニケーションという社会的なパターンに根ざしている」とされ、文化的支配、非承認、侮蔑の下に置かれることであるとされる（Fraser : 105-107）。この不平等は、不正な加害に対する謝罪や補償といった手段をとる。前者は、アイデンティティを基盤とする集団を経済的な不平等にとどめるカテゴリー化そのものを廃止しようとする。後者は、アイデンティティを基盤とする集団の承認を求めてカテゴリー化を強化する。したがって、この二つはジレンマの関係にあるとされる（Fraser : 108）。

この概念区分にあてはめてみるならば、性的指向性において同性愛に分類される人々は、明確には経済的不平等の下に置かれない。フレイザーによると、同性愛者はこの社会の全階級をとおして存在しているのであり、同性愛者だけで経済的搾取を受ける階級を構成しているわけではないからである。ゲイやレズビアンが被っているのは、異性愛に特権を与える社会構造に由来する同性愛嫌悪、同性愛差別である。同性愛者は文化的な価値の引き下げにあい、同性愛嫌悪、侮蔑、嫌がらせ、暴力にさらされている。これらは経済的不平等を再分配によって是正するだけでは対処できない問題である。

この論述の中でフレイザーは、経済的不平等と文化的不平等が重なり合う点もあると述べて、自らの概念区分の柔軟性を示唆している。しかし、本稿の視点では、セクシャリティの文化的不平等、価値の格下げは、経済的不平等とその是正策である分配からは――現実に重なり合う瞬間があるにせよ、そうであるからこそ逆に――、区別されるべきである。それは、フレイザーがいうような、経済的不平等をともなわない価値の格下げが存在するという理由だけによるのではない。他人から行使された存在の価値の格下げがあった後に、格下げされた当人に物質的財の分配を行って不平等が解消されるとしても、その格下げを行った他人の自発的変化をともなわない場合は、不正の助長にさえなりうるからである。この二つの論理は区別されなければならない。

差別是正の手段には、明らかな加害が存在しない被害に対する保障（自然災害など）と、不正な加害によって生じた被害の補償（差別的不利益など）の二つがある。とくに後者がセクシュアリティの是正要求においては重要である。不正な加害による被害の補償には、個人的復讐、刑罰、謝罪要求、損害賠償請求など様々な手段がある。だが、それをもって過去の被害を消去することができるわけではなく、加害と被害の均衡をとる論理は成立するか否かが不安定である[12]。さらに、税源負担、制度変革、賠償金、態度変化などの負担支出を社会に要求するとして、税を負担したり、強制的にそのような差別是正の活動に従事させたりするには、相当程度の義務が必要になる。しかし、そのような義務を課すには、負担支出の前後の状態が比較考量され、その負担支出に足るかが測られる。またかりに、負担計算を度外視させる根拠があるとすれば、その根拠とはどのように記述できるものだろうか。

さらに、加害を発生させる構造を変革させる場合には、その負担の担い手は誰になるのだろうか。加害を行った当事者だろうか、加害をもたらした社会構造に関与することができる人々の総体だろうか。また、かりにそのような文化的不平等——存在の価値の格下げ——の是正が、司法や行政などの強制力をもった公権力によって行われるとしたら、その格下げを行った他人の自発的変化とは矛盾してしまうのではないか。上記したように、差別是正の論理には、経済的不平等の是正、行政権力などの担い手によって解消——できないのではなく——されるべきではない部分があるのである[13]。

自発的変化を要求するという非常に矛盾した行為を行うにしても、その担い手は強制的執行力をもった組織（国家などのような）であってはならない場合がある。逆説的な仕方ではあるが、この強制的執行力をもっていない活動形態の一つとして、私たちは歴史的に社会運動が果たしてきた役割を示すことができるのではないだろうか。

小括

本稿は、セクシュアリティ研究において構築主義の批判を受けた上で本質を擁護する先行研究を検討してきた。そして、差別是正の論理に着目するならば、構築主義による本質主義批判の論拠には本質的要素があるのだと述べた。その上で、性的アイデンティティに特殊な差別是正の論理が、先行研究では十分に展開しきれていないと指摘し、それを論じるための準備作業を行った。

性的指向性に基づく社会的不利益の是正は、社会的格下げ・承認の不在に抗するものであり、強制的な財の再分配とは異なる自発的な他者の承認を必要とするのだと述べた。差別是正の論理を探求するセクシュアリティの研究には、このような性的指向性をめぐる視座が必要であると本稿は結論する。

●注

（1）「構築主義」はconstructionismの訳語であり、ほとんど同義で「社会構築主義（social constructionsm）」と表記されることもある。constructionismはconstructivismと対比されて用いられる。constructivismは認知科学で使われている言葉であり、現実認識が生物有機体に備わった固有の器官の働きによって決定されるという立場である。他方で、constructionismは文化的意味のネットワークが現実認識を決定するという立場である。本稿で「構築主義」と表記するとき、constructionismやsocial constructionismをさしている（千田［二〇〇一］一四頁）。

エプスタインによると構築主義は、社会学においては、バーガー、ルックマン、ガグノン、サイモンらの「社会問題の社会学」や、スペクター、キッセ、マッキントッシュらの「ラベリング論」からはじまり、フーコーの言説分析の影響を受けた「セクシュアリティ研究」に継承されている（Epstein, [1990] pp.246-250）。

このconstructionismの訳語としては赤川学が、ある事象を自然的・生得的な事柄として捉える本質主義への対抗的立場として「構成主義」、ある事象を客観的実在と捉える実証主義への対抗的立場として「構築主義」という訳語の区別を立てている（赤川［二〇〇六］五五頁）。赤川［二〇〇六］や佐藤・友枝［二〇〇六］のように、社会学の方法論として構築主義や言説分析を採用する人たちにとっては、この訳語の区別が重要になる。

だが、①認識対象の実在を（a）肯定するか（b）否定するかという選択と、②自然・生得的事柄の実証から排除的性格をもつ社会規範を（a）正当化するか（b）否定するかという選択は、無関係ではない。図式的にいうならば、構築主義が批判するかぎりでの本質主義は①-（a）+②-（a）であり、この本質主義を批判するかぎりでの構築主義は①-（b）+②-（b）である場合が多い。すなわち、①の認識によって②は正当化されあるいは否定されるのであり、あるいは②の問題化によって①の認識が改められるのである。しかし、その上で本稿が考察していくように、②-（b）を主張するために①-（b）の手続きをとる必要はない。

日本において社会学的方法としての言説分析を論じた先行研究としては赤川［二〇〇六］、佐藤・友枝［二〇〇六］など、また、ジェンダーやセクシュアリティの社会学の領域から構築主義を扱った先行研究として上野千鶴子［二〇〇一、二〇〇五］、『社会学評論』（vol.55, no.3）などがある。

（2）「ジェンダー・アイデンティティ」に特殊な不利益構造と差別是正の論理については、別稿で論じる。

（3）セクシュアリティを主題とする構築主義と本質主義の論争は、科学技術史の文脈でも様々に論じられている。医療技術・科学技術の管理下にあるアイデンティティを各人の制御の下に置く条件を整備したのもまた、性的少数者の社会運動であった。科学技術と社会運動の交わりについては、エプスタイン［一九九六］が参考になる。エプスタインは、ＨＩＶ、エイズの科学知識・科学技術・医療資源を、専門家からコミュニティに再分配させた社会運動の実践を叙述している。

（4）星加良司［二〇〇七］を参照。

（5）「権力」概念については、宮台［一九八九］、盛山［二〇〇〇］、杉田［二〇〇〇］らを参照した。

（6）規範的な側面に実際に依拠しているにもかかわらず、それを構築主義が語らないという論点提示はすでに立岩［二〇〇三］が行っている。

（7）差別是正には生物学的根拠の反証は必要ないと考える点で、規範と事実を混同させる機制——事実が反証できなければ規範が肯定されるかのように見せる機制——を批判する点で、江原と本稿の立場は一致する。
本論で述べたように、生物学的事実を反証しなくても、差別は是正可能な場合がある。ただし、当人の意思や選択が介在した結果の不平等、また、能力、性格、性質、身体的条件などの変化しにくい要素の結果である不平等を、どの程度、是正対象にしうるかという論点は、是正されるべき場合があるにしても内容を精査しなければ分からない。生物学的根拠による不平等のうち是正されないものが残るかもしれない。生物学的根拠による差異と、その結果の不平等のすべては解消することができないのかもしれない。

たとえば、瀧川裕英［二〇〇三］は、生物学的根拠に基礎付けられていようが、自己決定により自己責任が要請される場合であろうが、社会的不利益が是正されなければならない場合があるとする。

（8）ここで構築主義の論客として挙げているのは、アラン・ブレイ（Alan Bray）、ジョージ・チョーンシー（George Chauncey）、Elizabeth Lapovsky Kennedy、マデリン・デイヴィス（Madeline Davis）、デイヴィッド・ハルプリン（David Halpelin）らの歴史学者たちである。

（9）このような欲望の客観的分類とは一致しない、選択されたアイデンティティの実例としては、選択されたアイデンティティと行動が一致しない場合が挙げられる。男性とセックスするストレートの男性やレズビアンは、性行動調査では「バイセクシュアル」と分類されるが、彼ら自身のアイデンティティは「ストレート」ないし「レズビアン」である。これらの自己意識、社会的に構築されたアイデンティティは、個人が自分の行動や欲望を分類する指標以上の何かなのである。また例えば、男性とも関係をもつが、性的指向性が女性に向いている女性がいて、彼女は自分を「レズビアン」だと考えているとする。この人の場合は、「異性愛中心主義」や「同性愛嫌悪」の社会構造を理解した上での選択である。この場合の「レズビアン」とは、異性愛主義的な社会が「女同士の絆を格下げすることに抵抗するポジション」であるといえる（Hames-Garcia,[2006] pp.80-81）。

（10）江原由美子［一九八五］、佐藤裕［二〇〇五］、内藤準［二〇〇三］ら現代差別論の議論が重要である。

（11）岡野八代［二〇〇二］はこの視点を、配分的正義ではない矯正的正義の次元として描いている。また、同様の視点をもったものに、大川正彦［一九九九］を参照。矯正的正義の先行研究としては、ヤングのほかに、Shklar,［1990］がある。

（12）瀧川裕英［二〇〇三］。

（13）この点を、人権擁護法案審議過程における性的指向性概念の差別類型からの削除に関して、具体的に分析したのは、高橋［二〇〇七］である。構造に対する是正要求は、その構造を選択するニーズと衝突する場合がある。その衝突は、多数者と少数者の間にあり、また、セクシャルマイノリティの当事者の間にある。この場合、ニーズの比較考量が行われることがあり、ときには一方が他方を否定することになるが、この事態は不可避であると思われる。

●参考文献

赤川学［二〇〇六］『構築主義を再構築する』勁草書房.
Burr, Vivien, [1995], *An Introduction to Social Constructionism*, London: Routledge.（＝［一九九七］田中一彦訳『社会

構築主義への招待』川島書店。）
Calhoun, Cheshire, [2000], *Feminism, the Family, and the Politics of the Closet: Lesbian and Gay Displacement,* Oxford and New York: Oxford University Press.
Corber, Robert J. and Stephen Valocchi, [2003], "Introduction," *Queer Studies: An Interdisciplinary Reader,* Oxford and Victoria: Blackwell Publishing.
Dean, Tim, [2000], *Beyond Sexuality,* Chicago: Chicago University Press.
江原由美子［一九八五］『女性解放という思想』勁草書房。
Epstein, Steven, [1996], *Impure Science,* Berkeley and Los Angeles: California University Press.
フレイザー、ナンシー［二〇〇一］「再分配から承認まで？――ポスト社会主義時代における公正のジレンマ」『アソシエ』（5）、一〇三―一三五頁。
Hacking, Ian, [1999], *The Social Constraction of What?,* Harvard University Press.（＝出口康夫・久米暁『何が社会的に構成されるのか』岩波書店［二〇〇六］。）
Harwani, Raja, [2006], "Prolegomena to Any Future Methaphysics of Sexual Identity: Recasting the Essentialism and Social Constructionism Debate", Linda Martin Alcoff, ed, *Identity Reconsidered*, New York : Palgrave Macmillan.
星加良司［二〇〇七］『障害とは何か』生活書院。
Hemes-Garcia, Michael, [2006], "What's at stake in "Gay" identity ?," Linda Martin Alcoff, ed, *Identity Reconsidered*, New York : Palgrave Macmillan.
Jagose, Annamarie, [1996], *Queer Theory: An Introduction,* New York: New York University Press.
加藤秀一［二〇〇一］「構築主義と身体の臨界」上野千鶴子編『構築主義とは何か』勁草書房。
河口和也［二〇〇三］『クィア・スタディーズ』岩波書店。
河口和也・風間孝・キース・ヴィンセント［一九九八］『ゲイ・スタディーズ』青土社。

小泉義之［二〇〇三］『生殖の哲学』河出書房新社．

Lovaas, Karen E., John P. Elia, and Gust A. Yep, [2006], "Shifting Ground(s): Surveying the Contested Terrain of LGBT Studies and Queer Theory," *Journal of Homosexuality*, 52(1-2): 1-18.

美馬達哉［二〇〇七］〈病〉のスペクタクル―生権力の政治学、人文書院．

内藤準［二〇〇三］「差別研究の構図――社会現象の規範的概念化に関する一つの考察」『ソシオロゴス』(二七)、三二―五三頁．

岡野八代［二〇〇二］『法の政治学』青土社．

大川正彦［一九九九］『正義』岩波書店．

酒井隆史［一九九六］「性的指向性とアイデンティティ――アメリカ合衆国におけるゲイ運動の展開への考察」『社会学年誌』(三七)：一〇五―一一八頁．

佐藤俊樹・友枝敏雄編［二〇〇六］『言説分析の可能性』東信堂．

佐藤裕［二〇〇五］『差別論：偏見理論批判』明石書店．

Shklar, Judith N., [1990], *The Faces of Injustice*, Yale University Press.

Stein, Edward, [1999], *The Mismeasure of Desire: the Science*, Theory, and Ethics of Sexual Orientation, Oxford and New York: Oxford University Press.

――――, Ed, [1990], *Forms of Desire: Sexual Orientation and the Social Constructionist Controversy*, New York: Routledge.

Stryker, Susan, [1998], "The Transgender Issue: An introduction," *GLQ: Journal of Lesbian and Gay Studies*, 4(2): 145-158.

高橋慎一［二〇〇七］「断絶はどこにあるのか――人権擁護法案審議過程における性的指向性概念の検討から」解放社会学会一般報告草稿．

高橋慎一［二〇〇八］「性同一性障害医療と身体の在り処――ガイドライン・特例法とトランスジェンダリズムの分析から――」『現代社会学理論研究』(二)、一一三―一二七頁．

立岩真也［二〇〇四］「社会的：言葉の誤用について」『社会学評論』55（3）, 331-347.
瀧川裕英［二〇〇三］『責任の意味と制度』勁草書房.
上野千鶴子編［二〇〇一］『構築主義とは何か』勁草書房.
Young, Iris Marion, [1990], *Justice and the Politics of Difference*, Princeton: Princeton University Press.

第九章　性の自己決定と〈生〉の所在
——性的指向の〈越境〉をめぐって

堀江有里

一　問題の所在——「性的指向」をめぐって

人間の身体はつねにさまざまな論争の〈場〉となってきた。その理由のひとつとしてあげることができるのは、〈自己〉の身体は、一方ではその人自身の固有のものであると認識されつつも、他方で単独の物体としては存在しえず、たえず〈他者〉とのかかわりのなかで取り沙汰される〈場〉として把握されてきたことであろう。このように、〈自己〉に帰属しつつも、しかし〈自己〉の身体は単独では存在しえないという現実を考えるとき、そのひとつの側面に「性的指向（sexual orientation）」の概念を数えることができる。性的指向とは、「性意識・性的欲望の向く方向性」と定義される。すなわち、〈自己〉の意識もしくは欲望が〈他者〉との関係性——実際に関係が存在していると認識されることと、その可能性をもつものとして認識されることのあいだには差異があるにせよ——のなかで析出される概念である。

性的指向は、このように〈自己〉と〈他者〉の関係性のなかでとらえられるものである。しかし同時に、〈自己〉にかかわる概念のひとつとしても把握されてきた。たとえば、性の領域における「自己決定権」と密接に関連して論じられてきたことも、そのひとつである。具体的に挙げれば、一九九五年に開催された「第四回世界女性会議」においても、女性の置かれた人権の問題に性的指向による差別の撤廃を盛り込むか否かで議論が起こった経緯がある。結局、反対意見が多く、五年後に採択された「行動綱領」には盛り込まれなかった。しかし、あえて表現すれば、女性の人権をテーマとする世界規模の会議で、性的指向という概念がその議論の俎上に上がったことは画期的であったといえる。というのも、議題として挙がったことで、性的指向もまた、女性の性と生の権利や自己決定権に関わる一項目であることが認識される端緒をひらいたからだ。

女性の人権をめぐって、性的指向が議題のひとつとして挙げられること——それは「レズビアン」の〈生〉が書き込まれるということをも意味しうる。男性と親密な関係性をもつことが女性たちにとって前提とされてきたところから、そうではない〈生〉を育む人々は、一方では不可視化され、他方では地域や国によっては犯罪とされている現状にもある。それに対し、存在の可視化や、非犯罪化を求めて、性的指向をめぐる人権課題が議論されるに至った。そこには、女性のセクシュアリティにおける自由と自律をめぐって問題化されてきた経緯が横たわっているといえる。

ただ、かならずしも「レズビアン」を「性的指向が女性に向く女性」と定義してしまうことは十分ではない。これまでにもそのように説明されてきた場面は多くある。しかし、〝いったい「レズビアン」とは誰のことなのか〟というテーマが、レズビアン・スタディーズの分野においては長年にわたって議論されてきたという経緯もある。[1] このような議論を踏まえるならば、「レズビアン」とは「性的指向が女性に向く女性」であるという説明で定義づけを終えてしまうことはできない。また、「レズビアン」であると表明する個人が、生涯にわたって「レズビアン」という名づけを引き受けるかというと、そうではないケースも存在する。たとえば、本稿でみるような性的指向を越境する人々も存在する。そこでは性的指向は「自分の意思では変更不可能もしくは困難なもの」であるとかつて説明されてきたとおりに[2]把握することはもはやむずかしいといえるだろう。

本稿では、女性の性的指向に焦点をあて、その軸によって、同性愛／異性愛に分割されている（かのようにみえる）境界を越えるという行為を考察することとしたい。以下、次節にて、「レズビアンに〈なる〉」という行為――性的指向の〈越境〉――について考察する（第二節）。そして、その〈越境〉という行為を踏まえて、境界へのまなざしを考察することとしたい（第三節）。さらに、〈越境〉という行為や境界へのまなざしについて、その両義的な関係性を論じる（第四節）。これらのプロセスを経て、女性のセクシュアリティをめぐる多様性のひとつの側面を描き出し、異性愛という体制のなかにある揺らぎを明らかにすることが本稿の目的である。

二　「レズビアンに〈なる〉」こと――〈越境〉という経験

先にもみたように、性的指向という概念は、性的意識の方向性を指すものとして定義されてきた。ここでひとつの問いを提示しておこう。そもそも、性的指向という、欲望のあり方のひとつである性対象選択の方向は、単純に境界線で区切ることができるようなものなのだろうか。[3] 以下、具体例をみることによって、この問いを解くカギへと接近していくこととしたい。

英国の社会学者であるタムシン・ウィルトンは、成人した後に異性愛者からレズビアンへと〈移行（shifting）〉した人々を対象にインタビュー調査をまとめ、「予期せぬ喜び（unexpected pleasure）」として描き出した。〈移行〉した人々にあえて焦点を当てたのは、ウィルトン自身の体験が出発点としてあったからだ。ウィルトンは、人生の途中まで異性愛者として生き、その後、自分がレズビアンであることを「発見」したひとりである。異性愛の生活から離れて、レズビアンとして生きていくことを選択し、それを表明しはじめたとき、かのじょが周囲から求められたことは、レズビアンへの〈移行〉についての「科学」的な説明であった。しかし、説明を求めた人々が納得するかたちで、レズビアンへの〈移行〉のプロセスを説明する言葉はなかった。いや、正確にいえば、経験はいくら語られたとしても、周囲の人々にとっては納得しえないものであり、「科学」的ではないと退けられたということだ。このような周囲とのやりとりを経験したことが、ウィルトンの出発点である。

異性愛からレズビアンへと〈移行〉するという行為の説明を求めた人々は、自分たちにとって納得のいく言葉が提示されなければ、自身のコンテクストや手に入る資源のなかから独自に理解可能な意味づけを探し出そうとする。そして、独自に納得のいく解釈の言葉をみいだそうとする。たとえば、レズビアンとは「ふさわしい男（the right man）に出会うことができなかった人々」であり、男との「良い関係」を結ぶことに成功しなかった人々である、というように。しかし、ウィルトンは、異性愛者として生活を積み重ねた後にレズビアンに〈移行〉した人々にとって、このような使い古された解釈は妥当性をもたないどころか、不適切であると述べる。実際に、異性愛者からレズビアンへと〈移行〉した人々のなかには、それまでの日常生活のなかで男たちと「出会って」きた人々もいるし、親密な、かつ良好な関係性を構築してきた人々も少なくはない。しかし、それでもなお、パートナーシップを育む相手として、女性を選好するのだとウィルトンは述べる（Wilton, [2002] pp.1-2）。

そこで、ウィルトンが着目したのは、「たんに生物学だけでは性的魅力を説明することはできないということを示すような、緻密で経験的な証拠を科学的に提示する」という手法であった（強調、原文）（Wilton, [2002] p.3）。そのため、「レズビアンに〈なる〉」という行為を経た女性たちの経験を詳細に描き出すことが、第一義の目的とされる。

ウィルトンが描き出す女性たちの経験は、じつにさまざまである。たとえば、生物学の分野では、いわゆる「ゲイ遺伝子（the gay gene）」が存在するとの仮説が検証されてきたが、この点についての反応もさまざまであることがインタビュー調査から明らかにされている。「ゲイ遺伝子」仮説によると、人間の性的指向は出生以前に決定されており、特定の人々が「ゲイ遺伝子」をもって生まれることとなる。また、その遺伝子をもった者は、性的指向が同性に向くのであり、出生後にはほぼ変更不可能であるとされる。

一方では異性愛者として生活した後に、じつは自分が「生まれつき」にレズビアンであることを「発見」した女性たちがいる。そのような人々にとって、「ゲイ遺伝子」は存在するという主張は妥当なものだと解釈されることもある。しかし他方では、日常生活のなかで、異性愛者であった頃の自分も肯定し、かつレズビアンである自分も肯定する、という立場の女性たちもいる。そのなかには「ゲイ遺伝子」は存在するとはいえない、という主張もある。一人ひとりの経験は、じつにさまざまであり、その現実は、性的指向の「原因」を追究しようとする人々に対して、むしろ、そのような追究自体がじつは意味をなすものではないという現実を突きつける。というのは、「ゲイ遺伝子」なるものを追究するという行為自体が、「同性愛」の原因を突き止めることを仮説の出発点に置き、その解明を目的としているからだ。そこにあるのは性的指向が異性に向いていることが「自然」であり、「前提」であるという価値観に則った姿勢でしかないという背景が横たわっている。

　ウィルトンは、このように、「科学」としての説明が模索されてきたことに対して、一人ひとりの経験、そしてそこから紡ぎだされる多様さを対置することによって、これまでに提示されてきた「科学」によっては説明不可能である〈生〉があることを示す。そして、ここで提示された手法を、あえて「科学」として定義しなおすのである。このような定義は、「科学」という言葉に「客観性」を読み込もうとしてきた人々に対し、その「客観性」自体を相対化し、問い直すことによって、「科学」の仮説を設定する営為のなかに、つねに恣意性がはらまれていることを暴き出そうとする手法でもある。

　ウィルトンは、この調査で気づいたこととして、「レズビアンに〈なる〉」という経験をもつ女性たちが、自身の経験を「語ることの必要性」があると感じていることを示す。というのは、この調査の呼びかけにあたり、多くの反応が寄せられたからである。当初、反応があるかどうかも定かではないなかで英国のレズビアン雑誌『ディーヴァ（Diva）』に記事を掲載したところ、当初の予想をはるかに裏切り、思いもかけないほど多くの数の返信があったことが報告されている。このような報告はウィルトンがレズビアンへの〈移行〉を自身が経験していながらも稀なケースであると認識していたことを示してもいる。同じような経験をもつ人々と対話をしたいというウィルトンの意図と、その呼びかけに反応した読者たちの意図とが共通項をもって相互作用を生み出したといえる。

しかし、「語ることの必要性」があるものの、女性たちが性について語ること自体が、そう簡単なことではないという点についても示されている。これまでのフェミニズムの研究のなかでしばしば指摘されてきたように、男性と比較して女性は性にかかわる領域では「受動性」と結びつけられてきた。「受動性」と結びつけられることによって、同時に生じるのは、女性が性を語るという習慣づけから疎外されるという現実である。さらに、異性愛を前提とすることにより、そこから「逸脱」したレズビアンに対する偏見が周囲にはある。異性愛からレズビアンへと〈移行〉した女性たちも、そのような社会のただなかで生きている。すなわち、〈移行〉を経験した当人たちも、その偏見を内面化していることは予測できる。このような状況のなかでは、異性愛からレズビアンへの〈移行〉の経験を「語ること」をめぐって幾重にも困難が横たわっていることがわかる。

その上、当人にとって「最良の環境にあったとしても、まったく知らない人に、欲望や性的経験、結婚の破綻やトラウマ的な人生の出来事など、深く個人的な事柄を語ることは、つねにたやすいことではない」（Wilton, [2002] p.9）。そのため、「語ることの必要性」と同時に、そこには「語ることの困難」が存在するとウィルトンは指摘する。多くの女性たちが自らの経験を語る場を求めてはいるものの、実際には語ることも、そして語る場をみつけることも困難であるという、引き裂かれた状況があるということだ。そして、語る場がないことで、異性愛からレズビアンへの〈移行〉を経た女性たちの存在は、周囲には「見えない」ものとなる。さらに、存在が認識されがたいという状況がそこでは生み出される。また、存在が認識されないという事態は、「語ることの必要性」を感じている当事者たちも、たがいに出会うことが困難であるという現実を生み出してもいる。

また、日本にも、異性愛者から「レズビアンに〈なる〉」という経験をもつ人々が存在する。たとえば、日本のウーマン・リブを担ったひとり、町野美和は、「フェミニズムを推し進めるとレズビアンにならざるをえないと気づき、一九七六年頃からレズビアン運動を始めた」という（町野［一九九四］二一六頁）。町野は自身が「レズビアンになった」理由を以下のように述べている。

> 女の受け身性を否定し、自分のしたいことを自分でやれるという自立した能動的な生き方を通して、世界を理解した私は、フェミニズム・レズビアンになったのです。とはいえ、一朝一夕でなれるものではありません。私は一〇年という長い歳月をかけて徐々に真のレズビアンになりました。それは女に刷り込まれた「女は男と性交すべきだ」という意識を払拭するだけでなく、それを強制する社会を見定め、その中で孤独の闘いを強いられてきた仲間に呼びかけてコミュニティづくりを進め、「この男社会を変える最終手段としてのレズビアン存在」とレズビアン運動の政治性を主張し、レズビアンの仲間とともに活動することで、お互いを支え励ますというトータルな運動を通してでした（町野［一九九四］二一九―二二〇頁）。

町野が「レズビアンになった」のは、女性が「受け身性」と結びつけられるなかで、それを拒否し、その上で「自立した能動的な生き方」を求めた結果であった。町野は、「女」という存在が社会のなかで振り分けられた抑圧構造に着目する。そして、その「女」に対する抑圧構造が「女は男と性交すべきだ」と強制する社会の構造のなかで生み出されていることをみいだす。すなわち、町野が「レズビアンになった」のは、この抑圧構造のなかで生み出されるジェンダー規範を問いなおすためであるといえるだろう。このような経験は、ジェンダー規範との関連性のなかで、親密な関係性――広義の性的欲望――が構築されるということを示唆する意味でも興味深いものである。

ただ、先にみたウィルトンと町野は、「レズビアンに〈なる〉」という経験を共有しているが、その内容は同じものであるとはいえない。ウィルトンが自身の経験やインタビューを通して描き出しているのは、おもに生活のなかで〈移行〉するという経験である。それに対して、町野が自身の経験として描き出しているのは、運動のなかで〈越境〉するという行為を自ら選び取っているという点である。そのようなちがいがありながら、しかし、両者が共通して示しているのは、性的指向を固定したものとしてとらえることは、もはや不可能であるという点であるといえる。

三　〈境界〉へのまなざし

1　性的主体の不在

前節では、異性愛から「レズビアンに〈なる〉」という経験をみてきた。それらは、性的指向を〈越境〉する人々の経験であった。いずれにせよ、かのじょたちの経験が物語っているのは、異性愛とレズビアンのあいだの〈境界〉が固定したものではないということであった。では、〈越境〉を経験しない女性たちにとって、その〈境界〉は、どのように、認識されているのであろうか。ここでは、レズビアンに対する異性愛者の女性たちからのまなざしをみていくこととしたい。

一九九〇年代初頭に日本のレズビアン・コミュニティを牽引したひとりである掛札悠子《かけふだひろこ》は、レズビアンであることをマスメディアでカミングアウト（表明）した後、「はっきりわかった」こととして、つぎのような興味深い周囲からの反応を記している。それは、周囲の女性たちによるレズビアンへのまなざしについてである。掛札が指摘するのは、「日本社会で生きている女のヘテロセクシュアリティ（異性愛の傾向）が、実はとてももろいものだということ」である。レズビアンであることを表明した掛札に対して、自分の立場を「異性愛者」として表明する人々はあまりにも少なかったという。そこで掛札は「彼女たちと私の間が、薄紙一枚もないほど近いことに気がついた」と述べる（補足、原文）（掛札［一九九四］一〇二―一〇三頁）。

具体的にみておこう。掛札が直面したのは、「私、男の人が本当に好きなのかどうか、わからないんですよね」、「私にも、『女の人が好き』っていう感じはあるんです。恋愛経験がないだけで…」という「レズビアンに対する共感を伴って次々くり出される言葉」であった。掛札が当初予測していたのは、自身がレズビアンであると表明したことに対して多くの反論や攻撃があるだろうということであった。しかし、実際には反応した女性たちの圧倒的多数が、自分を「異性愛者」であるとは表明しないという事態に遭遇するに至ったというのだ。しかし、かのじょたちはレズビアンであると自認しているわけでもない。周囲からみれば「異性愛者」としての生活実践を営んでいる人々である。にもかかわらず、かのじょたちが表明したのは、レズビアンであると表明する掛札と比較するなかで、自分にとっては性的自覚が不在であることに気づくに至ったという「発見」である。
このような反応に遭遇することによって、掛札は、ふたたび自己をふり返る。そして、それらの反応に対し、つぎのような事柄を「発見」する。

私が「女」という存在そのものに性的な感情を持っているかといったら、答えは「持っていない」になる。ある種の（＝自分の好みの）女性の存在によって性的感情を喚起させられるかといったら、「そんなことはない」になる。それは、私が「レズビアン」という、あたかも性的な積極性と主体性を持ったかのような存在の看板を背負って出ていった時に、「私はこういう積極性や主体性を、男であれ、女であれ、誰かに対して持ったことがあるだろうか」とたじろいでしまう女性たちと、ある意味ではなんの変わりもないのである（掛札［一九九四］一〇三頁）。

ここで示されるのは、レズビアンと異性愛者の女性たちが「地続き」であるという点である。もちろん、このような感覚は、掛札個人のものであり、二〇一〇年を迎えた現在、少なくとも一九九四年の時点での状況よりもはるかに多様になった日本のレズビアンの現状を踏まえると、普遍的に当てはまるものではないかもしれない。ただ、周囲の女性たちの反応をみるとき、そこには現在にも通じるものがあるのではないだろうか。
たとえば、ここで示される例をみると、異性愛者の女性たちは、レズビアンに対して忌避感や嫌悪感をもたず、もはや両者には明確な〈境界〉がないようにも思える。では、これらの状況を踏まえて、実際に、レズビアンと非レズビアンの女性たちのあいだには異性愛／同性愛の〈境界〉は存在しない、という結論を導き出すことができるのだろうか。しかし早急に結論を出すわけにはいかない。というのは、このように結論してしまえば、つぎのような疑問を解くことができないからだ。なぜ、日本においてレズビアンであることを表明することがいまだに困難なのか、という疑問である。現実にレズビアンであることを表明することが困難であるという現象を読み解くために、もう少し、異性愛者の女性たちからのレズビアンに対するまなざしをみておくこととしよう。

2　レズビアンへの「肯定的反応」

ひとつの材料として、親密な関係性のなかにある性意識についてみていくこととしよう。〈対〉関係に関する女性たちのインタビュー調査をまとめた河野貴代美によると、レズビアンに対する反応はかならずしも否定的ではない。河野は「レズビアニズムについての理解や興味をたずねたら、無条件な肯定派から曖昧派までいるものの、概して肯定的反応がかえってきた」と指摘する（河野［一九九〇］六九頁）。レズビアンに対する「肯定的反応」は何を背景としてもたらされたのであろうか。

河野は、女性たちのレズビアンに対する「肯定的反応」の背景を、かのじょたちが「男性との関係を手離せない（どう手離していいのかわからない）現実にあって、意識のレヽヽヽヽ、ベルでのバイセクシュアル（強調、引用者）」であると述べる。そして、それを「レズビアニズムへの傾斜と思っている」状況にあるとし、つぎのように述べる。

男性との性関係に全体性を求めて夢やぶれた女たちは、醒めている。一人の人だけに、一つの性だけに自らの全存在を賭けるよう強いられてきた性文化を、彼女らは生きにくいと感じているからだ（河野［一九九〇］九〇頁）。

この河野の分析も、異性である男性との親密な関係性のなかにある女性たちの、レズビアンへの越境可能性を示唆しているようにもみえる。しかし、結論を急ぐ前に、もう少し立ち留まって、河野の分析の詳細をみていくこととしよう。

河野の調査において、「レズビアニズムについての理解や興味」に「肯定的反応」を示したのは、具体的に男性との親密な関係性をもって日常生活を営む女性たちであった。しかし、インタビュー調査に応じた女性たちは、それぞれ、「異性愛者」であるとの自覚をもっていたのだろうか。「レズビアニズムについて理解や興味」に「肯定的反応」を示したという点からは、少なくとも、かのじょたちが「レズビアンではない」ことは推測できる。しかし、何者であるかという問いは、そこでは発されてはいない。すなわち、異性愛者としての〈生〉が、あたかも前提であるように存在し、無徴化されていることに注意しておきたい。

その上で、「レズビアニズム」と称される事柄について「肯定的反応」が寄せられていることについて考えてみたい。かのじょたちが示しているのは、日常生活のなかで「男性との性関係に全体性を求めて夢やぶれた」という実感である。そして、その背景にあるのは、「男性との関係を手離せない（どう手離していいのかわからない）現実」である。これは異性愛者の女性たちが、性対象の選択を示す性的指向という概念ではなく、「男性との関係」からの〈逃避〉として「レズビアニズム」をとらえていることを示すものでもあるだろう。すなわち、レズビアンである／になるということを、自分の身に引きつけて認識するのではなく、あくまでも「意識のレベルでの」「肯定的反応」であるということだ。

もちろん、このような〈逃避〉に対して、第三者が善悪の価値判断をくだすことはできない。ただ、ここで注意しておくべきことは、〈逃避〉せざるをえないような現実が存在するということである。すなわち、河野の言葉を借りれば「男性との性関係に全体性を求めて夢やぶれた」状況が日常の現実として存在するということである。少なくとも、かのじょたちは日常生活のなかで、男たちとの「性関係」に自分がみいだそうとしていた「全体性」とは、幻想であったという実感をもっているのだ。この点から、異性愛者の女性たちによるレズビアンへの「肯定的反応」は、異性愛体制のほころびとしてとらえることができるのではないだろうか。

このような河野の調査から示唆される、〈異性愛者の〉女性たちによる「肯定的反応」は、先述した掛札がレズビアンであるとの表明を行なったことに対し、〈異性愛者の〉女性たちが起こした反応と同様、一見、レズビアンに対する排除意識が表面化していないという点では、共通していると考えられる。しかし、ここで注意しておかなければならないのは、先の掛札の議論と、河野の調査からみいだすことのできる「肯定的反応」は、位相の異なるものであるということだろう。掛札が「地続き」として表現した事柄は、女性にとっての性的欲望の所在〈非在〉の問題であった。それに対して、河野がみいだしたレズビアンへの「肯定的反応」は、具体的に異性愛の生活を送るなかでの経験から導き出されるものであった。次節にて、この両者のちがいをもう少し掘り下げていくこととしよう。

四　異性愛主義への撹乱(不)可能性

1　女性の〈欲望〉の構成

前節にて、「『積極性や主体性を、男であれ、女であれ、誰かに対して持ったことがあるだろうか』とたじろいでしまう女性たち」の存在についての掛札の議論をみてきた。ここでふたたびその議論を振り返ってみたい。

掛札が先の議論のなかで示唆していることは、異性愛者の女性たちと、掛札自身が「『レズビアン』という、あたかも性的な積極性と主体性を持ったかのような存在の看板」に対してもつ違和感とのあいだにある、ある種の共通点であった。なぜ、このような共通点がみいだされたのであろうか。また、その共通点に横たわっているものは何だろうか。レズビアンと異性愛者の女性たちが「地続き」であるとの指摘を念頭に置きつつ、ここで共通点がみいだされるような社会構造の問題に目を向けてみることとしよう。

掛札は、かつて自身が「レズビアン」もしくは「同性愛者」という名づけを引き受けることに躊躇したことを別のところで述べている。そして躊躇した原因として、「性的欲望」について、社会に流布した知見、すなわち女性に対する「常識」として認識されている事柄を挙げている。その知見とは、そもそも「一般的に男性が抱く（とされている）欲望」が「性的欲望」としてみなされてきたものであり、そのために「レズビアン」につぎのようなイメージを付与してきたものである。

異性愛の場合でも、女性の欲望は男性の欲望に準じて二次的に規定されてきたにすぎない（たとえば、男性によって開発される、と)。そして、同性愛の場合、「女性に性欲はない」という「常識」と同時に、「レズビアン＝女に対して男のような性欲をもつ者」という歪められたイメージが、「女」に対する自分の欲望に女自身が気づき、それをねじまげたり、否定したりすることなく認める作業を困難にする(強調、原文)(掛札[一九九二]一六頁)。

その背景にあるのは、女性にとっては「そもそも性的な欲望などあってはならないものと思われてきた」という「常識」である。であるがゆえに、「女性は自分のなかにある『なにか』を名づける手段からしてまず奪われてきた」のであり、「その『なにか』の存在をも抑圧し、女性自身でさえ、自分には性的な欲望はないのだと思わざるをえないような環境をつくりだしてきた」と掛札は述べる[掛札、一九九二、十六―十七頁]。

言い換えておこう。レズビアンは、同性である女性に性的指向が向く者として認識されるとき、女性であるにもかかわらず、「一般的に男性が抱く(とされている)欲望」をもつ者として解釈される。しかし同時に、レズビアンは男ではない。少なくとも、性自認が女性であるということから、レズビアンという自己への名づけが立ち上がってくるからだ。「一般的に男性が抱く(とされる)欲望」としてレズビアンの欲望が表象されるとき、掛札のように、「『レズビアン』という、あたかも性的な積極性と主体性を持ったかのような存在の看板」に対する違和感が生じることとなる。そのため、「レズビアン」の名づけを引き受けることへの躊躇が生まれることとなる。女性の性的欲望は、名づけえないものとして、そこに横たわりつづけてきた。この共通点をとおして、レズビアンに生じる違和感や躊躇と、異性愛者の女性たちがもつ性的自覚が不在であるとの「発見」が「地続き」であることが明らかになるのではないだろうか。

性的欲望をめぐるジェンダーによる差異や非対称性については、これまでにもしばしば指摘されてきた。たとえば、江原由美子は、「社会的実践としての『異性愛』」を「ジェンダー秩序」の主要な構造として指摘する。江原がここで述べる「異性愛」とは、「『性的欲望の主体』を『男』という性別カテゴリーに、『性的欲望の対象』を『女』という性別カテゴリーに、強固に結びつけるパターン」を指す（江原［二〇〇一］一四二頁）。そして、このパターンはつぎのような特徴を示す。

> ある関係が性的関係と社会的に見なされるためには、「男」の「性的欲望」が条件となる。すなわち、「男」が「性的欲望の対象」である「女」に「性的欲望」を持つ場合は、たとえ「女」には「性的欲望」がない場合にも、その社会関係は性的関係と見なされうる。「女」は「性的欲望の主体」ではなく「性的欲望の対象」にしかなれないので、両性間の社会関係が性的であるかどうかを定義する力はないということになる。「異性愛」という「ジェンダー秩序」のもっとも重要な構造特性は、この性的関係を定義する両性間の非対称的な力にあるのである（強調、引用者）（江原［二〇〇一］一四三頁）。

「性的欲望の対象」いうカテゴリーに振り分けられる「女」という記号をもつ人々には、この社会においては性的関係を「定義する力」が与えられてはいない。江原が述べるこのような「異性愛」のパターンは、女性が「性的欲望の主体」とはなりえないものとして認識されてきたプロセスをも示しているのではないだろうか。

先の掛札が描き出す女性たちと、レズビアンとしての掛札とのあいだにある「地続き」の関係性は、「性的欲望の主体」を形成しえなかった、もしくは性的欲望は女性に与えられないとされるがために自覚することのなかった女性たちの置かれた状況から生まれたものであると考えることができる。両者のあいだにみいだされた共通点は、社会に存在する「性的関係を定義する両性間の非対称的な力」のなかで、生み出されているものであるといえるだろう。

2　解釈装置としての異性愛主義

しかし、異性愛者の女性たちとレズビアンのあいだに、先のような共通点があったとしても、同時に、女性の「地続き」にある関係性は分断されていく傾向にある。そこには〈境界〉が措定されているからだ。この点について、河野の議論を振り返りながら、考察していくことにしたい。

河野の調査に「肯定的反応」を示した女性たちは、つぎのような状況にあると考えられる。すなわち、「レズビアニズム」が「男性との関係」からの〈逃避〉として認識されている限り、あくまでもそれは〈異性愛主義〉という規範の上に立った「幻影」もしくは「幻想」として——実在しないもの（＝非在のもの）——としてとらえられ、レズビアンは他者化されることとなる。言い換えれば、ここでは、〈イメージ〉としてその〈異性愛主義〉への抵抗は存在しても、その〈イメージ〉を生活実践に移行させるどうかにおいては距離が取られていることとなる。そもそも、〈イメージ〉を実践に移行するといった場合、その〈イメージ〉のなかには何が存在しているのだろうか。たとえば、これまでステレオタイプとして表現されてきた〝女同士の性行為〟を指すのだろうか。もしくは〝女同士であれば対等なパートナーシップを育むことができるはず〟という、ある種の異性愛（中心主義）的な「フェミニスト」たちによって生み出されてきた関係イメージを指すのだろうか。河野の調査はそこまで踏み込んでいないので、これ以上憶測することはできない。しかし、ここではかのじょたちにとって、関係性は具体的なものではなく、〈イメージ〉として消費されるものであるということのみを指摘しておきたい。

「男性との性関係に全体性を求めて夢やぶれた」状態に置かれた女性たちの圧倒的多数は、それでも、異性愛の関係性のなかに留まりつづける。かのじょたちのこの態度は、〈異性愛主義〉という規範を問いうる可能性をもちながら、しかし、実際には、そこから一歩も撤退しないことをも示している。それは、逆にみれば、〈異性愛主義〉という社会規範に則った〈生〉――「婚姻」に代表されるように――における特権を手放すことが困難であるという現実をも示している。このような点から、依然として、制度に裏づけられた〈異性愛主義〉が規範としてかのじょたちの生活に横たわりつづけている現実が浮かび上がってくる。

これらを踏まえると、異性愛者の女性たちによるレズビアンに対する「肯定的反応」は、①異性愛体制のほころびを示すと同時に、②依然として強固な〈異性愛主義〉が横たわりつづける現状を示すという両義的な意味をもっていることがわかる。言い換えれば、レズビアンと異性愛者の女性たちのあいだに横たわる〈境界〉は、非常に曖昧である反面、同時に〈異性愛主義〉という規範によって、そこに存在する「幻影」として認識されつづけているといえる。

まとめておこう。掛札が指摘した、レズビアンと異性愛者の女性たちとの「地続き」の問題は、女性の性的欲望の構成にその共通点をみいだすことができる。しかし同時に、掛札が述べるように、性的欲望は「一般的に男性が抱く（とされている）欲望」であるがために、『レズビアン＝女に対して男のような性欲をもつ者』という歪められたイメージ」が存在し、多くのレズビアンたちに、その名づけを引き受けることを困難にしてきた。一方、河野が指摘した「肯定的反応」は、「男性との関係」からの逃避という〈イメージ〉のなかで語られ、レズビアンを結果的に他者化することに結びついてきた。

これらを踏まえれば、そこには異性愛者の女性たちとレズビアンのあいだに横たわる両義性が浮かび上がってくる。その両義性とは、一方で異性愛体制にほころびが生じていることが明らかになりつつも、他方で〈異性愛主義〉という規範によって、異性愛者の女性たちとレズビアンとのあいだに〈境界〉が措定されているというものである。このようななかで、性的指向の〈越境〉が示すような異性愛体制への撹乱可能性は、同時に、〈異性愛主義〉という強固な規範の前に立ちはだかる撹乱不可能性としても存在しているともいえる。では、このような撹乱可能性と不可能性という両義性を生み出す背景には何が存在するのであろうか。

3　措定される〈境界〉

性的指向の〈越境〉が可能となる背景を、先の両義性が生まれる背景とあわせてみていくこととしたい。そもそも、レズビアンという名づけには、そこに〝名づける〟という行為が必要である。どのように名づけが可能となるのだろうか。その名づけが生まれる背景を概観しつつ、〈異性愛主義〉の撹乱不可能性を探っていくこととしよう。

ジョン・デミリオは、合州国におけるレズビアン／ゲイ解放運動のあゆみを振り返りながら、そこでスローガンとして掲げられてきた「わたしたちはどこにでもいる」という言葉に象徴されるような、レズビアン／ゲイという存在の普遍性・通歴史性を問う。デミリオが強調するのは、そのスローガンが政治的な意味をもちつつ、ある時期には戦略として有効であったが、けして「正しい」とはいえないという点である。少なくとも、レズビアン／ゲイをとりまく状況には、時代的な背景があり、そこには社会的変動がある。そして、とりわけ、レズビアン／ゲイという〈主体〉が生まれる背景には、資本主義が大きく影響しているという。

デミリオが注目するのは、資本主義の歴史的発達によって生みだされた「自由労働システム」である。わたしたちは、多くの場合、このシステムのもとで「自らの労働力を売る自由を有している」と同時に、「自らの労働力を売る以外には選択の余地がない」という特徴をもあわせもって、日常生活を送っている（D'Emilio, [1983=1997] p. 147）。そして、そのようなシステムの拡大は、同時に、性を生殖から分離することによって家族の変容を促し、つぎのような結果をもたらすこととなった。

資本主義は一部の男たちや女たちが同性への性愛的／情緒的関心をもとに個人生活をつくりあげていくことを可能にする諸条件を創出した。このことは都市部でのレズビアン／ゲイコミュニティの形成を、そしてより近年のものとしては、性的アイデンティティを基盤とした政治行動を可能にしたのである（D'Emilio, [1983=1997] p. 149）。

レズビアンである、という自己への名づけが成立可能になることで、「レズビアンに〈なる〉」という行為は生まれてくる。とりわけ、「自由労働システム」は、女性たちに賃金労働の可能性をも開くこととなった。もちろん、そこにはジェンダーによる参加機会や賃金の不平等が存在している。しかし、男性に経済的に依存しつつ、婚姻関係のなかで生活せざるをえない女性たちが自らの労働力を売ることによって経済的に「自立」を獲得することは、異性間の婚姻外での生活の可能性を女性たちにもたらすこととなった。

このような点から、「資本主義が諸個人に家族の範囲を超えて生きることを許容した」（D'Emilio, [1983=1997], p. 150）とするデミリオの議論を敷衍すると、レズビアン／ゲイという〈主体〉を成立可能にした「自由労働システム」が拡大するにしたがって、同時に、異性愛の生活を離れて「レズビアンに〈なる〉」という可能性をも生み出すこととなったといえる。

資本主義はレズビアン／ゲイの〈主体〉の形成を可能にした。そして、個々人は「自由労働システム」のもと、家族から経済的機能を取り払われるなかで、生活することができるようになった。しかし、前節でもみてきたように、わたしたちの生きる社会には、異性愛をめぐる両義性が存在する。であるがゆえに、可能性のみを強調することは不可能であることを、すでにわたしたちはみてきた。

レズビアン／ゲイの〈主体〉の形成を可能にすると同時に、資本主義が生み出したものは、レズビアン／ゲイの〈生〉をふたたび疎外する構造でもある。デミリオによると、資本主義社会のイデオロギーは、「愛と情緒と感情面での保護の源泉として」、「安定性、親密な人間関係を満たす場所として」、異性愛の家族へと、ふたたび個々人を追いやる（D'Emilio,[1983=1997], p. 153）。資本主義社会が、その両面性を内包している様子について、デミリオはつぎのように述べる。

一方では、資本主義は恒常的に家族生活の物質的基盤を弱め、諸個人が家族の外部で生きることを可能にし、レズビアンとゲイ男性のアイデンティティがあらわれうる条件を整える。他方では、資本主義は人々を家族へと押し戻し、少なくとも労働者となる次世代を再生産するまでそこに留めおこうとする。家族に多大なイデオロギー的な意味づけをおこなうことは、資本主義社会が子供たちだけでなく異性愛主義と同性愛嫌悪をも再生産することを意味する（D'Emilio, [1983=1997] p. 155）。

そして、デミリオは、一九七〇年代の合州国の都市部において、レズビアンやゲイは「生きるための安全な空間を社会的に切り開いてきた」とする。しかし、その反面、レズビアンやゲイに対する「抑圧はその場を変えただけであり、国家の法による暴力からますますあからさまになっている身体的攻撃という法を超えた暴力へとうまくずれただけなのだ」とも述べる（D'Emilio, [1983=1997] p. 153）。

このように、わたしたちが生きる資本主義社会において、異性愛以外の〈生〉を享受できるようになったと同時に、〈異性愛主義〉の規範は強固に再生産／維持されつづけているといえる。

五　〈越境〉から〈境界〉の撹乱へ

本稿では、女性の性的指向をめぐる〈越境〉を事例としてとりあげ、その経験がもつ〈異性愛主義〉への撹乱（不）可能性について考察してきた。そこで明らかになったのは、〈越境〉という経験や、その経験を可能にする背景には、異性愛体制にほころびが生じているということであった。この点は、異性愛者の女性たちによるレズビアンに対するまなざしからもみてとることができた。しかし、異性愛体制にはほころびが生じつつも、同時に、〈異性愛主義〉という規範によって、同性愛／異性愛のあいだに〈境界〉が措定されつづけていることもみてきた。そのような両義性を抱えつつも、最後に残された課題は、〈越境〉という経験が、それでもなお、〈異性愛主義〉への撹乱可能性をもちうるか、という問題である。

掛札悠子は、日本社会において、女同士の関係性が、「『女』が『母』であり、『妻』であり、『ある男のもの』であることが自明とされていることの社会の規範」が存在することを指摘し、それゆえに、その「〈女―女〉という関係は（中略）規範に対する完全な裏切り行為である」と述べる（掛札［一九九二］五八頁）。であるがゆえに、レズビアンは存在しないものとされてきた、と。そして、存在しないものとされてきた現状を踏まえて、掛札は、あえて「レズビアン」を名乗ることの必要性を強調する。その理由としては、①法律や社会制度のなかで「女二人（あるいはそれ以上）の関係を選んだ女と、法的な結婚を選びとった女は極端な差別で断絶されている」ことと、②社会意識として「女と女の関係性（特に性的な関係）を無視したり、差別したりする風潮が強くある」ため、「違い」を主張する必要性がある、というものである（掛札［一九九四］一〇四―一〇五頁）。

男性との親密な関係性をもつことを女性の〈生〉の前提とし、多様な女性の〈生〉を分断していく状況を再生産し、維持する〈異性愛主義〉という規範――そこにはらまれるイデオロギーを、わたしたちはどのように撹乱することができるのだろうか。同性愛／異性愛のあいだに、権力関係を介在しつつも措定される〈境界〉をみきわめるなかでしか、その撹乱可能性はみいだすことはできないのかもしれない。そのためには、〈境界〉が、ときに揺らぎ、ときに線引きされなおされる状況を丁寧に考察していくしかない。

掛札の述べる「断絶」をつないでいくこと、そして、同時に「違い」を主張していくこと、その両者のあいだで、理論と実践の両側面から試行錯誤していくという、迂回路を経由して模索しつづけるしか道筋はなさそうだ。

●注

（1）たとえば、議論されてきたテーマには、「レズビアン」とは、個人につけられた名前か関係性につけられた名前か、あるいは性的関係を含みうるか否か、など、いくつかの論点が存在する。このような定義の確定困難の問題については、拙論（堀江［二〇〇五、二〇〇六］）をご参照いただきたい。

（2）このような定義は、同性愛者を異性愛に「矯正」、「治癒」しようとする行為に対する抵抗手段として採用されてきた（cf. Altman,［1993=2010］）。現時点での妥当性を考えるためには、その定義の出発点や背景について考慮すべきであることを付け加えておきたい。

（3）ここには同時に、アセクシュアリティ（asexuality／無性愛）やバイセクシュアリティ（bisexuality／両性愛）をどのように位置づけるか、という課題が生じる。筆者は、この点について現段階ではつぎのように考えている。まず、アセクシュアルな存在について。性愛を否定型で語る「無」性愛を、性的指向という〈欲望〉のカテゴリーでとらえること――包括すること――は問題をはらむものである。それはアセクシュアリティが性愛の欲望そのものを問う視点を含んでいることに反するからだ。つぎに、バイセクシュアリティについて。その名称自体が二項対立を含むものではあるが、バイセクシュアルとは「性対象選択に際し、相手の性別を重要な要素として認識しない」とも説明されるため、相手の性別を機軸とする「性的指向」という概念でとらえること自体を問いなおす必要があるのではないかと筆者は考える。このような点から、以下、本稿ではアセクシュアリティやバイセクシュアリティについては言及しない。

●参考文献

Altman, Dennis, [1971] 1993, *Homosexual: Oppression and Liberation*, New York: New York University Press.（[＝二〇一〇]、岡島克樹・河口和也・風間孝訳、『ゲイ・アイデンティティ――抑圧と解放』岩波書店）。

D'Emilio, John, [1983], "Capitalism and Gay Identity," Ann Snitow, Sharon Thompson and Christine Stansell eds., *Power of Desire: The Politics of Sexuality*, New York: Monthly Review Press.（[＝一九九七]、風間孝訳「資本主義とゲイ・アイデンティティ」『現代思想』第二五巻・第六号、一四五―一五八頁）。

江原由美子［二〇〇一］『ジェンダー秩序』勁草書房。

堀江有里［二〇〇五］「〈レズビアン・アイデンティティ〉という契機――その公共空間への介入可能性」仲正昌樹編『ポスト近代の公共空間』御茶の水書房、一四三―一七五頁。

堀江有里［二〇〇六］『「レズビアン」という生き方――キリスト教の異性愛主義を問う』新教出版社。

掛札悠子［一九九二］『「レズビアン」である、ということ』河出書房新社。

掛札悠子［一九九四］「私は『レズビアン』？」『海燕』第十三巻・第三号、福武書店、一〇二―一〇五頁。

河野貴代美［一九九〇］『性幻想――ベッドの中の戦場へ』学陽書房。

町野美和・敦賀美奈子［一九九四］「あらゆる女はレズビアンになれる、もしあなたが望むなら」井上輝子・上野千鶴子・江原由美子編『日本のフェミニズム1　リブとフェミニズム』岩波書店、二一六―二二八頁。

Wilton, Tamsin, [2002], *Unexpected Pleasures: Leaving Heterosexuality for a Lesbian Life*, London: Diva Books.

第十章　生死をめぐるモラル・ディレンマ

：『私の中のあなた』の物語世界から見えてくる〈自己決定〉の不可能性

ギブソン松井佳子

一　「自己決定」という問題意識の所在

現代社会における自律・自己決定という自由の問題は、厳密な「自己決定」が不可能であることの認識あるいは再認識という形をとらざるをえないという地点から考えていくしかないのではないだろうか。この認識の不可避性について根源から考察させてくれるのが現代医療をめぐる生命倫理の領域である。先端生命科学や医療技術のめざましい発達によって、人のいのちは人為的操作の対象として扱われるようになってきた。そしてその趨勢のなかで、医療行為はかつての医師主導型から患者の自己決定重視型へと大きくシフトしている。長い間自然視されていた生死の境界線が引き直され、生命を永らえさせることができるようになった。そのことによって死の受容はより困難なものになり、生にしがみつき死を怖れる期間が長期化して、身体の苦痛や死の恐怖におののくプロセスにより長くつきあわねばならないという負のスパイラルを生んでいる。と同時に逆のベクトルから、「尊厳死」といった考え方も議論の遡上にのぼってきている。人間が自然をコントロールしたいという欲望をもち、知の遺産を蓄積したわけだが、この〈いのち〉の領域にあっては、生死の境界線の引き直しが必ずしも人々の幸福につながるものとはいえないのではないだろうか。現代医療技術の進歩によって確かにこれまで考えられなかった難病疾患の改善や延命などの恩恵を被っていることは事実であるが、医療行為の実験用のモルモットさながら「モンスター」化してしまう人々の存在も決して無視できない。

いのちの現場で、自己決定のパラドックスが実質的に患者や家族のみならず医療従事者の人たちに対しても大変な苦渋を強いてしまっていること、患者の情報入手に基づく自己決定がいかに不安要因を抱えた難行であることかを考えるとき、科学主義と権利意識で進めていく方針の問題性に気づき、人間性を歪めない形の解決法を模索することが必須であると言わざるを得ない。ここでは倫理学の領域における哲学的・原理的な考察の掘り下げが必須であることは間違いないが、それと同時にわたしたちの生活現場において生死に関わる切実な問いに対する実現可能な解決策を提示することも不可欠であろう。もとより私たちはみんな〈生〉と〈死〉の両方に直面しているのであり、いのちの本質や意味についての根源的な思索の重要性は共有されているはずだが、診断や医療技術の日々塗り替えられるほどのめざましい発達の成果を享受する一方、そもそも論としての死生観の深い考察吟味はますますないがしろにされている観は否めない。

最近の先端医療技術の発達によってわたしたちの生死のコントロールの幅が広がり、従来〈神〉の領域であると信じられてきた〈いのち〉の「はじめ」と「おわり」が自然現象ではなくなりつつある。しかし、こういった医学ならびに医療技術・診断技術の高度化は果たしてわたしたちにとって究極の福音なのだろうか。生死の定義を操作し、生死の質を管理し、生死の境界線を更新するといった作業が進展していく中で、人間の生命誕生に関わる諸問題（体外受精、遺伝子操作、出生前診断、デザイナーベイビーなど）や〈死〉をめぐっての医療行為（臓器移植・生体移植・死体移植・脳死臓器移植、人工延命治療・措置、安楽死・尊厳死、ターミナルケアなど）の倫理的な意味解釈についての本質的かつ根源的な考察・議論がなされないまま、「自己決定」という名のもとに強制された人体資源としての〈いのち〉の在り方を受容しなければならないという現状に否応なく飲み込まれそうになっているのではないだろうか。

二　ジョディ・ピコー『私の中のあなた』が問いかける医療介入をめぐるコンフリクト

文学の主題は一体何かと問われれば、究極的に生死の問題に収斂できよう。それは人間が生きていく上で常にとりつかれてきた「生きることの意味」を問い続けるしかない実存的な人間の在りようが、文学の重要な存在理由を支えているのだと結論づけることができる。

やや乱暴な論点先取になってしまうが、本稿のテーマである生命倫理の領域における「自己決定」問題に引きつけて言うと、次のような位置づけになるだろう。医療場面での当事者である患者は第一人称の立場で「知る権利」を行使してなるべく多くの情報を入手しながらも、自分の物語世界を手繰り寄せ、自分の人生における過去の心身にまるわるさまざまな経験やそれによって培ってきた価値観などについて思いをめぐらす。つまり自分のかけがえのない人生の実感は確かなものとして現に存在している。他方の医療者側（医師をはじめとする）はどうかといえば、概ね第三人称および第二人称の立場から、いわゆるEBM（evidence-based medicine）に必要な信頼性に富むデータ収集とこれまでの臨床決定データ分析を行った上で、その客観的に提示された情報を患者に伝えて当人の意思決定が自己決定として遂行なされるように支援をすることになる。しかしここに物語的要素が入ってくる可能性が全くないとはいえない。もとより、人間は機械とちがってひとりひとりちがっているのであるから、医療には完全な再現性はないといえよう。だとすれば、ある意味ではすべての治療が実験だとも言える。医師がこれまでの実証データを提示するとき、それは過去の確率記録なのであって、それがその患者にとって実際有益かどうかは疑問だ。客観的な数字という形ではない個別具体的な「物語」に医師が言及し、そこから科学実証主義的エヴィデンスとは異質の大切なメッセージを受け取ることも患者にとっては大いに力づけられる結果となりうると考えられる。これはわたしたちの経験則に照らしても周知の事実である。

これまでにいくつかの文学作品（特にSF小説のジャンルにおいて）は、医療科学技術の発達による人間改変というプロジェクトを取り上げ、最終的にグロテスクなモンスターを創出させてしまうという、科学知識への限りなき欲求にとりつかれる人間の傲慢・不遜（hubris）の悲劇テーマに収束するものとして結実してきた。有名な作品としては、メアリー・シェリーの『フランケンシュタイン』〔一八一八年〕、R・L・スティーヴンソンの『ジキル博士とハイド氏』［一八八六年］、やH・G・ウェルズの『モロー博士の島』［一八九六年］が挙げられよう。日本にもテーマ設定は異なるが、森鷗外の『高瀬舟』という作品があり、自殺を企てた弟の懇願を聞き入れる形で自殺幇助（慈悲殺人：mercy killing）を実行する兄のやむにやまれぬモラルディレンマの内実を描いている。しかしこれらの作品と一線を画すものとして、『私のなかのあなた』に注目したい理由の最たるものは、医療技術の進歩によって生み出されているのは、決して特別グロテスクなモンスターなどではなく、わたしたちの日常生活に浸食し、ほとんど自然視されつつあると言ってもよい心性のクライシスだという点である。

ここでは『私の中のあなた（原題：My Sister's Keeper）』［二〇〇四年］という米国のジョディ・ピコーの小説および映画作品の分析解釈を通して、ある家族の構成メンバー各人および関係性における具体的な〈生〉の営みを検証しながら、生死をめぐるさまざまな生命倫理問題を、〈自己決定〉というモメントが巻き込む磁場の広さとその複雑な生の営みの諸相を根源的に考察してみたい。この作品は、そもそも生命倫理とは一体何であるかを考える上で、実に多様な問題をポリフォニックで複眼的な視点からわたしたちに問いかけてくれる。本作品のメインテーマのひとつは臓器移植問題であるが、これまで軽視あるいは正面切ってほとんど取り上げられることのなかったドナーの視点からモラルディレンマを真摯に捉えている点は大いに評価されよう。ドナー自身のアンビヴァレントな自己内亀裂発言は十分な傾聴に値する。

この生命倫理小説とでもいうべき物語の主役はフィッツジェラルド家のアナという一三歳の娘である。

この家族には他に、アナの姉ケイトと兄ジェシー、父のブライアンと母のサラ、それからこの核家族メンバーではないが、サラの姉スザンヌがいる。本小説のメインプロットは、急性前骨髄球性白血病の姉ケイトを助けるべく遺伝子操作で生まれたいわゆる「デザイナーベイビー」のアナは幼いときからずっと姉のために強制的に医療行為（成長因子注射、リンパ球輸注、顆粒球の提供、幹細胞にリンパ球の提供、骨髄移植など）をさせられ、一三歳になった今、かなりのリスクを伴う腎臓移植要求を拒否すべく両親を訴えることにする。つまりアナは「デザイナーベイビー」「ドナーベイビー」であるが、これらのテーマから派生するさまざまな生命倫理領域プロパーの問題群が広範囲に取り上げられている中、特に重要なのはこの作品が「死」に正面から真剣に向き合っているということである。そしてそれは単に生命至上主義（vitalism）に対する批判からなされているわけではなく、生死というつなぎ目のないプロセスをあるがままに捉えず、あえて境界線操作を強行突破的に進歩させている現代の医療のあり方それ自身への警鐘ともなっている。医療技術は一体だれのためのものなのか？　という問いは、〈いのち〉の偶有性（偶発性）および不確実性の問題と不可分である。

もとより人間の生死の場面における倫理的な考察は、近年の「自己決定や自己決定権」を基軸とする法的および社会的な制度整備や現状理解という営為のみでは不十分である。人と人の間で「生きている」わたしたちの心情の内的葛藤や他者との利害関係の衝突や意見の対立についての対処の仕方がどのようなものであるか、その具体的生をひもとく中で、皮肉にも〈自己決定〉あるいはその不可能性なるものの内実が可視化されていく。レシピエントとドナーいう各々の役割を担うケイトとアナ姉妹は果たして対立する関係であったのだろうか？　更には小説と映画にはまさに衝撃的とさえ言えるほどの決定的な違い（まさに生きるか死ぬかの大問題）があるが、その差異の意味するところは作品としての説得力にどのような影響を与えていると言えるだろうか。

三　ドナーベイビーとして生きるアナのアイデンティティ認識

「一方、あたしは特殊な目的でこの世に生まれてきた。あたしは安ワイン一本や、満ちた月や、その場の勢いの結果で生まれた子どもじゃない。科学者がお母さんの卵子とお父さんの精子を結びつけ、貴重な遺伝物質の特殊な組み合わせをどうにかこしらえたからこそ、生まれてきたのだ。……でもふたりはこうも言った。まだ胚の段階のあたしを選んだんだと。なぜなら、あたしは姉のケイトを救うことができるから。「あなたへの愛はさらに強まったのよ」とお母さんは強調した。「だって、わたしたちがなにを授かろうとしているかがはっきりをわかっていたんですもの」

だけど、それを聞いてあたしは思った。もしケイトが健康だったら、どうなってたんだろう。たぶん、今でもあたしは、天国だかどこだかに浮かんでて、ある期間、地上で過ごすための体をくっつけられるのを待ってるんだろうな。きっとこの家族の一員にはならないんだろうな。そう、だからあたしは、」自由世界のほかのところで起こってるように偶然にこの世に生まれてきた子どもじゃない。そして、両親が特別な理由で子どもとつくったのなら、その子にとっては、それがこの世界に存在する一番の理由なのだ。だって、その理由がなくなれば、自分もなくなってしまうんだもの。[1]」

アナは「デザイナーベイビー」として、そしてより厳密には「ドナーベイビー」として、難治性疾患である白血病に罹っている姉ケイトの治療目的のために遺伝子操作によって誕生した。両親はアナの姉ケイトの命を救うために、ケイトの遺伝子と完全に適合する胚を選んだのである。通常こういうドナーベイビーの場合、体外受精によって得られた複数の胚が四～八細胞期に入った段階で一～二細胞を採取した上、遺伝子検査を実施してより高い適合性を有するものを選択し子宮に移植して妊娠させるという行程を踏むことになっている。この小説の中で弁護士のキャンベルは、ロースクールの倫理学の講座に触れて、「予備の臓器保有者としてもうけられるスペアパーツ・ベイビーや、受精卵の段階の遺伝子操作で形質を選択されて誕生するデザイナーベイビー」を「現代に生きる子どもたちを救うための未来の科学」という両義的な解釈が可能なラベルで呼んだ上、このようなテーマにまつわる授業はロースクールではまともに扱われていないと述べている。法制度よりも現実の方がずっと進んでいるからであろう。このドナーベイビーは、肯定的に捉えれば「救世主の弟・妹（savior sibling）」であり、否定的に解釈すれば「スペア部品（spare parts）」ということになろう。実際このドナーベイビーを生み出す生命操作技術は一九八〇年代末ごろから実施され始めたが、当初からその倫理的妥当性について疑義が提出され続けている。ドナーベイビー肯定派は概ね、夫婦やカップルのプライバシー権（生殖の自由）や幸福の追求権を根拠にその妥当性を主張している。他方の否定派は子どもを単に「手段」「道具」として扱うことは誤った行為であると指摘し、それがたとえもう一人の子どもの治療目的のためとはいえ、他の人間をもっぱら「手段化」「道具化」しているということに変わりはないと考えるのである。しかしこういう肯定派否定派という対立図式を固守していては、ドナーとレシピエントの姉妹関係の内実を見落とす危険性がある。つまりアナとケイトの関係性は決してドナーとレシピエントの対立関係に還元できるような種類のものではないのである。

本小説は登場人物のうちの七人（アナ、ケイト、ジェシー、サラ、ブライアン、キャンベル、ジュリア）の視点から章別に書き分けられているが、作品冒頭の箇所に先のアナのナレーションがある。ここには明らかにアナのドナーベイビーとしての正直な困惑や不安そしてある種のアイデンティティ・クライシスが見て取れる。アナは自分が普通の偶然によって生まれてきたのではなく、遺伝子操作によって、いわば前もって生きる目的や理由を決定された存在として誕生したことをどのように受けとめて納得すればよいのかよく分からないのだ。そしてここで重要なことは、もしケイトが健康体であれば、きっとこの家族のメンバーにはなっていなかっただろうと感じていることだ。ここにはまさにハーバーマスが「パターナリズム的な目論見」と認識する〈手段化〉の問題がある。この両親とドナーベイビーの関係には「同等な人間同士のあいだの相互性」が欠如しており、両親つまり「プログラムの設計者は、プログラムされる側の同意が得られると推定する根拠もないままに、従属的な他者のライフヒストリーにとって重要な進路決定をパターナリスティックに行う目論見で、他者の遺伝形質を一方的に扱おう」[2]としていることになる。アナは自分自身の身体の中に両親の意図を含みもつことで、自分の人格と身体を完全に同一視することはできない。つまり自分の身体であって自分のものではないという不安定な状態に耐えなければならないのである。そしてこの場合の優生学的プログラムが道徳的問題となるのは、ハーバーマスの指摘にあるように「…当該の人格を特定の人生設計へと限定し、それによって少なくとも、独自の人生を選ぶ自由を制限することになるときである。」[3]

それに加え、姉ケイトのスペア部品として自分の人体部品を恒常的に提供するミッションを生まれながらにして背負わされていることの足枷は決して小さいとは言えまい。間違いなく、アナは一三歳になるまで自分の身体についての自己決定権を有していなかった。自己決定権の基礎にある身体のインテグリティ（bodily integrity）は、その都度の治療行為の承諾を要請するのであり、生まれる前から身体のさまざまな部分の一括使用を両親によって決定されていたアナは自己アイデンティティの認識と身体の間に相当深いギャップがあったことは想像に難くない。

小説の中でアナはこのように表現する。「このごろ、悪夢をよく見る。自分がうんと細かく切り刻まれて、もとの体に戻れなくなる夢だ。」[4] 夢の中とはいえ、潜在意識レベルで自分の身体のインテグリティに支障があることが見て取れる。そしてその後の作品プロットの展開から、わたしたちはこれが決してSF的な悪夢ではなく、まさしく現実であることを知るのである。アナの道徳的自律性および認知能力の社会的な獲得プロセスに通常の過程とは異なる種類の特質があると考えられる。ケイトの病気が単に彼女自身の不遇・不幸で終わらず、家族全員をまきこんでいたことは確かであり、両親はもちろんのこと、それに劣らず三人の兄弟姉妹関係に多大な影響を与えていたことは間違いない。アナは自分のことを〝へんてこ〟（フリーク）と自嘲して、「ほんとうのことをいえば、あたしは心底、子どもだったことは一度もない。もっと正直にいえば、ケイトもジェシーも同じ。兄貴はたぶん、ケイトに診断がくだされるまえの四年間だけ、陽のあたる人生を送ってたんだろう。でも、そこから先は、三人ともうしろを振り返るのがやっとで、まっしぐらに走って成長するなんてことはなかった。……ディナー・テーブルに死神の席が用意してある

子どもはそのような感覚からは自由であるはずだが。通常間接的な〈生〉あるいは〈死と不可分の生〉を引き受けることを余儀なくされていったにちがいない。に住み着くやいなや、こどもたちはまっしぐらに成長するのではなく、〈死〉から反照される形でのいわば家で、どうしてそんなことが信じられる？」[5]と回顧している。難治性疾患である白血病という病気が家族

果たしてジェシーはこの家族の秩序を乱すべからずとした上で、三人のきょうだいの役割を、ケイトは殉教者、ジェシーは敗北者、アナは調停者だと述べているが、誰一人として自律や自由を謳歌して自己実現を成就している者はいない。調停者としてのアナという表現は深い含蓄を持つ。調停という営為は「媒介性」を有しているが、アナは複数の意味でまさに「調停者」であるといえる。あるものとあるもの、またはある人とある人の間に立って、インターフェイスとしての役目を担う。アナは、両親とケイトの間にたってドナーとしてケイトの治療を支える、医療従事者と家族の間にたってまさにからだを張って医療目的と家族の福祉を実現させようとする、母サラのケイトへの延命願望とケイト自身の死を望む気持ちの間に立って両親を訴える訴訟を起こす、そしてとりわけ重要なのはアナ自身の中にある自己矛盾の調停者でもあった点である。そしてこのアナの中の自己内葛藤や深刻なコンフリクトを、うまく調整するのではなく、その両方が同じようにアナ自身であることを小説は静かにかつ強く主張する。これまでのアナの人生の中で、ドナーの役割を強いられそれをやめたいと欲する気持ちは決して偽りではない、たとえそれがケイトの死を意味するものであっても。しかしケイトのいないアナの人生が解放された幸せをもたらすかと言えば決してそうなりえないことをアナはわかっている。つまりアナにとって、ケイトにはなにがなんで

も生きていてほしいと思う気持ちが真実であるのと同じぐらい、ケイトから解放されてドナーとしてではない自分の人生を送りたいと願う気持ちも真実なのである。アナのこのアンビヴァレントな心理状態は、「自己決定」の問題に密接に関係している。

四　自己決定のパラドックス：アナの場合

長年医師たちの職業倫理・医療倫理を支えてきた「ヒポクラテスの誓い」には、医師が患者に対して、善行、無危害、公正、守秘義務といったルールを守らなければならないと書かれている。医師は専門家として十分な知識を有し権威と誇りを持って患者に接し、常に患者にとって最善の治療法を選択してくれるという患者側から医師への信頼もあった。しかし近年の医療技術の進歩が治療法の多様化を生み出した結果、患者はその多くの治療法の中からどれかを選択しなければならなくなった。人々の価値観やビリーフもますます相対化・多様化する中、「ヒポクラテスの誓い」が具現していたような医師と患者のパターナリズム的関係は衰退傾向となり、その代わりに浮上してきたのが患者の自律尊重原理であり、医学的に自律という用語が自律神経のように全く異なる意味を持つことから、「自己決定」あるいは「自己決定権」という用語が広く使われるようになった。従来の医師の権威主義を批判し、医師と患者が対等な関係を築くことが求められ、その具体的な方法としてインフォームド・コンセントが導入される。医療を受ける患者が自分の身体について自分で決める権利、すなわち「自己決定権」がますます強く主張されるようになっていく。医師の裁量権重視医療から患者中心医療へと移行していったのである。

しかし最近その「自己決定」の倫理観にもいろいろな問題があることが指摘され始めた。自律（オートノミー）尊重の立場を重視するインフォームド・コンセントに代表される「自己決定」原則もそれだけでは決して完全な指針ではない。唄孝一が述べているように、患者が必要な情報入手として理解し自発的に決定できるようになるためには、その時間的プロセスに医療側と患者の参加がどうしても必要とされるのである。唄の言を引用しておこう。「ここにおいて、患者と医療者とは、一方が他方に情報を与えたり助けたりすることに尽きない関係となり、両者はともに相補的協働的道徳主体 Complimentary Collaborative Moral Agent という役割を期待される。」[6] この考え方に近い概念として、小松美彦は「共決定」という言葉を使い、自己決定に代わる三者決定（医療従事者、患者、家族の話し合いによる）の必要性を指摘している。ここに感得できるのは、自己決定が単に自分ひとりでなし得るものではないということである。前述のギリシャの医学の始祖ヒポクラテス（BC四六〇頃～三七五頃）は、病気を患者の生命全体に発生した現象として捉え、客観的に観察・診断することが大切だと考えていた。そして人間の体に備わっている自然治癒力を手助けすることが医師の担う重要な役割だと認識していた。すなわちヒポクラテス式ルールは病気そのものを治そうとしたのではなく、ホーリスティックな生命現象として患者の病気を捉えた上で、その自然回復力に寄り添う形で医師が協働することを考えていたと思われ、決して医師と患者の関係性をないがしろにして権威主義的に高圧的に患者を捉えていたわけではないと考えられるのである。

ではここで、小説の中のアナとケイトの自己決定が具体的にどのような形として表現されているかを見てみることにしよう。まずアナの場合、生まれるとすぐにケイトへの身体パーツの提供が始まる。最初は新生児のときに臍帯血を、五歳のときにリンパ球を三回、それから骨髄移植、顆粒球、末梢血幹細胞の提供と続いていく。このような経歴のあと、今回アナは腎臓移植を拒否したいと考えで両親を訴えるという自己決定を下す。一三歳になってアナがこのような形で法的手段に訴え自己決定権の行使に踏み切った理由はと聞かれると、アナは「だれも一度もあたしに尋ねなかった」「ふたりともあたしにはあまり関心ないの。あたしの血液やなにかが必要なとき以外はね。ケイトが病気じゃなければ、あたしはこの世に生まれてさえいないんだから」(7)と誕生以来ずっと姉を助けるために「手段」として生きてきたこと、両親がきちんとコミュニケーションさえとってくれなかったことに不満を漏らす。それから、弁護士のキャンベルに、腎臓移植を拒むということは結局姉ケイトの死を意味するがそれでいいかと尋ねられ、彼女は「きりがないからよ」(8)と突っぱねた返答をする。アナはこの家族の中において、自己アイデンティティの危機や不安を感じ続けてきたのである。「自分はほんとうの家族のところへ行く途中、この家族を通過してるだけなんだ。小さいころはそう思うことにしていた」(9)そして彼女は病院のカフェテリアで食事をしながら、「ほんとうの両親がすぐ隣にいるのかもしれないと考えてた。」(10)アナがずっと感じ続けてきたのは、ドナーベイビーとして実存的人格と身体が不一致であることに由来する神経症的な心理状態であり、両親が決して自分の声を聴こうとしてくれなかったことへの悲しみに満ちたフラストレーションである。そしてアナが生体腎臓移植を拒否するもう一つの理由として、医学的つまり医療従事者側の説明としては比較的安全であるとされている腎臓移植が実はさまざまな危険を伴っているという情報を入手していることに加え、普通は手術を受ける当事者が、その手術の成功によって得をするはずだが自分の場合はそうではなく、自分の身体への侵襲的医療行為にも関わらず両親は当然のごとく腎臓移植のドナーの役割をアナに期待することに半旗を翻すのである。いくら一三歳の子どもだとはいえ、アナは自分の身体は自分で守らなければならないと感じて決心した。生体腎臓移植手術にはこんなに多くのリスクがあるのに、医療側はリスクの確率は低いと説明し両親はケイトを助けるためにこれしか選択肢がないからという理由でアナの身体＝人権を侵害する。黙って引き受けなければならないドナーベイビーの悲痛な声をアナは法廷まで持ち込むことにしたのだと当然読者は理解する。アナの想像力は自分の誕生時まで遡り、両親が本当に自分が生まれてきたことを喜んでくれたかどうか疑問に感じる。ドナーベイビーとして生まれてきた自分の場合、両親は通常の親が抱くであろう歓喜の気持ちや身体満足かどうかを調べて安堵する態度とは異なった反応を示したにちがいないと考えてしまう。「あたしの手足の指を数えて、宇宙で一番すばらしい数を思いついたと確信した？　お母さんはあたしの頭のてっぺんにキスをして、看護師があたしの体を拭くために引き離そうとするのを拒んだ？　それとも、お父さんもお母さんもあっさりとあたしを引き渡したの？　あたしのお腹と胎盤のあいだに真の目的物がしっかりと挟まっているから。」[11]つまりアナ誕生時に、臍帯血をケイトが待っていたのである。それが両親にとって「真の目的物」であり、アナはそれを提供する〈手段＝ドナー〉に過ぎないのだと自己認識する。そして遺伝子操作で生まれたアナは「授かりもの」ではないため、体を調べる必要もない。人工的に周到なプログラミングをされてできたテイラーメイドの命だから。

このようにしてアナは一三歳で自己決定をし、ドナーとしての身体部品の提供を拒否する訴訟を起こすことにしたが、それを母のサラは自分勝手な決断だと激しく非難する。アナ個人の問題ではなく、家族みんなの問題であることを強調して自分だけその家族協力体制から逃れ出そうとしていることを責めたてる。

母から強く非難されアナは喉がつまり「空気を吸うことも弁解することもできなくなる。あたしは透明人間なのね、と心でつぶやく。」[12]アナは文字通り息苦しさを感じて消えてしまいそうになるのである。これまでも母親は自分の声に耳を傾けてくれたことはなかったのであり、いるのにいない「透明人間」として生きてきた自分自身の寄る辺なき存在を再認識する。そしてこれでもかという決定打がアナを襲う。母はアナをぶった。「お母さんは、色が薄くなったあともずっと消えないものをあたしに残す。覚えておいて。心の傷は五本指の形をしてるってこと。」[13]心が身体と不可分に結びついていることをアナは生まれたときから痛いほどわかっているのだ。ドナーベイビーとしての役割から降りたいと思ってもそれはアナには許されないのであろうか。読者はドナーとして自己犠牲を強いられてきたアナに同情を寄せることになる。

果たしてアナの訴訟という自己決定は、自分の権利を守るためにアナ自身がひとりで決定したものなのであろうか。実はそうではないのだ。このアナの自己決定はいわゆる〈自己決定〉ではなかった。では一体どのような理由からなされた決心であったのか。これを考えるためには、アナとケイトの関係性をその細かな糸の絡み合いやもつれおよび切断までも含めて検証しなければならない。アナとケイトはお互いに対してどのような気持ちを持っているのだろうか。お互いの境遇の重さを矮小化・単純化して、妹アナは手段化された哀れなドナー、姉ケイトは白血病で死が避けられないがアナに依存しているレシピエントとして、役割に還元してしまうことはどうしても避けたい。つまりアナもケイトも役割に自己回収されてしまうのではなく、自分の存在のなかに内的矛盾、亀裂、そして謎を併せもっている人物として描かれている。二人ともお互い同士そして家族みんなに対して屈折した内的矛盾を感じている。このような逆境にもかかわらずあるいは逆境だからこそなのかもしれないが、基本的にこの姉妹関係は大変親密でお互いへの思いやりやケアを忘れない。通低和音が限りなくあたたかい。お互いがお互いのことを本当の友達であると感じ相手を失うのは耐えられないとふたりとも口にする。[14] しかし同時にアナは世界と身体と自己認識の間に深刻な切断面を抱えていてアイデンティティ問題から脱出する糸口がみつからず内なる闇に直面してもがき苦しむ。ケイトから離れた自己認識がどうしてもできないアナはこう語る、「そういうろんなことをやってる自分を想像しようとする。でも、できない。つぎへ進もうとするたびに頭に浮かんでくるのはケイトのドナーのあたしだけ。ケイトとあたしはシャム双生児だ。自分たちがくっついてる場所を見られない。そのせいで切り離すのはますます難しくなる。」[15] このシャム双生児という形容は、ドナーとレシピエントの反転可能性あるいは不可分性を表現するものとして強いインパクトを持つ。小説と映画の結末の決定的な差異も、このシャム双生児という観点から見れば、さもありなんという解釈も成立しうる。ケイトとつながっている場所が可視化されていないからこそ、連続性が透明であるからこそ、自己不在を痛感してアナは不安でたまらない。ふたりの関係性が根源的かつ不可分な共感に支えられているからこそ、アナはケイトの魂の声に耳を傾けるのである。つまり苦しんでいたのはアナだけでなく、ケイトも医療介入による侵襲行為の連続で心身ともにぼろぼろになっていたのだ。しかし母サラは決してケイトの生の声を聴こうとしないことはケイト自身一番わかっていた。そんな時、ケイトが自らの切実な叫びを差し向けることができた唯一の〈友〉が妹アナであった。ケイトは死にたかったのである。これ以上切り刻まれて延命治療を受けるのはつらすぎると感じたのだ。ケイトはアナに切実な願いを伝える。自分のために訴訟を起こしてほしい、そうすれば腎臓移植が実現されず逝くことができるからと。アナはそのケイトのまさに必死の願いを受けとめて両親を訴えることを引き受ける。つまり訴訟という決定はアナが自己決定したものではなかった。しかしではまったくアナの気持ちとは無関係であったかといえば、そうではなかった。実はふたりのモラルディレンマは相互浸透していたのである。長くなるがアナのことばに目を走らせよう。

「自分がお荷物でいるのをケイトがうしろめたく感じてたんだとしたら、あたしはその二倍、うしろめたさを感じてた。彼女がそう感じてるのを知ってたから。自分もそう感じてるのがわかってたから。そのあとは話が途切れた。あたしは彼女が手渡すものを拭き、ふたりして、自分たちが真実に気づいていないふりをした。ケイトに生きてもらいたいといつも思ってるあたしとはべつに、解放されたいとときどき願う恐ろしいあたしもいるっていう真実に。……あたしは怪物だ。胸を張れるちょっぴりの理由と、胸を張れないたくさんの理由から訴訟を起こした。……ケイトに生きててほしいのに、自分は自分でいたい、彼女の一部でいるのはいやだとも思ってる。おとなになるチャンスはケイトにはなくても、自分は欲しいと思ってる。ケイトの死はこれまでのあたしの人生で最悪の出来事になるだろうと思いながら…最善の出来事だろうとも思ってる。[16]」

アナの中に混在する二つの相反する感情はケイトとの関係性との結びつきと不可分であろう。ケイトはアナに殺してくれと頼んだ。もしアナがモンスター（怪物）だとすれば、やはりケイトもまたモンスターなのではないだろうか。まさにこれは香川千晶氏のモンスター神話論文のポイントと共振する。香川氏は安楽死肯定論者のジョゼフ・フレッチャー氏が延命措置によってかろうじて命を保っている末期患者のことをモンスターという比喩を使って論じていることに触れながら、このフレッチャー氏のモンスターは、「…医療技術の進歩がはからずも生命を人間的な領域から追い出すことによって、生み出される。」(17)と述べている。

五　ケイトの自己決定：先端医療技術の光と陰

ではレシピエントのケイトは果たして、医療的な自己決定権を行使していると言えるのであろうか。この小説の中に描かれているケイトの医療環境は生命保存に向けて当然のように展開され、延命が至上命令として機能している。ケイトは生死がかかっているなかで選択肢が限られ、母サラの一途な願いもあって医師が提案する治療方法を当然なものとして次から次へと受け入れているという状況である。ここにはケイトの自己決定はみられない。患者であるケイトにとっての有益性が議論されることもなく、母サラはケイトの声を聴こうとはしない。ただ最後までケイトは黙って治療を受け続け、激痛や出血や嘔吐・吐き気などのつらい症状にひたすら耐えるのである。ケイトは決して拒否はしないが、これは自己決定あるいは自己決定権の行使とは言えまい。

倫理基盤としての「自己決定権」は人々のオートノミー（自律・自由）を下支えする重要な権利であり、それによってわたしたちの人生の諸相におけるさまざまな選択が可能なものになっている。その中でも医療場面での医師―患者という非対称的な関係の決定プロセスには患者側のインフォームド・コンセントが大変重要な意義を持つ。患者が自己決定重視原則に従うということは、要するに患者自身の身体をめぐる決定の自発性が確保され保障されるということである。医師が治療するに当たり、診断と治療法について十分な説明を行った上で、その治療行為（特に医的侵襲の場合は重要）を承諾あるいは拒否するという患者自身の決定を認めるということである。決断や決定が他者や社会的状況に強制されていては自己決定とはいえない。自己決定が確保されるためには多様性を前提とした選択肢が供給されていなければならない。では実際にはどのようなプロセスとして実現されているのだろうか。人と人の関係性の中で、自律的行為が他者のそれと衝突していなければ問題は起こらないが、両立不可能なコンフリクトが生起した際には道徳的多元主義や他者危害原則といった方策では解決法を生み出すことはできない。具体的なケイトの白血病患者としての治療履歴、とりわけ医療的介入の在り方に注目してみよう。

ケイトは二歳のときに急性前骨髄球性白血病だと診断されるが、そのときに受けた説明は生存率が二〇％から三〇％、積極的治療を受けた場合の生命予後は九か月から二年であること。そしてドナーベイビーを妊娠することを医師から勧められたとサラとブライアンは理解したが、医師の意図は次のように説明される。ここで少し長い引用になるが弁護士と医師のやりとりを見てみよう。

「あなたはケイトのドナーとしての役割を果たすべく遺伝子にプログラムされた子を妊娠するようフィッツジェラルド夫妻に勧めましたか？」「それはまったくちがいます」チャンスはむっとして言う。「わたしは、今いるお子さんのなかに適合者がいなくても、将来生まれるお子さんもそうだとは言いきれない、そう説明しただけです」「遺伝子にプログラムされた完全な適合者である、その子は、ケイトが生涯にわたって受けるすべての治療に有効なドナーになるはずだと、説明したわけですか？」「当時、われわれがお話ししたのは一回の臍帯血治療についてでした」とドクター・チャンスは言う。[18]」

この医師の説明の仕方のニュアンスは、あくまで中立的なプロフェッショナルな可能性の指摘であったということである。そしてケイトの両親がインフォームド・コンセントで自己決定をして、ドナーベイビーの妊娠に踏み切ったということになるわけだが、ここで実際に起こっているプロセスは到底自己決定と認められるものではない。つまり医療の専門知識がない上、娘ケイトの病名に絶望的になっているケイトの両親にとって、医師の可能性のコメントは強い希望を意味し、それは選択肢ではなく、医師からの強い勧めであると受けとめたにちがいない。医療はある意味で、すべてが実験であり、確実な再現性もないとわかっていながら、ケイトの父母はすがりつく思いで医師のことばを受け入れたはずだ。

ケイトは二歳で白血病になってからさまざまな医学的治療を続けてきたが、それらはケイト自身の自己決定というより、むしろ自分が病気と闘うことで家族のみんなの願いに応え、特に母を落胆させたくないという気持ちが強いように思われる。そしてケイトの最後の腎臓移植を拒否することによってなされる死の選択も、自己決定としての「死ぬ権利」行使ではなく、もうこれ以上家族のみんなに負担や犠牲を強いることはできないという「死ぬ義務」を慮っての決断ではないのか。ケイトはアナを犠牲にして成り立っている自分の命を複雑な気持ちで見つめ続ける。ケイトはアナの骨髄液を中心静脈カテーテルに注入してもらいながら、「アナからもらったから嬉しいんだ」と言ってアナの手を取り自分の心臓の近くに持っていく。妹が自分が生きていることも死ぬことも同じように願っていることをケイトはわかっているのだ。アナだけでなく他の家族のみんなもケイトの闘病のせいで、まともな生活を犠牲にしていることをケイトは確信的にわかっているのである。どこまでもこのまま自分のために家族のみんなの人生を台無しにしてしまうことはどうしてもできないと悟ったのだ。

六　『私の中のあなた』小説と映画の結末の違い：反転可能性

小説『私の中のあなた』では、アナの訴訟が終盤を迎えたときに、弁護士キャンベルが運転する車に同乗していたアナは突然の交通事故で頭部損傷を負い病院に運ばれ間もなく脳死状態に陥る。人工呼吸装置によって呼吸が保たれている植物状態である。そして同じ病院に入院中のケイトに腎臓移植をするという決定をアナの代理権を持つキャンベル氏が下すのである。アナの人生はまさに徹頭徹尾ケイトのドナーとしてのそれであった。ドナーの生を全うしたのだ。そしてずっと前に命短しと医師に宣言されていたケイトはその後奇跡的に回復し始め八年が経過する。医師にも誰にもどうしてケイトがこんなに回復したのか理由がわからない。しかしケイトはこう思う。「アナがわたしのかわりに逝ってくれたのだと。」(19)

ところが映画の方は、腎臓移植を拒否して死期が迫ったケイトは家族への感謝をこめて手作りした家族アルバムを母サラに見せながら、娘の迫りくる死が耐えられず泣き崩れる母をケイトが気丈にも慰め力づける。本当に良い人生だったと回顧しながら、死を受け入れるのである。ケイトが他界した後、アナは勝訴し、ジェシーは新たな人生を切り開き、母は弁護士に戻り、父は若者を助ける仕事に就く。つまりケイトの死によって他の家族は解放され自己実現を果たすことになるというシナリオになっている。

最後のクライマックスに訪れる死がアナかケイトかという違いは、ある意味で決定的な差異をもたらしていると言えよう。なぜなら小説におけるアナの突然死はあまりに奇を狙った結末であり、翻って映画はなぜアナではなくケイトを死なせたかという理由について明確な回答が見つからない。しかし、この二つの死は究極的に同心円上に重なり合っているのではないだろうか。ケイトとアナのどちらが死んでも物語の核に揺れはこないのではないか。過剰と喪失が反対語でないように。ふたりの関係が反転も含めて入れ替えが可能であるとすれば。小説の終わり方は、人間のいのちの予測不可能性、不確実性、偶有性・偶発性を透視し、医学医療技術の可能性と限界を強調するものであり、映画の方は生死の境界線の引き直しという医療技術介入を受けての延命行為の対象となったケイトが家族への思いやりから「ここまで！」という決断を下す、つまり死の受容がいかに難しいものであるかを考えさせられる。生を強いる社会習慣とシステムに生きているわたしたちにとって、その「生＝権力」に抵抗することは非常に困難なことである。

日本においても、改正臓器移植法が二〇〇九年に成立して死の定義が変更され「脳死」は「人の死」となった。この駆け込み成立には、臓器移植を待つ多くの人たちに臓器提供ができる脳死ドナーの数を増加させたいという事情がある。このような外在的な圧力による要請を受けて人間の生死の境界線を操作するということが一体どのような意味をもち、わたしたち人間の価値観（人間観や世界観などの）にいかなる影響を及ぼすことになるのか、そして人間の命を人格的命と生物学的命に区分した上で、人格的命をもつ人間だけが人間の尊厳に値するとするパーソン論が盛んに取り上げられる中、ＳＯＬ（Sanctity of Life）からＱＯＬ（Quality of Life）へという、二項対立的図式を温存させたままでのパラダイムシフトを尊厳死是認へと誘う提唱が拡大しているが、生死をめぐる原理的思索や生死の境界線問題については慎重に複眼的に考察を深めていくことが大切であろう。小説の中でアナとケイトの不可分の関係性に言及し、デサルヴォ判事はこう語っている。「それは、本法廷における発言者全員が命の質と命の尊さについて述べたからです。ケイトが生きて家族の一員であることが大事なのだと、フィッツジェラルド夫妻はつねに信じてこられたはずです。ただ、現時点では、ケイトの存在の尊さはアナの命の質と密接に結びついており、そのふたつを切り離せるか否かの判断をするのがわたしの職分です」[20]そして判事はこう続けている。「適切な答えはどこにもない。それが答えです。…なぜなら、倫理よりもモラルがより重要だから、法律よりも愛がより重要だからです」[21]

この作品『私の中のあなた』は生死をめぐるモラルディレンマの極限的な形をわたしたちに提示してくれるが、生死がもはや聖域としてではなく先端医療技術による操作対象として捉えられるようになった現在、わたしたちの誰もが逃れようもなくこのモラルディレンマに絡めとられようとしているのである。医療制度や法律も人間性を希釈する方向へ足取りを速めていく中、患者にとって選択肢が増えることは決して手放しの福音とは言えまい。生死の定義が書き換えられ、倫理的判断基準の実質的な崩壊に直面し、医療介入を拒否するタイミングさえも捉えづらくなってきている現況の中、だからこそ、生死をめぐる人間性の領域を容易に手放してはならないことを確認しておきたい。最後に、法廷でのサラの絞り出すような苦渋にみちた発言を引用して本稿を閉じたい。サラの言う「正しかった」という確信は、まさに「人間性」なるものの彼女自身の内的必然性から獲得された真摯な思いであったにちがいない。究極的に物語世界は要約を拒む。『私の中のあなた』にも微妙なニュアンスの差異、人物たちの関係性のきしみや揺らぎ、生活風景といったさまざまな磁場が錯綜して存在している。そのなかに、〈生きているひと〉〈死が近づいてきているひと〉〈死んでしまったひと〉たちが出て来て、時の流れとともに出現したり反復したり転化したり消滅したりする諸現象や出来事に応えながら、生きてそして死んでいくのである。パーソン論の〈人間＝人格〉の定義からすると、人格としてまとめあげられた人間こそが人間の尊厳に値するということだが、だとすれば、本作品の登場人物たちは、厳密な意味で人間（パーソン）ではないのかもしれない。モラルディレンマとまさに命がけで戦った母親とサラの魂の声の意義は重く深い。ひとりひとりの命（いのち）のあるがままの現れをそのまま受け入れ、そこに尊厳があると捉える〈人間のいのちの尊厳〉という考え方は人間をモンスター化から守る一種の歯どめの役割を果たしうるのではないだろうか。わたしたちの命をめぐる倫理的内省は端緒についたばかりである。

「ただ、わたしの人生においては、その燃えている建物のなかにいるのは、我が子のひとりで、その子を救い出す唯一のチャンスはもうひとりの子を送りこむことだったのです。救う手だてを知っているのは彼女だけだったから。危険を冒しているとわかっていたかって？　もちろんわかっていました。我が子をふたりとも失うことになるかもしれないとわかっていたかって？　わかっていました。そうしてくれと彼女に頼むのは公平じゃないということに気づいていたかって？　むろん気づいていましたけれど、ふたりとも守るチャンスはそれしかないということもわかっていました。自分のしたことが法に触れるか、倫理にもとるか、常軌を逸した行動なのか、愚かなふるまいなのか、残酷な仕打ちなのか、わたしにはわかりません。でも、それが正しかったということはわかっています」(下、二二八頁)

●注

(1) ジョディ・ピコー『私の中のあなた』上巻、一八～一九頁
(2) ユルゲン・ハーバーマス［二〇〇四］『人間の将来とバイオエシックス』叢書・ウニベルシタス、812、三島憲一訳、一〇八頁
(3) 同上、一〇三頁
(4) ジョディ・ピコー『私の中のあなた』上巻、二八頁
(5) 同上、上巻、二二頁
(6) 市野川容孝［二〇〇二］『生命倫理のは何か』平凡社、〇四一頁
(7) ジョディ・ピコー『私の中のあなた』上巻、四二頁
(8) 同上、四三頁
(9) 同上、八九頁
(10) 同上、八九頁
(11) 同上、九五頁
(12) 同上、九九頁
(13) 同上、九九頁
(14) 同上、一〇三～一〇四頁

(15) 同上、一六〇〜一六一頁
(16) 同上、下巻、三〇七〜三〇八頁
(17) 香川千晶「第十一章　バイオエシックスにおけるモンスター神話」『生命という価値——その本質を問う——』〈熊本大学生命倫理論集三〉［二〇〇九］九州大学出版会、二二九〜二三〇頁
(18) ジョディ・ピコー『私の中のあなた』下巻、二二四頁
(19) 同上、三五二頁
(20) 同上、三三二頁
(21) 同上、三三三頁

●参考文献

ジョディ・ピコー［二〇〇九］『私の中のあなた　上下』川副智子訳、早川書房
H・T・エンゲルハート、H・ヨナスほか著、加藤尚武・飯田亘之編［一九八八］『バイオエシックスの基礎』東海大学出版会
星野一正［一九九一］『医療の倫理』岩波書店
井上達夫［一九九九］『他者への自由』創文社
ジョゼフ・ラズ［一九九六］『自由と権利』政治哲学論集、森際康友編、勁草書房
信原幸弘・原塑編著［二〇〇八］『脳神経倫理学の展望』勁草書房
小柳正弘［二〇〇九］『自己決定の倫理と「私——たち」の自由』ナカニシヤ出版
村上喜良［二〇〇八］『基礎から学ぶ生命倫理学』勁草書房
小松美彦［二〇〇四］『自己決定権は幻想である』洋泉社
松田純・川村和美・渡辺義嗣編［二〇一〇］『薬剤師のモラルディレンマ』南山堂

高橋都・市ノ瀬正樹編［二〇〇八］『死生学　医と法をめぐる生死の境界』東京出版会
ピーター・シンガー［一九九八］『生と死の倫理　伝統的倫理の崩壊』樫則章訳、昭和堂
ホアン・マシア［一九八五］『バイオエシックスの話』南窓社
医療教育情報センター［二〇〇六］『尊厳死を考える』中央法規
保坂正康［一九九三］『安楽死と尊厳死』講談社
真部昌子［二〇〇七］『私たちの終わり方――延命治療と尊厳死のはざまで』学習研究社
メアリー・シェリー［一九八四］『フランケンシュタイン』森下弓子訳、東京創元社
ジェイムズ・レイチェルズ［二〇〇三］『現実を見つめる道徳哲学』古牧徳生・次田憲和訳、晃洋書房
現代思想（二〇〇八、二月号、vol. 36-2）「特集　医療崩壊――生命をめぐるエコノミー」青土社

第十一章　専門職の「自律」の転換
——医学研究を監視するのは誰か

田代志門

一　専門職の消滅？

一般的に、専門職《プロフェッション》に固有の特徴は、その職務内容と成員資格について、外部からの干渉を排し、自ら決定することができる能力にある、とされる（Freidson [1970]）。とりわけ社会学的に重要なのは、この「自律」が単に個としての専門職によって行使されるものではなく、集団としての専門職によって達成されるという点である（市野川 [一九九六]）。この意味において、理念的には、医師会や弁護士会などの専門職団体は、その構成員の知識・技術の水準を維持・向上させるとともに、それが公共の利益にかなう形で使用されているかどうかをチェックする役割を担う。こうした自己規制能力が十分に機能している限りにおいて、専門職は外部からの干渉を免れうる。

しかしながら、こうした古典的な「専門職の自律（professional autonomy）」は、一九七〇年代以降、専門職団体による利益独占のための方便にすぎないとして、強く批判されるようになった。その結果、政府や市場による実質的な「干渉」が提案され、その一部は実際の手続きとして現場にも導入されている。医療・医学の文脈でいえば、一連の医学研究規制の制度化もその一つの例である。[1] 例えば、現在日本においても、医師が患者を対象とした研究を行う場合、まず研究計画書を所属施設の倫理委員会[2]に提出しなければならない。倫理委員会は、医療・医学の専門家に加えて、法律家や倫理学者などの外部有識者から構成されており、研究計画の科学的・倫理的妥当性についての審議を行い、場合によっては研究計画の修正や中止を求める。審査に際しては、行政機関から出されている各種の研究倫理ガイドラインが参照され、一部の研究に対しては法的な規制も存在している。[3] このように、行政ガイドラインに基づく委員会審議が逐一要求されるという状況は、今なお広範な医師の裁量権が認められている日常診療の場とは対照的である。

ところで、こうした状況を踏まえると、以下のような疑問が生じてくる。すなわち、今日において、かつてその中核をなす理念であった「専門職の自律」はもはや時代遅れとなったのだろうか。さらにいえば、それに伴い、古典的なモデルに沿う専門職のあり方そのものが消えつつあるのだろうか。実際、上記のように、医療・医学に係る高度に専門的な行為が、事前に専門外の人間を含む組織からの監視を受け、その統制のもとで行われるという事態は、医師の有する「仕事に対する正当化された統率力」(Freidson [1970: 82]) の喪失を意味しているようにも思える。

本稿では、こうした問題関心のもと、医学研究規制に関するこれまでの議論状況を素材として、現代社会における専門職の「自律」のあり方について理論的な検討を加えることにしたい。そこでまず、次節では医学研究の社会的コントロールに関するポール・ベンソンのレビュー論文の検討を通じて、医療と医学に対する規制のあり方がどのように変化してきたのかを概観しておこう。

二　医学研究規制の動向

1　医療・医学への批判

ベンソンによれば、そもそも医療と科学の領域が、過去数十年の間に厳しく批判されるようになってきた背景には、以下の三つの要因がある（Benson［1989:1］）。第一は、「法人組織医療（cooperate medicine）」の台頭に代表される医学・医療の専門化・官僚制化・商業化の進展である（Starr［1982］）。かつて専門職は、市場や官僚制とは異なるメカニズムを有しており、クライエントの最善を目指すという「サービス理念（service ideal）」を体現していると考えられていた（Goode［1969］）。しかしながら、こんにちにおいては、医療セクターは企業や行政機関と何ら変わらないメカニズムによって動かされている、と批判されるようになっている。ベンソンによれば、こうした批判は、医療専門職に対する社会の信頼を低下させているという。

第二は、高度先端医療のもたらす社会的倫理的ジレンマの表面化である。一九七〇年代の「先端医療革命」以降、脳死・臓器移植から各種の生殖補助医療に至るまで様々な新しい実験的治療法が表れ、その都度ごとにその開発と利用に関わる倫理的問題が提起されてきた（米本［一九八八］）。こうした「先端医療」[4]においては、従来のように医療行為を行うことがすなわち善であるという前提が崩れてしまうばかりか、場合によっては単なる「オプション」とでも呼べるような医療の提供も行われつつある。[5]こうした状況において、医療・医学の位置づけは必ずしも以前のように自明のものではなくなってきた。

第三は、科学的不正や非倫理的人体実験などのスキャンダルの発覚である。七〇年代以降、欧米で発覚した一流の医学研究者による数々の不正行為の発覚は、利他的で高い倫理性を有していると考えられていたかつての科学者のイメージを覆すことになった。一連の人体実験スキャンダルでは、同意もないままに被験者をリスクにさらしたり、治療だと偽って研究参加を呼びかけたりするという非倫理的行為が行われていた。こうした事態を受けて、もはや医学研究者はかつての気高い「科学者のエートス」を失ってしまったと主張する論者さえいる(6)。

ベンソンは、これらの要因によって、「医師と科学者の活動に対する政府のコントロールが増大」しており、その適切なあり方を検討するためには、医療と科学の領域における社会的コントロール論の蓄積を吟味することが有用だと指摘する（Benson [1989: 1]）。ここでいう社会的コントロールとは、「フォーマルまたはインフォーマルな手段を通じて、内的または外的に課され」、「それによって集団がその成員の間の一致を促進し、維持する過程」のことであり、ベンソンは、医学研究のコントロールを以下の四つの分野に区別している（Benson [1989: 1]）。すなわち、（1）専門職の社会化と訓練、（2）インフォーマルな同僚からの影響、（3）専門職内の規範とサンクション、（4）専門職外の規範とサンクション、がそれである。そこで以下ではベンソンのレビューに従って、適宜その内容を簡単に整理しておこう。

2　内的コントロールの諸類型

（1）「専門職の社会化と訓練」とは、具体的には教育による規制メカニズムを指している。周知のように、医学教育の社会学的研究に関してはこれまで多くの研究蓄積があり、代表的なものとしては、専門職的価値観の内面化によるコントロールを強調したフォックスの研究と、そうした内面化ではなくむしろ直接的なサンクションの必要性を強調したベッカーらの研究がある〔Fox［1988］；Becker *et al.*［1961］〕。ベッカーらは、フォックスを批判し、専門職的価値観の内面化は医学生の行動をコントロールするには有効ではなく、唯一の有効なコントロールは絶え間ない監視である、と主張した〔Bosk［1985: 38］〕。その後の多くの社会学的研究はベッカーらの指摘を受けて、医学生は不適切に社会化されており、強い生物医学志向のもとで「患者志向ではなく病気志向の医師」が養成されていることを明らかにしてきた〔Benson［1989: 2］〕。

ベンソンは、これら医学生を対象とした社会化の研究は、医学研究者の社会化過程についての研究ともかなりの部分で一致すると指摘している。実際、医学研究者の社会化についての研究を行ったバーバーらによれば、公式の医学教育において被験者保護に関する教育はほとんど行われていないうえ、研究者コミュニティのなかの強い競争圧力は、逸脱と非倫理的行為を促進しているという〔Barbar *et al.*［1973］〕。研究倫理に関する基本的な教育を受けないまま、「出版するか、さもなくば消えるか〔publish or perish〕」という状況に追い込まれる医学研究者は、否応なく被験者保護よりも研究への関心を優先するように「社会化」されてしまうのである。

次の（2）「インフォーマルな同僚からの影響」とは、身近な研究者集団での相互監視によるコントロール・メカニズムを指している。先のバーバーらの研究によれば、多くの医学研究者は集団で研究を行っており、同僚からの影響力は強いという。しかし、フリードソンの研究によれば、少なくとも日常診療においては医師の間にインフォーマルなコントロールは働きにくいとされている〔Freidson［1975］〕。フリードソンによれば、医師は互いの業務を知らず、個々人によって診断基準も大きく変わるうえ、そもそも他の医師の行為に口を挟まないという態度を身につけている。実際、先に見たバーバーらも、同僚からの影響は強いものの、医学研究者の同僚評価の基準は倫理的問題への注意力ではなく、研究遂行能力にあるが故に、同僚コントロールの実効性は疑わしいと指摘している（Barbar *et al.*［1973］）。

また、（3）「専門職内の規範とサンクション」についても、これまでの研究はその有効性に疑問を投げかけているという。ここでいう専門職内の規範とは、具体的には各種学会や医師会などの職能集団の倫理綱領や、ニュールンベルク・コードやヘルシンキ宣言等の国際的な研究倫理ガイドラインのことを指している。ナチスの医師による戦時中の非倫理的人体実験を裁く過程で誕生したニュールンベルク・コードは、被験者の同意原則を強く打ち出すことによって、今日の研究倫理ガイドラインの出発点となった[7]。また世界医師会によって一九六四年に制定されたヘルシンキ宣言は、今日では世界でもっともよく知られた研究倫理ガイドラインとなっている[8]。先述したように、こうした倫理綱領の存在とそれに伴う自己規制能力は、古くから専門職が専門職たる所以の一つだとみなされてきた。

しかしその一方で、既存の倫理綱領の研究においては、こうした綱領の文言が一般的な表現に止まっており、現実的な効果は疑わしいうえ、専門職団体による自己規制のメカニズムは十分に機能していないという批判が提出されている。例えば、アメリカ精神医学会の倫理委員会を調査した研究によれば、そもそも資金不足に加えて委員が多忙なため委員会は有効に機能しておらず、その審議は公開性を欠いており、十分な説明責任を果せていないという（Zitrin & Klein［1976］）。他方で、ニュールンベルク・コードやヘルシンキ宣言のような国際的な倫理綱領についても、ベンソンは「独立の法的地位や施行条項を有していない」

ために有効性に乏しい、と指摘している（Benson［1989: 3］）。

3　外的コントロールの台頭

以上三つのコントロール・メカニズムは、ベンソンの内的／外的という区分に従えば、「内的コントロール」にあたるが、最後の（4）「専門職外の規範とサンクション」だけは外的コントロールとして記述されている。ここでベンソンが念頭においているのは、「政府の規制、外部の審査メカニズム、法」であり、具体的には施設内審査委員会（Institutional Review Board, 以下ＩＲＢ）に関する先行研究と、判例法及び州法の形成に関する詳細な検討を行っている。

なかでもベンソンが規制の「要」と考えるのがＩＲＢである。[9] ＩＲＢは、アメリカにおいて、一九六〇年代後半から七〇年代初頭にかけて政府主導のもとで急速に普及した、研究審査を行う合議制の委員会である。もちろん、すでに一九世紀初頭においても、医師同士の相談の必要性は指摘されていた。しかし、その後二〇世紀後半に至るまで、こうしたインフォーマルな相談がＩＲＢという形で制度化することはなかった。それどころか、現代の研究倫理ガイドラインの出発点にあるニュールンベルク・コードやヘルシンキ宣言においても、当初はＩＲＢに関する規定は存在していなかったのである。[10] 実際、一九六〇年代初頭にアメリカの医学校を対象として行われた調査によれば、当時研究審査のための委員会を設置していたのは、三～四割にすぎなかった。[11]

こうした状況を一変させたのが、国立衛生研究所（National Institutes of Health, 以下ＮＩＨ）の上部組織である公衆衛生局（Public Health Service）が一九六六年に公表したガイドラインである。このガイドラインによって、公衆衛生局の資金援助を得るためには「同僚委員会（committee of his institutional associates）」による研究計画の事前審査が必要不可欠となった（Levine［1988: 323］）。その後、この「同僚委員会」に医療・医学の「部外者」が加わることによって、今日われわれが知っているようなＩＲＢシステムが形成されていくことになる。現在では、「コモン・ルール」と呼ばれる各省庁に共通の行政規則がＩＲＢの構成や機能を定めており、ＩＲＢは法的な裏付けのもとでその活動を行っている。(12)

ベンソンは以上の動向を整理したうえで、医学研究規制に関してここ数十年間で生じた変化は「内的コントロールから外的コントロールへ」の重心の推移である、と結論付けている。すなわち、教育による社会化や同僚によるインフォーマルなチェック体制、専門職団体による倫理綱領などの自律的なメカニズムに対する社会的信頼は消え去り、それに代わって医療の外からの他律的なコントロールが増大していった、というわけである。

もちろん、ベンソンも現在のＩＲＢの運用や法的規制が十分に機能しているとは見ていない。ＩＲＢに関する経験的研究は少ないものの、そこでは倫理的問題よりも技術的な問題の検討に終始する傾向があることや、議論があくまでも医師や科学者といった「内部」の人間に主導されがちなことも批判的に言及している（Benson［1989: 6］）。とはいえ、基本的には先にみたような教育や職業倫理といった内的コントロールはもはや機能しておらず、その機能不全を補う形で、政府規制やＩＲＢといった外部からのコントロール・メカニズムが導入されたという点では、認識は一貫しているのである。

三　自律と他律の境界

1　内部と外部

以上前節で確認してきたベンソンの認識は、アメリカにおける医学研究規制システム形成を理解する上で、一つの典型的な解釈を提示している。例えば、歴史学者デイヴィッド・ロスマンは、医学研究の大規模化に伴い引き起こされた倫理的社会的問題をきっかけとして、倫理学者や法学者が医療・医学に関する意思決定の場に参入してきたことを強調しているが、これは医学研究規制における部外者の役割を強調する点で、ベンソンと同様である（Rothman［1991＝二〇〇〇］）。また、医療社会学者の進藤雄三は、七〇年代以降のアメリカ医療・医学システムの変容を「専門職によるコントロール」から「専門職へのコントロール」として描き出し、ベンソンと同じく、専門職「外」のコントロールの増大を医療・医学の構造的変容と結びつけて論じている（進藤［二〇〇五］）。その力点に違いはあるものの、これらの議論は医学研究の外的コントロールが従来の自律的なメカニズムにとって変わったことを強調する点では一致している。

しかしながら本稿の見るところでは、こうした図式は必ずしも適切なものではない。というのも、これらの議論では、「外的・内的」という区別の自明性が前提とされているからである。例えば、ベンソンの場合、内的コントロールというのは具体的には、教育による社会化や同僚からの影響、あるいは専門職団体による倫理綱領であり、外的コントロールとは、ＩＲＢや判例法・州法のことを指している。ところが、七〇年代以降の医学研究の規制メカニズムを詳細に検討していくと、われわれはこうした外的・内的という境界線そのものが必ずしも自明ではないことに気付かされる。そこで以下ではこの点について、具体的に三つの観点から批判を加えていくことにしよう。

2　混合する規制メカニズム

まずはベンソンが研究規制の「要」としたＩＲＢについてみていこう。ベンソンの類型では、ＩＲＢは「外的」組織という性格付けを与えられているが、果たしてそれは妥当な評価だろうか。ＩＲＢはその名の通り、研究が行われる施設内での審査委員会であり、そのメンバーには組織外部のメンバーが必要であるという規定はあるとはいえ、それはすべてのメンバーが外部委員である、ということを意味しない(13)。そもそも、ベッドサイドで行われる臨床研究を審査するにあたっては、当該施設の実情に詳しい委員がそこに参与しなければ、被験者の権利擁護はおろか、実際的な研究の進行過程にも重大な支障が生じてしまう(14)。

これと同様のことは、ＩＲＢにおける非医療者の委員についても言える。もちろん、被験者保護のためには、多様な観点から倫理面でのチェックを行う必要があり、この点に関して、法律や倫理など他分野の専門家や患者団体の代表などの参加がしばしば求められている。しかしその一方で、それ以前にそもそも医学・医療の専門家によって科学的・臨床的な妥当性が周到に評価されていなければ、ＩＲＢは被験者を過度なリスクから守ることはできない。そもそも、先に見たＩＲＢ制度発展の経緯からもわかるように、ＩＲＢは各施設でのインフォーマルな同僚同士の評価を基礎として発展したものであり、もともとは「同僚」からなる委員会であった。この点において、非医療系の委員はいわば後からそこに加わった「監視役」にすぎない。

実際、こうした特徴をとらえて、法学者のロバートソンは、ＩＲＢシステムを「公的監視と同僚によるコントロールとの独自の混合物（unique blend）」と呼んでいる（Robertson［1979: 483］）。すなわち、ＩＲＢは集権的な政府によるコントロールと分権的な同僚によるコントロールとを「混合」することで新しく生み出された専門職コントロールの手段だというのである。先のベンソンの枠組みで言い換えるとすれば、ＩＲＢは内的コントロールと外的コントロールの「折衷案」であって、単なる外的コントロール装置と呼ぶことはできない。

また、ベンソンが「内的」コントロールと位置づけたガイドラインや倫理綱領についても同じような「混合」が指摘できる。たとえば、アメリカの被験者保護ガイドラインの古典である「ベルモント・レポート」は、連邦の委員会において医師と医師以外の専門職や研究者の協議によって生み出されたものであり、これを純粋に「内的」と呼ぶことはできない(15)。実際、ベルモント・レポートをはじめとする数々の被験者保護に関する報告書を刊行した委員会(16)のメンバーのうち、医学研究者はその三分の一に満たない。

これはその他の研究倫理ガイドラインについても概ね当てはまる。今日において、医療専門職以外のメンバーが全く参加しない倫理ガイドライン作り、というのはむしろ稀であり、通常は多彩な背景を持つメンバーが参加して学際的な観点から作業が進められる。だとすれば、そもそも倫理ガイドラインをすべて「内的」メカニズムとして位置付けるベンソンの議論には無理がある。

さらに、ベンソンが外的コントロールと呼ぶときに念頭においている行政による臨床研究規制についても、内的コントロールと外的コントロールの境界は明確ではない。周知のように、アメリカの医学研究の形成過程において大きな役割を果してきた行政機関は、国立衛生研究所（ＮＩＨ）と食品医薬品管理局（U.S. Food and Drug Administration, 以下ＦＤＡ）である。しかし、ＮＩＨとＦＤＡはそもそも医療・医学の専門家がその中軸を担うという点で特殊な行政組織である。

例えば、国立がん研究所や国立精神衛生研究所などの数十の研究所や研究センターからなるＮＩＨの所轄は保健福祉省であるが、所轄官庁からの政治的干渉は少なく、人事も含めたすべての運営はＮＩＨ自体に一任されている（掛札［二〇〇四］）。実際、ＮＩＨにおいては、いわゆる管理運営に至る役職のほとんどが学位を有する科学者によって占められており、この意味において、ＮＩＨは政府機関とはいえ、むしろ独自の裁量権を持った科学者コミュニティとみたほうが適切である。また、ＦＤＡも六〇年代の近代化を経てＮＩＨのような専門家集団としての地位を確保していったことを考えあわせると、行政機関による外的コントロールという際の「外部」も、実はそれほど単純なものではない[17]。

3　自律と他律の二分法を超えて

このように見てくると、「内的コントロールから外的コントロールへ」というベンソンの認識にせよ、「専門職によるコントロール」から「専門職へのコントロール」という進藤の枠組みにせよ、内部・外部を規定している専門職概念の境界をあまりにも静態的に捉えていることがわかる。これに対して、本稿の立場からすれば、むしろ検討すべきなのは、専門職の内部・外部という境界線が揺るがされている事態そのものである。とりわけ注目すべきなのは、先述したロバートソンの指摘にも見られるように、新しい医学研究規制システムが、それまでの同僚同士の相談を基盤としながらも、そこに外部からの視点をうまく取り込む形で形成されてきた点である。

この点に関して、著者はかつて現代の専門職倫理のあり方について、社会学者タルコット・パーソンズの専門職論に依拠しつつ、「開かれた自律」というコンセプトに基づく議論を展開したことがある（田代［二〇〇六a］）。これは、ベンソン流の「内的から外的へ」「自律から他律へ」という単純な理解を退け、現代社会における専門職の自律のあり方を、あくまでも内的コントロールを中心にしつつも、「クライエントおよびその他の専門職に開かれたもの」として記述したものである。そこで次節では、改めてその議論の概要を紹介したうえで、そこに科学社会学者スティーヴ・フラーのピアレビュー（同僚評価）論を接合することによって、通常は外的コントロールとして記述されるＩＲＢを、むしろ「開かれた自律」を可能にする組織的営為として捉えなおしてみたい。

四　「閉じた自律」から「開かれた自律」へ

1　パーソンズの専門職複合体論

一般的には、パーソンズはその高度に抽象的な社会理論で知られるが、じつはその理論形成に決定的な影響を与えたのは、医師をモデルとする独自の専門職論である（高城［二〇〇二］）。パーソンズは、専門職組織を官僚制と市場メカニズムとは区別される第三の組織類型と捉えたうえで、高度な自律性を有する専門職が社会のあらゆる部門で活躍するようになることで、社会全体が合議的な方向に変化していく、と考えていた。(18) それゆえ、彼は一貫して専門職の発展は近現代社会において決定的な意味を持っている、と主張しており、その延長線上に、以下で取り上げる「専門職複合体（professional complex）」論が展開されている。

専門職複合体論において、パーソンズは従来からの専門職の自律性を擁護しつつも、とりわけ以下の二点において、従来の専門職論を大きく進展させている（Parsons［1978］）。第一点は、専門職機能の拡大としての「複合体」概念である。医療の文脈でいえば、パーソンズは、これまでもっぱら「治療」という実践的場面（医師―患者関係）を想定して専門職の機能を考察していた。これに対して、専門職複合体論においては、専門職は、「研究」と「教育」という機能をも含みこむ連続的な「複合体」として捉え直されている。すなわち、彼の言葉を借りれば、専門職複合体とは、「新しい知識の創造」（「研究《リサーチ》」）と「人間の実際的な利益に資するように知識を利用すること」（「実践《プラクティス》」）、および「知識の習得を目指す一群の人々に知識を伝達すること」（「教育《ティーチング》」）という三つの相互依存的な機能を束ねる概念として定義される。これは専門職の歴史的発展において、「研究」機能が次第に拡大している現状を、専門職論の理論構成に反映させようとする試みであり、ますます多くの非医療者が医学研究に携わるようになっている現代の状況を先取りするものであった[19]。

第二点は、素人をも専門職組織の構成員として包含する方向で拡大された「複合体」概念である。パーソンズは患者、クライエント、学生、被験者といった「素人」が自発的に専門職との関係を選択することを条件に、こうした「素人」の参加者を専門職複合体の「メンバー」として把握することを提案している。それゆえ、この視点を第一点と重ね合わせれば、研究・教育・実践という三つの領域それぞれで、専門職は素人と適切な関係を築くことが必要であり、それは医師―患者関係であれ、教師―学生関係であれ、研究者―被験者関係であれ変わらない。ここでパーソンズは具体的には同意の相互性と知識の非対称性という論点に即して、専門職複合体への素人の「参加」と複合体における専門職と素人との関係の特質について考察している。

このように、パーソンズの専門職複合体論は、研究・教育・実践を不可分一体の機能システムと捉えるとともに、各部門の「素人」をもそのメンバーとして位置づけようとする試みであった。その結果、パーソンズの専門職論は、「実践」の側面に限定されない幅広い専門家をその内側に取り込むとともに、素人の「参加」という契機をも含みこむものへと変容した。この意味において、専門職複合体論は、狭い範囲での「自律性」を強調しがちであった「閉じた」専門職モデルに代えて、クライアントとの連帯、広範な専門職との連帯という方向に「開かれた」専門職モデルの可能性を提示したものであった、とみることができる（田代［二〇〇六ａ］）。

2　「開かれた自律」としてのＩＲＢ

パーソンズは以上の観点から、当時誕生したばかりのＩＲＢに対して独自の評価を行っている。[20] パーソンズの一貫した主張は、専門職と素人の間には知識の非対称性があるがゆえに、最終的には素人は専門職を「信頼」するしかなく、専門職はこの信頼に応えるために自己規制を行う責任がある、というものであった。しかしその一方で、専門職の責任だけでは十分ではない場合には、「代替的・補足的・追加的メカニズム」が必要となるという。彼は、ＩＲＢはまさにこうした「専門職のメンバーの側での信託責任という要素と素人の側でのそれとの混合」を示している、と指摘している（Parsons［1978: 40］）。この視点は、外部・内部の「混合」としてＩＲＢを捉えるという点で、ベンソンらの提示したテーゼとは異なっている。

そのうえで、パーソンズは、ＩＲＢの「素人の側の責任」を担う人材について独特の解釈を提示している。パーソンズによれば、われわれは「これら素人のなかでも、法律家と聖職者という、そうした責任を進んで負うことに関して定評のある二つの集団が目立っている」ことに注目すべきだという（Parsons［1978: 40］）。言い換えれば、ＩＲＢに医療・医学の「素人」として参加している外部委員の多くが、実は他分野の伝統的な「専門職」であり、その意味では医療者と共通の土台の上にたっている、というわけである。

それゆえ、パーソンズの視点からはＩＲＢの審査は医療専門職の責任を否定して、それを「外部」からコントロールしようとする営みではない。むしろ、それは医療の世界を法律家や聖職者という他の専門職に対して「横に開く」ことによって、共同で信託責任を遂行させるための装置と捉えられている。このように、パーソンズは専門職の自律性を組み替えていく一つの可能性として、それを他の専門職に対して「開く」ことによって、有効な規制メカニズムを構築するという方向性を示していたのである。(21)

3　フラーのピアレビュー論

この点に関して、学問の世界（academia）におけるピアレビューのあり方、という一見異なる議論において、さらに踏み込んだ指摘をしているのが社会認識論の提唱者フラーである。フラーは上述のＩＲＢをも含む、広い意味での科学技術におけるピアレビューによる質の担保という問題に対する解決策として、学問の世界内部でのより広範な参加を提案している（Fuller［2002＝二〇〇九］）。これは本稿の見るところでは、ＩＲＢの目指すべき方向性に関して、パーソンズの指摘をさらに具体的に展開する際に有用な視座を提供している。

まずフラーはピアレビューを「既存の知的領域の専門家として社会的に認められ、相互信頼と敬意により結ばれた人々によって研究が評価されるべきであるという原則に付与された一般名称」と捉えたうえで、以下のような三つの段階に沿って、ピアレビューの範囲が拡大してきたことを指摘する（Fuller［2002: 232-233＝二〇〇九：三三六―三三七］）。

最初の段階は、基本的には研究成果の質の確保に関わるピアレビューである。フラーは具体的には、英国学士院などの初期の科学協会などにおける編集者の役割をあげているが、これはもっとも伝統的なピアレビューの機能である。次に発展したのが、研究に対する不当な干渉を防ぎ、非倫理的な研究から社会を保護するためのピアレビューである。この機能は一九世紀になり科学技術が国家形成プロジェクトに公式に利用されるようになって以降に形成されたものであり、ＩＲＢなどの医学研究規制システムもここに入ると考えられる。最後は、資源配分に関わるピアレビューであり、具体的には研究資金配分にかかわる研究計画書の審査等を指す。フラーは、この機能は科学が国家の財政的支援に依存するようになった冷戦の時代に生まれたものであり、今なおもっとも論争的である、と指摘している。

フラーによれば、これら多様なピアレビューはそれぞれに固有の問題を抱えているが、その一方で中心的な問題は共通しており、それは過去の業績に基づく「回顧的なバイアス」であるという（Fuller［2002: 238＝二〇〇九：三四四］）。各種の経験的研究の結果が示唆するように、ピアレビューにおいては「縁者びいき（nepotism）」を排することはできず、選抜されるピアは「年齢がより高くてより太いパイプを持った評価者の階層」に偏ってしまう（Fuller［2002: 236＝二〇〇九：三四一］）。その結果、女性研究者や終身在職権を持たない若手の契約研究者（contract researchers）のように、学問の世界で従属的な地位にある研究者たちは、これら「エリート主義と長老支配のプロセス」に身を委ねざるを得ない。

そこでフラーは、こうした状況を改善するために、こうした従属的な研究者をピアレビューのプロセスに組み入れるとともに、そのレビューが公正に行われることを担保するようなシステムの構築を提案している。くわえて、フラーはとくに研究と社会の接点に位置する局面においては、広く社会の声を反映させるために、ピアのメンバーに、「相対的ピア」つまりは、「同じ分野には従事していないが、その分野についてかなり理解しており、潜在的な受益者であり、（あるいは、）その分野の研究に対する批評家でもある人びと」を加えるべきだと主張する（Fuller [2002: 235 = 二〇〇九：三四〇]）。これは具体的には、専門を異にする異分野の研究者の参加を意味する。フラーはボイヤーの議論に依拠しつつ、このように学問の世界全体にピアレビューが拡大していけば、それは自動的に「社会の関心という小宇宙」を構成することになるだろう、と指摘している（Fuller [2002: 246 = 二〇〇九：三四五]）。

この議論は先に見たパーソンズと同様、他分野の専門職・専門家との連帯関係を築きつつ、自律性の再構築を図るという方向性でＩＲＢを捉えなおすことを可能にしている。くわえて、フラーの提言は専門を同じくする「絶対的ピア」内部においても一層の参加を求める点で特徴的である。すなわち、彼のピアレビュー改革案をＩＲＢに適用するならば、それは医学以外の領域の専門家をそのなかに包含することにとどまらず、病院や医学部のなかで従属的な立場にある研究者を積極的に委員として登用することを帰結する[22]。これは現在の日本の多くのＩＲＢのように、委員の要件が管理的な立場と固く結び付いている状況においては示唆的な提案であろう[23]。

以上みてきたように、パーソンズとフラーの議論からは、医学研究の質を担保しつつ、被験者保護を図るための規制メカニズムとして、他分野の研究者と連携しつつ、「ピア」の選抜基準を民主化していくという方向性が示されている。これはいわば、専門職集団の「間」をつなぐとともに、その「内」を拡充することによって、真に有効なチェック体制を構築していく、ということを意味する。もしこの方向でＩＲＢが発展していくならば、「自律から他律へ」という道ではなく、専門職の自律性を担保しつつも、それをより開かれたものにする、という選択肢が現実のものとなるのではないだろうか。

五　専門職主義をどう再構築するか

ここまで本稿では、医学研究規制に関する先行研究が提示する「内的コントロールから外的コントロールへ」というモチーフの意義と問題点を吟味してきた。この過程で本稿が問題にしてきたのは、従来の研究にみられる医療専門職の内部と外部に対する単純な二分法の適用である。確かに、二〇世紀後半にアメリカで生み出された研究規制システムは、ＩＲＢによる事前審査のように、必ずしも医療専門職に閉じていない規制メカニズムを提示している。しかしながら、これらの現代の研究規制システムは、内的コントロールと外的コントロールの混合した新しいメカニズムから形成されており、そもそも内部・外部という従来の二分法を超えたものである。この点で、一九七〇年代に登場した現代の医学研究システムを専ら「他律的なもの」として描き出すことは適切ではない。むしろ本稿では、それが新しい形での「自律」（「開かれた自律」）を示しているのではないか、という視点を打ち出してきた。

実はこの点に関連して、近年の医療社会学においても、七〇年代以降の専門職批判が、職能集団の内的コントロール力を損ない、結果としてクライエントに不利益を生じさせてきたことに対する反省的検討が始まっている。例えば、「専門職支配」を掲げて登場したフリードソンは、今日では逆に市場モデルでも官僚制モデルでもない「第三の論理（the third logic）」として「専門職主義《プロフェッショナリズム》」の復権を訴えている（Freidson［2001］）。進藤はこうしたフリードソンの「転向」を擁護する形で次のように述べている。

今専門職に問われているのは、専門職がその成立に際して「宣言」（profess）した誓約、クライエントの利益のためという倫理性と高度の知識・技能の維持という契約に、実質的内容をいかに与えるかという点にこそあると解釈しうるからだ。……フライドソン〔フリードソン〕が批判したのは、その「論理」に対してではなく、その「運用」に対してであったからだ。専門職サービスは市場における商業的サービスと完全に同化することは、可能でもないし望ましいことでもない。どれほど情報開示がなされたとしても、専門職の知識・技能水準が一般人と同等になることは可能でもないし、社会的に要請されてもいない。専門職が官僚制組織における指揮命令系統をクライエントの利益に優先させること、あるいは経営的・管理的配慮をクライエントの利益に優先させることは社会的に望まれているわけでもない――専門職に期待されている内容は、意外なまでに変化していないというべきだろう。（進藤［二〇〇五：三八―三九］）

ここで重要なのは、専門職には「商業的サービス」のような市場コントロールや、「官僚制組織における指揮命令系統」のような行政コントロールではないやり方で、自らの「宣言」に実質的内容を与えることが期待されている、という指摘である。言い換えれば、ここで目指されているのは、専門職を市場や政府といった「外部」からコントロールしようとする試みではなく、本来あるべき自己規制能力を発揮させて、

「倫理性」と「知識・技能」の水準を維持させることである。この意味において、激しい「専門職支配」批判のあとで、いかに専門職の自律を再構築し得るかが現在問われている。

以上の議論を考慮に入れた場合、ベンソンが先に紹介したレビュー論文の結論部で、医学研究の外的コントロールの限界について以下のように指摘していることは興味深い。

結局のところ、外的に課された手続きや制限は生物医学研究者に、集団として、倫理的に行為するよう強制することはできない。研究者自身だけがそれをすることができる。それゆえ、重要な問いは、どのように、かつどんな条件下で専門職内コントロールと専門職外コントロールが相互に影響しあうのか、に関わっている。（Benson［1989: 8］）

ここでいう「専門職内コントロールと専門職外コントロールとの相互作用」とは、本稿の視点からすれば、内的・外的コントロールの混合した規制メカニズムに他ならない。興味深いのは、実はベンソンの議論においても、「外的に課された手続きや制限」がいくら増大しても、現場の研究者が倫理的に振舞うかどうかは担保されない、ということは認められている点である。言い換えるならば、外部からどのような規範や手続きが持ち込まれようとも、それが内的な価値へと変換され、具体的な行動変容をもたらさない限り、研究の倫理性は担保され得ない、という視点がここにはある。

この意味において、本稿がこれまで示してきた「新たな自律性」についても、それがいかに血肉化されうるのか、という点に関しては、さらなる議論が必要である。とはいえその一方で、もしそれが実現不可能であるとすれば、「自律から他律へ」という方向にさらなる舵が取られることになるだろう。この点において、われわれが専門職の自己規制能力の重要性を認めるのであれば、かつての「専門職の自律」への回帰を求めるのではなく、自律性概念そのものを鍛えなおす、という課題に取り組む必要がある。

付記

本稿は、二〇〇九年度科学研究費補助金（若手研究（スタートアップ））による研究助成の成果の一部である。また本稿の執筆に際して、林芳紀（東京大学）、松井健志（富山大学）、中川輝彦（熊本大学）より有益なコメントを頂いた。記して感謝したい。

●注

（1）日本とアメリカにおける医学研究規制の展開については、田代［二〇〇六b］を参照。

（2）ここでいう「倫理委員会」とは、欧米においては「施設内審査委員会（Institutional Review Board, IRB）」、または「研究倫理委員会（Research Ethics Committee, REC）」等の名称で呼ばれている、医学研究の審査を行う委員会のことを指している。なお、日本と欧米における倫理委員会の機能の違いについては、田代［二〇〇六b］を参照。

（3）法的な規制が存在するのは、「治験」と呼ばれる厚生労働省への承認申請に係る臨床試験であり、治験は薬事法に基づく省令によって規制されている。それ以外の研究は、各種の倫理指針によって規制されており、クローン技術規制法に基づく特定胚研究に関する指針を除けば、これらの指針には法的な拘束力はない。ただし、近年ではこれらの倫理指針についても、実効性を担保する仕組みが徐々に導入されつつある。

（4）例えば、臓器移植においては、ドナーの立場から見れば、必ずしも医療による介入が当事者の健康増進のために行われないという事態が生じる。

（5）この論点は、今日の「エンハンスメント論争」のなかでしばしば議論されている（上田・渡部編［二〇〇八］）。

（6）例えば、科学社会学者のザイマンは、かつての「共有性」「普遍主義」「利害の超越」「組織的懐疑主義」からなる「CUDOS型エートス」（マートン）ではなく、「所有的」「局所的」「権威主義的」「請負的」「専門的な仕事」という「PLACE型エートス」を現代の科学者のエートスとして主張している（Ziman［1994＝一九九五］）。

（7）ニュールンベルク・コードについては、市野川［一九九三］を参照。

（8）ヘルシンキ宣言は現在まで六度改訂されている。詳しくは、Ashcroft［2008］を参照。

（9）なお日本においては、治験審査委員会のみを「IRB」と呼ぶことが多いが、アメリカにおいてはそのような区分は存在せず、医学研究全般を扱う。

（10）ヘルシンキ宣言に審査委員会の規定が含まれるようになるのは、一九七五年の東京改訂以降である。

（11）この調査の内容に関しては、田代［二〇〇六b：一〇二］を参照。

（12）アメリカにおける医学研究規制制度については、丸山［一九九八］を参照。

（13）なおヨーロッパにおいては、研究審査委員会が施設ごとではなく、地域ごとに設けられている場合が多い。この点については、安倍ほか［二〇〇四：二九一—三〇一］を参照。

（14）この点に関して、中央IRB制度を支持する論者であっても、個別の状況については、施設IRBが判断する二段階方式が望ましいとする指摘がある（辻［二〇〇六］）。

（15）ベルモント・レポートの策定経緯については、額賀［二〇〇九］第四章を参照。

（16）正式名称は、「生物医学・行動科学研究の被験者保護のための全米委員会（National Commission for the Protection of Human Subjects of Biomedical and Behavioral Research）」である。

(17) ＦＤＡについては、石居［一九九九］を参照。

(18) なおこの時代診断は、かつてウェーバーが提示した社会全体の「官僚制的化石化」(＝管理社会化)という悲観的な見通しに対するアンチ・テーゼという意味を持っている(高城［二〇〇二：一五九―一六四］)。

(19) 例えば、近年では、基礎研究で得られた成果を、臨床研究や臨床試験の成果を通じて日常診療へと還元していく「トランスレーショナル・リサーチ(ＴＲ)」と呼ばれる分野が注目されているが、ＴＲのプロジェクトには、生物統計家やシステムエンジニアのような、従来は医療専門職とは考えられてこなかった職種もスタッフとして参加するようになっている(福島・樋口［二〇〇六］)。

(20) なおパーソンズ自身は、より一般的な名称として「審査委員会システム(system of review boards)」という表現を使用しているが、その内容は今日でいうＩＲＢと同じものである。

(21) ただし、この「横に開く」という側面には、それが単に形式的なものになってしまう危険性が常にある。実際、ベンソンも指摘するように、ＩＲＢ審議においては、内部の専門家の発言が中心となり、外部委員が実質的な役割を果たしていない場合も少なくない。それゆえ、実際の運用に際しては、専門職間の討議が真摯なものとなるよう、具体的な工夫を行う必要がある。少なくともその前提条件として、外部委員に対する体系的な教育機会の提供、および審議内容の公開は必須であろう。

(22) なおここでは紙幅の都合もあり、一般市民によるピアレビュー・プロセス参加の妥当性については議論しない。ただしフラーはこの点に関して、学問の世界の外部に対するピアレビューの拡大(「拡張されたピアレビュー」)に対しては、それがむしろ学問の世界内部での既存の格差を助長しかねないとして慎重な立場をとっている(Fuller［2002: 245-248＝二〇〇九：三五四―三五九］)。

(23) ただしこの点に関しては、そもそもＩＲＢへの参加が一定の評価を受けるような体制が整う、ないしは、少なくともそれが資源配分に関わるプロセスへの参加を伴う、という点を担保しておかなければ、むしろ「従属的な立場にある研究者」に、研究審査という「負担」のみが押し付けられる、という帰結を及ぼしかねない。この点で、そもそも、フラーのピアレビュー改革案は、基本的には資源配分に関わるピアレビューを念頭に置いている点に注意する必要がある。

●参考文献

安倍浩昭・大林俊夫・寺嶋千草ほか［二〇〇四］「今後のＩＲＢのあり方について――多施設臨床試験におけるＩＲＢ審査の一元化の提案」『臨床評価』三一巻二号、二七三―三一三頁

Ashcroft, R. E.［2008］"The Declaration of Helsinki," E. J. Emanuel, C. Grady, R. A. Crouch, R. K. Lie, F. G. Miller, and D. Wendler. eds., *The Oxford Textbook of Clinical Research Ethics*, Oxford University Press, 141-148.

Barber, B., J. J. Lally, J. L. Makarushka and D. Sullivan［1973］*Research on Human Subjects: Problems of Social Control in Medical Experimentation*, Transaction.

Becker, H. S., B. Greer, E. Hughes and A. Strauss［1961］*Boys in White: Student Culture in Medical School*, University of Chicago Press.

Benson, P. R.［1989］"The Social Control of Human Biomedical Research: An Overview and Review of the Literature," *Social Science and Medicine*, 29: 1-12.

Bosk, C. L.［1985］"Social Controls and Physicians: The Oscillation of Cynicism and Idealism in Sociological Theory," J. P. Swazey and S. R. Scher eds., *Social Control and the Medical Profession*, Oelgeschlager, Gunn & Hain, 31-51.

Fox, R. C.［1988］"Training for Uncertainty," *Essays in Medical Sociology: Journeys into the Field*, Second Enlarged Edition, Liberty of Congress, 19-50.

Freidson, E.［1970］*Profession of Medicine: A Study of the Sociology of Applied Knowledge*, University of Chicago Press.

――――［1975］*Doctoring Together: A Study of Professional Social Control*, Elsevier.

――――［2001］*Professionalism: The Third Logic*, The University of Chicago Press.

福島雅典・樋口修司［二〇〇六］「トランスレーショナルリサーチにおける産・官・学の役割――京大病院による創薬・開発型医師主導治験のとりくみ」『Frontiers in Gastroenterology』一一巻一号、六―七五頁

Fuller, S.［2002］*Knowledge Management Foundations*, KMCI Press.（＝［二〇〇九］永田晃也・遠藤温・篠崎香織・綾部広則訳『ナレッジマネジメントの思想――知識生産と社会的認識論』新曜社）

Goode, W. J.［1969］"The Theoretical Limits of Professionalization," A. Etzioni ed. *Semi-Professions and their Organization*, Free Press, 266-313.

市野川容孝［一九九三］「ニュールンベルク・コード再考――その今日的意義」加藤尚武・飯田亘之編『応用倫理学研究』千葉大学教養学部倫理学教室、三〇八―三二三頁

――［一九九六］「医療倫理の歴史社会学的考察」井上俊他編『岩波講座現代社会学第一四巻　病と医療の社会学』岩波書店、一―二六頁

石居昭夫［一九九九］『ＦＤＡ巨大化と近代化への道』薬事日報社

掛札堅［二〇〇四］『アメリカＮＩＨの生命科学戦略――全世界の研究の方向を左右する頭脳集団の素顔』講談社

Levine, R. J.［1988］*Ethics and Regulation of Clinical Research*, Second Edition, Yale University Press.

丸山英二［一九九八］「臨床研究に対するアメリカ合衆国の規制」『年報医事法学』一三号、五一―六八頁

額賀淑郎［二〇〇九］『生命倫理委員会の合意形成――日米比較研究』勁草書房

Parsons, T.［1978］"Research with Human Subjects and the "Professional Complex"," *Action Theory and The Human Condition*, Free Press: 35-65.

Robertson, J. A.［1979］"The Law of Institutional Review Boards," *UCLA Law Review*, 26: 484-549.

Rothman, D. J.［1991］*Strangers at the Bedside: A History of How Law and Bioethics Transformed Medical Decision Making*, Basic Books.（＝［二〇〇〇］酒井忠昭監訳『医療倫理の夜明け――臓器移植・延命治療・死ぬ権利をめぐっ

て』晶文社）

進藤雄三［二〇〇五］「医療専門職とコントロール――『自律性』の社会的基底の考察に向けて」宝月誠・進藤雄三編『社会的コントロールの現在――新たな社会的世界の構築をめざして』世界思想社、二二三―四一頁

Starr, P. [1982] *The Social Transformation of American Medicine*, Basic Books.

高城和義［二〇〇二］『パーソンズ――医療社会学の構想』岩波書店

田代志門［二〇〇六a］「専門職と『開かれた自律』――後期パーソンズ医療社会学の射程」『社会学研究』七九号、八五―一〇九頁

――［二〇〇六b］「医療倫理における『研究と治療の区別』の歴史的意義――日米比較の視点から」『臨床倫理学』四号、九五―一一五頁

辻純一郎［二〇〇六］「英国TGN1412治験事故を被験者保護の視点から考える」『臨床評価』三四巻（別冊）、一二五―一四八頁

上田昌文・渡部麻衣子編［二〇〇八］『エンハンスメント論争――身体・精神の増強と先端科学技術』社会評論社

米本昌平［一九八八］『先端医療革命――その技術・思想・制度』中央公論社

Ziman, J. [1994] *Prometheus Bound: Science in a Dynamic "Steady State"*, Cambridge University Press.（＝［一九九五］村上陽一郎・川崎勝・三宅苞訳『縛られたプロメテウス――動的定常状態における科学』シュプリンガー・フェアクラーク東京）

Zitrin, A. and H. Klein [1976] "Can Psychiatry Police Itself Effectively?: The Experience of One District Branch," *The American Journal of Psychiatry*, 133: 653-656.

第十二章　コミュニケーション的理性からミメーシスへ

――現代におけるシステムの構造転換と抵抗の行方

清家竜介

はじめに

ハーバマスは、後期の主著と目される『事実性と妥当性』の中で、生活世界とシステムの蝶番としての「法（Recht）」に着目し、多文化主義的な複合社会に相応しい法治国家の新たなモデルとして、「憲法愛国主義（Verfassungspatriotismus）」という理念を唱えた（Habermas 1992）。しかしながら、手続き主義的な法理論を基礎にした憲法愛国主義という理論図式は、一九七〇年初頭から生じ、冷戦の終焉によって加速化した「システムの構造転換」によって、機能不全に陥っていると考えられる。

本稿は、憲法愛国主義へといたったハーバマスの理論の特質と限界を確かめることで、ハーバマスの理論では捉え難い、現代の構造転換したシステムに対する生活世界からの抵抗の在り方を捉えることを試みる。その試みによって、現代におけるシステムに対する抵抗の在り方から、言語をメディアとして働くコミュニケーション的理性以前の、ミメーシス的な抵抗の主体ともいうべきものが露わになっていることを明らかにしたい。

一　憲法愛国主義による民主主義の深化

憲法は、権利の上で自由かつ平等な法仲間によって構成される「法の共同体のメンバー」の合意によって基礎づけられている。ハーバマスによれば、発話主体は、コミュニケーション的行為の妥当性要求に応ずる可能性としての「コミュニケーション的自由」を有している。個々の発話主体は、コミュニケーション的自由を行使することによって生み出される「意見（Meinung）」を、活字メディアを媒介にした公共圏において「公論（öffentliche Meinung）」へと集約する。ハーバマスの憲法論は、この公論を、実定法を制定する間主観的な「コミュニケーション的権力」へと転じることを基礎としている。

つまり、コミュニケーション論的に解釈された憲法とは、自由かつ平等な市民たちによる討議に媒介された合意に基づく「自己支配としての民主主義」を表現する理念であるといってよい。この自己支配としての民主主義は、古代ギリシアで成立した「支配者と被支配者の一致」という意味での民主主義の原義へと立ち戻るものであるといえる。

他方で、諸個人が民族の歴史的伝統に拘束される意味での「ナショナル・アイデンティティ」に対して、ハーバマスは警鐘を鳴らしている。その警戒は、もちろん第二次世界大戦においてホロコーストという極めて重大な人道上の罪を犯した、ナチス・ドイツの排外主義に対する強い反省に基づいている。

排外的なナショナリズムを拒絶するハーバマスは、憲法によって結びつく人々のアイデンティティを、伝統的な「ナショナル・アイデンティティ」から区別して、「ポスト伝統的アイデンティティ」と名付ける。ハーバマスは、憲法という政治文化に基づく社会統合の次元と、エスニシティなどのサブカルチャーの次元における社会統合を峻別する。憲法という国家レベルでの政治的合意は、下位の文化活動に対する制約にはならない。人びとは、政治文化の次元のアイデンティティと、下位文化で得られるアイデンティティの双方で自らのアイデンティティを確保することができる。諸個人もまた、文化の次元には還元できない尊厳を有する唯一無二の存在として遇され、自らのアイデンティティを構築する。

このような複合的なポスト伝統的アイデンティティは、批判を許さぬ歴史の重みではなく、市民同士の自由な対話によって得られる法として表現される民主的な合意の過程に根ざしている。そのためポスト伝統的アイデンティティは、常に変化の可能性にさらされている。人々は、このような「可謬的なプロジェクトとしての憲法」を理念として結びつく法の共同体を形成し、積極的に義務を果たしてゆく。このことをハーバマスは、「憲法愛国主義」と呼ぶ。

この憲法愛国主義という理念を、ハーバマスの「システムと生活世界の二世界論」と結び付けて考えみよう。そうすると、生活世界から発するコミュニケーション的権力が、法を生み出すことによって、目的合理的なシステム（国家行政と資本主義経済）を制御することによって社会統合を確保するという図式になる。ただし、この図式は、あくまで同一の憲法を順守する国民国家の枠組みにおいて機能するものである。

さらにハーバマスは、憲法愛国主義という理念によって結びつく法共同体における、「私的自律と公的自律」の関係について述べている。

まず、コミュニケーション論的に見た場合の「私的自律」とは、消極的自由ともいうべき「公共圏から退く自由」と、積極的自由ともいうべき「倫理的自己実現」と二重に捉えられている。もう一方の「公的自律」は、他者とのコミュニケーション的行為に基づいた討議によって、市民の自己立法を成し遂げることにある。このようなディアローグ的自律は、他者とのコミュニケーションを欠いた道徳律に基づいた、モノローグ的なカント的自律とは一線を画す。

ハーバマスによれば、近代社会における「私的自律」と「公的自律」、すなわち「倫理的自己実現」と「公共圏に媒介された自己立法にもとづく民主主義」が万人に開かれたものとなり、その潜在力を開花させつつある。つまり、同じ憲法を担う法仲間達が、たんなる経済社会を超えた法の共同体のメンバーとして、自ら自己立法を成し遂げ、法仲間それぞれの倫理的自己実現を相互にサポートしてゆく枠組みが現実のものとなっている。この「私的自律と公的自律」の深まりによって、諸個人の「倫理的自己実現」と「民主主義」もまた不断に深化してゆく。

この弁証法的深化は、同時に生活世界に対するシステムの弊害を制御することによって、生活世界の民主化が推し進められることと同義である。それゆえ「私的自律と公的自律」の深まりによって、法仲間から排除されてきた社会的マイノリティなどに対する「法的平等」が推し進められる。さらに社会国家の福祉機能によって、失業や貧困に喘ぐ社会的弱者などに対する「事実的平等」が次第に実現されるとハーバマスは考えたのである（Habermas,［1992: 493-515=2003（下）: 145-64］）。

さて、このようなハーバマスの憲法愛国主義という理念を要とした社会理論は、実際のところ福祉国家と結びついたフォーディズム的な資本蓄積体制を基盤にしていた。というのもハーバマスの憲法愛国主義へといたる理論図式は、現代のシステムの構造転換、すなわち政策上の理念である新自由主義の奔流とポスト・フォーディズムというグローバルかつフレキシブルな資本蓄積体制への移行に直面することによって、機能不全に陥ってしまったからである。

さらに地球環境問題として現れた大規模な生態学的危機は、国際レベルでの諸国家間の協調が不可欠であることを明らかにしてきた。現実のシステムの運動とその影響が、一国主義的な憲法愛国主義という統治モデルの枠組みを、大きく超え出ることになった。(1)

二　システムの構造転換と公共圏の機能不全

一九七〇年代以降、構造的危機に直面した資本主義経済は、資本蓄積を果たすために、国民経済の次元を超えたグローバルな生産と流通の体系を組織してきた。その試みは、ポスト・フォーディズム的なフレキシブルな資本蓄積体制を構築するとともに先進諸国における「産業の空洞化」をもたらしてきた。

このような資本主義の構造転換に、一九八〇年代のサッチャーリズムとレーガノミクスによって後押しされた「新自由主義」という政策上の理念が結びつく。新自由主義は、「規制のない自由な市場が、自ずと効率的な資源配分を実現する」という市場原理主義的な理念に基づいている。新自由主義は、そのようなユートピア的な理念を実現すべく、政府による市場介入を極力さけようとする。新自由主義という理念に牽引された国家行政は、「市場の失敗」を補填する福祉国家を標榜した「大きな政府」から、その失敗の帰結を自己責任の名のもとに個人や法人に押し付ける「小さな政府」へと構造転換してゆく。

新自由主義は、具体的な政策として、国家行政における社会福祉費の縮小、資本市場に対する規制緩和、公企業の民営化などを推し進めようとした。このような新自由主義的な政策傾向は、冷戦の崩壊後、各国においてより顕著なものとなる。さらに情報通信技術の発展は、金融革命や生産技術の急速な進歩へと結びつき、グローバルかつフレキシブルな資本蓄積体制への構造転換に拍車をかけた。

それらの傾向と同時に、これまで積み上げられてきた労使の合意もまた切り崩されてきた。たとえば、労働力市場に対する規制緩和によって、企業組織は、正規雇用から短期の有期雇用へと切り替える傾向にある。この切り替えによって、企業組織は、従業員の福利厚生に対する負担を大幅に減額することを可能とする。他方で労働者の社会連帯の紐帯であった団結権や集会の自由などは制限される傾向にある。また労使の合意を支えてきた福祉行政を可能にしてきた税制も改変され、累進課税、相続税、贈与税などの税率を大きく低下させる傾向にある。

市場の自由を重んじる新自由主義のイデオロギーの浸透によって、国家の福祉機能を正当化するための、法仲間による合意の確保もまた困難となる。たとえ合意が成立したとしても、国内政治による生産条件に対する増税などの規制は、ただちに国外への資本逃避につながってしまう。資本逃避は、いうまでもなく経済活動の縮小と税収の落ち込みへと直結する。国内に存在する資本に対して、増税などの規制によって制御するという手立てを採用することが困難になってしまったのである。

ブレトンウッズ体制の要であったＩＭＦ・世界銀行などの国際的な経済機関もまた、戦後の「埋め込まれた自由主義」の担い手という役割から脱皮し、新自由主義経済の推進主体へと変じてしまった（Harvey, [2005]; Stiglitz, [2002]）。ＧＡＴＴを引き継いだＷＴＯもまた新自由主義的な世界貿易体制の構築を積極的に推し進めてきた。

これらの国際的経済機関は、閉鎖性が高く民主主義的な意思決定のプロセスから切り離される傾向にある。各国の市民達のコミュニケーションに由来する正当化の力は、これらの国際的な機関に容易に届くことはない。

したがって旧来の一国主義的な経済・社会政策によって、国民経済の枠組みを大きく超え出てしまったグローバル経済を制御し、社会統合を達成することは困難になってしまう。それゆえ、ハーバマスの目論んだ一国内における「公共圏に媒介された民主主義の深化」と「諸個人の倫理的自己実現」の弁証法が座礁するのは当然であった。

ところで、社会的交換形式という観点からみた場合、これらの傾向は、社会的公正と事実的平等を可能にする「再配分（redistribution）」という交換形式の規模を公私に渡って大きく縮小させることを意味する。「再配分」という交換形式の縮小は、市場経済を基盤にして成立していた公私における旧来のコミュニティの解体へと帰結する。というのも社会的交換形式からみた場合、私的所有権によって分割された市民社会において、人々の連帯を可能にするのは「再配分」という形式であるからだ。市場化された社会においてもなお再配分という交換形式によって、人々は、たんなる孤立した存在としてではなく、連帯の力によって社会統合を成し遂げ、コミュニティの形成と維持を可能にしてきた。

貨幣経済を基礎とした近代的な「市民社会（bürgerliche Gsellschaft）」において、「再配分」という形式を保持するには、何よりも人びとの合意を得なければならない。それゆえ、私的所有権によって分割された人びとが「再配分」という形式に合意し自己の所有を制限するということは、「市民社会（Zivilgesellschaft）」という拡大した近代的なコミュニティのメンバーとして生きる」という政治的・倫理的決断となる。合理的な自由市場というユートピアを礼賛する市場原理主義者達は、このような政治的・倫理的決断を回避し、人々の間の連帯の絆を断ち切ろうとする。

ハーバマスもまた、一国主義的な憲法愛国主義が機能不全に陥ったことを率直に認めている。ハーバマスは、「法的平等と事実的平等との弁証法」を「私的自律と公的自律による弁証法」によって強化するという回路がグローバル経済の急激な変化とともに、「一時的に停止」してしまったことを確認している（Habermas, [1996: 145-5=2004: 144-5]）。ハーバマスは、このような民主主義の進展と人々の倫理的自己実現の危機に対して、より広範な政治的公共圏を構築することで、より拡大した連帯の力を糾合しようとする（Habermas, [2004: 113-92=2009: 161-265]）。

そこでハーバマスが、まずもって期待をかけるのが、拡大した地域共同体としてのEUである。ハーバマスは、憲法愛国主義という理念に基づいた理論図式を、ヨーロッパ共同体としてのEUに拡張しようとする。それは、グローバル化した資本主義経済に対抗するために、複数の国家を包摂する拡大した地域共同体内でコミュニケーションの力を糾合し、社会統合を達成すること目論むものである。

さらにハーバマスは、EUというヨーロッパ共同体の壮大な実験に続いて出現するであろう他の拡大した地域共同体と連帯することによって、グローバル化した資本主義を制御するトランスナショナルな「世界内政（Weltinnenpolitik）」のプランを提示している（Habermas, [2004: 159=2009: 220]）。

しかしながら、ハーバマスの拡大した地域主義を基礎にした社会統合という構想は、まずもってブロック化した域内での社会統合を可能にするだけである。実際のところEUレベルでの社会統合のプランも端緒についたにすぎない。ハーバマスが提示した「世界政府なき世界内政」が実現するまでの道のりは、決してなだらかなものではない。

たとえば、二〇〇八年のアメリカ発のサブプライムローン問題を契機にして生じた金融危機に対して、旧来のG8ではなく、さらに拡大したG20などによりグローバルな協調の模索が試みられた。これは、ドルという世界貨幣に対する信用によって結びついたポスト・フォーディズム的な資本主義経済が、そのボーダレス性ゆえにブロック化した諸国家の共同体の枠組みや南北間の対立をも大きく超え出ていることの証である。このような金融危機や地球環境問題などのグローバル化した危機は、すでにハーバマスが提示した地域主義の枠組みによって抑えこむことができない。

またグローバル化は、システムの拡大や細分化をもたらすと同時に、情報通信技術の発展によって行為者の意識を拡大する傾向にある。しかしながら、衛星放送やインターネット等によって拡大したはずの行為者の意識は、相互に閉鎖的な村社会のように分断される傾向にある。

高度に情報化された社会では、無数のメディアの経路に媒介されることよって同時代の出来事を共有しがたくなってしまった。そのため拡大した人々の意識が、開かれた討議によって様々な意見を結びつけ公論へともたらすはずの公共圏へと合流していないとハーバマスは見ている（Harbermas, [1996: 145-6=2004: 145-6]）。そうなってしまうと、グローバル化に対応した社会連帯が困難になってしまうという帰結へといたるのは当然であろう。

他方で、9.11の同時多発テロからアフガン戦争へといたるアメリカの重大な国際法違反に対して、人々のコミュニケーションが活性化し、特にヨーロッパ諸国で大規模な反戦運動を巻き起こした。その際に欧州の知識人たちとの協調を果たしたハーバマスは、各国で生じた市民社会からの抵抗運動を「ヨーロッパ市民社会」の誕生であるとみなした。

しかしながら、欧州憲法条約やリスボン条約への批准が幾つかの〝Zivilgesellschaft（市民社会）〟における国民投票で否決されるなど、EUにおけるトランスナショナルな社会統合もまた、順風満帆であるとはいえない。

ひるがえって我が国と東アジア地域のことを考えるならば、拡大した地域共同体におけるトランスナショナルな社会統合は、より深刻な課題となる。たとえ、東アジア共同体がシステムの次元で構想段階に入ったとしても、それに対応するであろう各国の〝Zivilgesellschaft（市民社会）〟間の連帯は、その可能性さえをも脅かす無数の障壁と障害（例えば、大日本帝国による侵略という負の遺産、米国の影響力を含めた冷戦構造の残存、中国や北朝鮮の民主化問題など）を抱え込んでいる。東アジアの地域における〝Zivilgesellschaft（市民社会）〟間のトランスナショナルな社会統合への道のりは、EUの社会統合と比較して遥かに険しいといわねばなるまい。

このような状況を鑑みれば、生活世界の抵抗の力を集約する公共圏の力は、現代のグローバル化によるシステムの構造変化に対して有効に機能していないといえる。

三　新たな反システム運動の高まり

このようにシステムの構造転換によって、自らの意志を反映させる政治的公共圏が機能不全に陥ったとしても、システムに抗する生活世界の異義申し立ての運動もまた容易に収まるはずもない。人々は、システムに抗することにおいて、たんにシステムに従属する「主体＝臣民」などではない。従属する主体は、同時に自由と喜びを求め抵抗する主体でもある。

グローバルな商品化の流れに対抗することを試みる様々な諸実践も活発化し、国内レベルを超えた連帯とコミュニケーションが現に生じてきている。[2] 近年の国際的な社会連帯を求める大規模なデモや国際ボランティアなどの活性化は、ハーバマスが捉えた一九六八年の新しい社会運動を超えた意義を持っており、ハーバマスのコミュニケーション論と社会理論に修正を迫るものである。

ハーバマスの主体モデルは、システムと生活世界の二世界論を反映した二重性を持った主体であった。ハーバマス社会理論における個々の主体は、労働主体としてシステムとかかわるとき、システムの目的合理性に従属する道具的理性の主体であり、了解志向的な発話主体として生活世界にかかわる場合、相互主観的なコミュニケーション的理性の主体であるといえる。

コミュニケーション的行為を誘発するのは、失敗に終わったコミュニケーションである。失敗に終わったコミュニケーションとは、理性が要求する「合意」という社会規範に対する侵犯にほかならない。コミュニケーション的行為とは、このような社会的規範に対する侵犯によって失われた「合意」を回復しようとする理性的な努力を担っている。

コミュニケーション的理性の主体は、合意を確保する「言語」というメディアを媒介にしたコミュニケーションによって交流する。ハーバマスは、この言語をメディアにして交流する発話主体の次元に依拠した。とはいえ実際のところ個々の主体は、身体を有する受苦的な主体にほかならない。アクセル・ホネットは、そのような身体を有する人間の在り方に焦点を当て、言語哲学のパラダイムに属するハーバマスのコミュニケーション論を批判する（Honneth, [1992, 2003]）。

主体の受苦的な在り方に依拠するホネットは、実際のコミュニケーション的行為が「社会的に軽んじられているという感情」から発することを指摘する。ホネットによれば、他者から排除されたという経験から発する負の感情が、人間性の尊厳の回復を求め、他者との相互承認という目的を果たすべく社会運動へと向かうことになる。このような人間学に依拠するホネットの立場から見れば、コミュニケーション的行為によって運ばれるメッセージが、受苦的な経験を公共圏へと表明するものであることが分かる。

もちろん受苦的な経験の諸原因は、ポスト・フォーディズム的な資本蓄積体制では、しばしば国内レベルを超えてしまう。しかしながら諸国民は、さきに述べたようにフレキシブルかつグローバルに構造転換したシステムの運動に対し、公共圏という回路を有効に機能させることで自らの生活世界の再生産過程を保護することが困難になってしまった。つまり憲法愛国主義へと収斂するハーバマスの社会理論は、同一の憲法を担う国民を想定していたがために失効し機能不全に陥ってしまった。

だがハーバマスの理論的不備を尻目に、国際的な市民運動や国際ボランティアが、一国主義的な枠内を超えたコミュニケーションを活性化しはじめている。このようなトランスナショナルなコミュニケーションの活性化が、実際に憲法や規範を異にしてきた生活世界間の交流と、一国主義的な憲法を超えた新たな規範の構築の可能性とを生じせしめている。

この新たな規範構築の可能性に着目するならば、憲法、言語、文化などの社会規範を異にするトランスナショナルなコミュニケーションの活性化の理論的基礎を解明しなければなるまい。

私見では、その解明は、ハーバマスのコミュニケーション論を放棄するのではなく、ハーバマスのミュニケーション論が切り捨てたフランクフルト学派の第一世代の「ミメーシス（Mimesis）」概念へと遡行することで果たされる。ただし、その試みは、たんなる遡行ではなく、「ミメーシス」概念をコミュニケーション論的に転回させ、同時にハーバマスのコミュニケーション論を改作するものとなる。

四　ミメーシス的主体によるコミュニケーション的行為へ

ハーバマスは、言語コミュニケーションにおいて要請される三つの妥当性要求の内に、「支配のない融和」の契機を見出した。言語コミュニケーションに依拠することで、ハーバマスは、「支配からの解放」の契機を、第一世代の「ミメーシス」概念から相互主観的な「コミュニケーション行為」の内に移した。「ミメーシス」から「コミュニケーション的行為」への移行を遂行したハーバマスの狙いは、ミメーシス概念に「文明と自然との和解」を目指すユダヤ・キリスト教神秘主義の影を見、その非合理性を回避するとともに理性的契機を回復することにあった（Habermas,［1981: 505-34=1986: 144-170］）。

ハーバマスの言語論的転回は、フランクフルト学派の第一世代が自然支配の道具として扱われていた言語を、「支配なき宥和」のためのメディアへと転じるものとなっている。第一世代は支配の道具となった言語を問題にしていたが、ハーバマスは、「支配なき宥和」という理念を、第一世代のホルクハイマーやアドルノたちと共有している[3]。ところがハーバマスは、結局ミメーシスを「労働―生産パラダイム」に属する概念とみなして葬ろうとした。だがミメーシス概念をコミュニケーション論的に組み替えれば、ハーバマスの社会理論はポスト・フォーディズム型資本主義の時代においても通用する社会理論へと転じることができると思われる。

ハーバマスにおける「支配なき宥和」の理念は、客観的世界における「真理性」、社会的世界における「正当性」、主観的世界における「誠実性」という三つの妥当性を要求する理性的な言語的コミュニケーションによって確保される（Habermas,［1981: 439=1986: 73］）。ハーバマスのコミュニケーション論では、コミュニケーション的理性が要求する三つの妥当性を担うコミュニケーション的行為によって、権力の強制力や貨幣の要求する目的合理性から切り離された自由なコミュニケーション空間が生成し、「支配なき宥和」の可能性が開かれてくる。

だがホネットが指摘しているように、実のところ公共圏というメディアへと託されるメッセージの多くは、たんなる意思疎通の齟齬から生じるのではない。公共圏へと投じられるメッセージの多くは、システムの抑圧に対する抵抗にほかならず、人びとの受苦的な経験から発している。この点に関しては、ヘーゲルの相互承認論へと遡行し、コミュニケーション論を人間学的に改作することで、人格の尊厳に定位したホネットのハーバマス批判は正当なものであろう。ハーバマス自身も、ホネットの批判を受け、たんなる言語的コミュニケーションに対する侵犯だけではく、受苦的な経験に定位することになった（Habermas,［1992: 514=2003（下）: 163］）。

ただトランスナショナルなコミュニケーションの活性化を論じる上で重要なのは、受苦的な経験に依拠するだけでなく、生活世界を共有しない者たちの連帯が如何にして生じるかという問題を解明することにある。それはホネットのいうよう「社会的承認の枠組みから落ちこぼれてしまった、という感覚」から発する「人間の尊厳を軽んじられた者たちの連帯」であるだけではない。

トランスナショナルなコミュニケーションの発動は、直接的な被害を被った人びとの受苦的な経験を超えて、その受苦に呼応する無数の者たちの連帯の現れにほかならない。生活世界というコンテクストを遥かに超えたコミュニケーションの連なりは、「個人の自己実現」という個人主義的な枠組みを超えた、人びとの心的作用に根ざしている。その心的作用とは、言語以前の心的働きであるミメーシスにほかなるまい。

言語は概念の「同一性（die Identität）」によって構成されたものであるが、身体的・感性的なものは、言語の同一性には還元できない「非同一的なもの（das Nichtidentische）」の契機を成している。ミメーシスという心的作用は、言語の同一性からこぼれ落ちる非同一的なものを捉えようとする。

ミメーシスという心的作用は、受動性と能動性の二重の性質も持つ。まず受動的なミメーシスは、概念の同一性を媒介せずに対象そのものへと同一化していこうとする「模倣的なミメーシス」である。ミメーシスの受動的側面は、他なるものから容易に憑依・感染される傾向にあり、対象へと没入し自己喪失へと誘われる認識の在り方である。人間は、この前言語的なミメーシスという心的作用によって、あらかじめ受動的に他者へと方向づけられている。人びとは、図らずも予めミメーシスによって他者へと受動的に感染されているといえる(4)。

この受動的なミメーシス的感染によって、人びとは予め他者への応答可能性にさらされている。よって言語コミュニケーション以前に、人びとは半ば強制的に他者とのミメーシス的なコミュニケーションへと開かれる。このミメーシス的感染による応答可能性が基礎となることではじめて、他者への言語的コミュニケーションが促される。言語以前のミメーシス的なコミュニケーションは、容易に遮断することのできない、なかば強制的な自他との互酬的なコミュニケーションにほかならない。

他者へと受け止められた受苦は、言語行為として表現されずとも他者のミメーシス的な応答を促してゆく。そもそも公共圏に声が響き渡るのは、ミメーシス的な主体間での受苦的な経験への互酬的な応答という次元が存在するからである。それゆえ、生活世界を異にする諸主体の間でも、相互主観的な受苦的な贈与行為が連なりうる。そしてミメーシス的コミュニケーションの互酬的な連鎖が、トランスナショナルな社会的連帯の環を押し広げてゆく。

しかしながら、受動的なミメーシスは他者の受苦に対して憑依的・感染的に呼応する傾向にあり、正義や公正を欠いた瞬間的・暴力的なものへと振り切れてしまう恐れがある。暴力に対しては苛烈な暴力によって応答されことが多い。というのも贈与の論理から見れば、受苦的な負の贈与に対してはより苛烈な負の対抗贈与を誘発してしまいかねないからである。反省を欠いたミメーシスは、狂気へと転じ、無制限な破壊をもたらしかねない。

もう一つの能動的ミメーシスは、「ポイエーシス」とかかわる産出的なものである。この能動的ミメーシスは、受動的なミメーシスによって得られた受苦的に刻みこまれた対象の細部を認識し、新たな形態を生み出そうとするものである。それは受動性によって刻まれた知覚に反省を加え、それを新たな形態にまで高め表現するものである。これは産出的自然である「ピュシス」に対する、人間による模倣であると考えることができる[5]。

アドルノが述べるように、ミメーシスによって生産されるもののモデルは、芸術作品である（Adorno, [1970]）。反省的となった能動的ミメーシスによって産出された芸術作品は、たんなる新たなものの創造ではなく、そこにはロゴス以前の認識的価値が存在する。芸術作品は、言語によって分節される以前の流動的な現実の知覚を模倣し、その細部にわたり写し取った「イコン（似像）」でもある。ミメーシスは、硬直した概念的認識より早く対象を捉え、移りゆく現実を表現する。しかも、芸術作品は、流動的な現実の模造であるがゆえに、人々にとって現実（本物）から距離をとり、その認識を可能にする価値を持つ（村上［1998］pp.101-6）。

また反省は、共通感覚を媒介にすることによって、自らの私的な心の働きから距離を置き、他者の視点から自らの心の働きを再認することでもある（Arendt,［1982］）。つまり反省的になったミメーシスは、自らをも他者として眼差し得る分析的な構想力によって媒介されている。この反省によって、他者への盲目的模倣や感染というミメーシスの破壊力を避けることが可能になる。(6)

このような反省的となった産出的ミメーシスが、上手く機能すれば、社会的に通用する滞留した概念の同一性を超えて、細部に渡る新たな現実の認識を推し進めることができる。反省的となった産出的ミメーシスは、言語以前の「非同一的なもの」の存在を犠牲とすることなく、その認識を概念の内にもたらそうとする努力を担っている。アドルノは、認識のユートピアが「概念なきものを概念でもって開きながら、なおそれを概念と倒置しない」ところにあると述べている（Adorno,［1966: 21=1996: 16］）。いわばミメーシスという能力は、この実現不可能な認識のユートピアへと架けられた一つの橋である。

判断力の基盤であり、他者の視線を内在化することによって反省的となったミメーシスを、ハーバマスのいうように労働生産パラダイムへと押し込むことはできない。ハーバマスは言語コミュニケーションを特権化したが、言語以前のミメーシス的なコミュニケーションを重視することは、男性中心的な硬直した

象徴的秩序の手前に踏みとどまり、象徴秩序に由来する制度的な暴力に対する批判的審級を確保することにもつながる。(7)

硬直した象徴秩序や資本によって遊動する記号システムが孕む制度的暴力は、無数の犠牲者をうみだしてきた。しかしながら、社会運動家や市民達は、他者の受苦的経験に対して呼応し、連帯の手を差し伸べようとしてきた。フェミニズム運動、核兵器廃絶運動、反戦運動などのコミュニケーションの流れは、実際に制度的な暴力を暴きたて、新たな生活の文法を形成してきた。

このような制度的な暴力に抗するコミュニケーションの流れは、「贈与(互酬)」という行為に関わっている。まずもって他者へと方向づけられたミメーシス的なコミュニケーションの次元で人びとは、他者の受苦を贈与され、その受苦に応答することを促される。このような他者へと受苦的にかかわるミメーシスな主体は、合理的な計算をもっぱらとする道具的理性の主体ではありえない。

相互主観的なミメーシス的主体は、生活世界を異にするものにさえも応答し、全き他者との交流を果たそうとする。たとえ現実的な法の支えが存在しなくとも、悟性の担う合理的計算を超えて、連帯の手は差し伸べられてゆく。(8)

その直接的な連帯の叫びは、公共圏にこだますることで反省的になり、新たな生活世界の文法を練り上げ、構成的なコミュニケーション的権力へと転じ、新たな規範や法を産出してゆく。こうして産出される新たな規範や法は、受苦者の連帯によって造りあげられる芸術作品であるともいえよう。芸術作品としての法は、不動の真理としてではなく、もちろん常に仮象として存在する。その意味で、公共圏に媒介された法というメディアは、それ自体が常に再審される可能性に晒されている。

経済的な観点から見た場合、グローバル化した世界経済において、一国の経済システムは、他国の経済システムとのかかわりなしに存在しえない。このようなグローバル化した相互依存的な経済システムを基礎にしたまま達成される、一国内における「民主的自律」と「倫理的自己実現」は、他の諸国の人々の犠牲の上によって成り立つことは大いにありうる。実際に近年の度重なる通貨危機・金融危機・実物経済の投機化は、日々の市民生活や一国の市民社会をも掛け金の対象へと変え得ることを明らかにしてきた。つまり、構造転換することでグローバル化した経済システムを基礎にしたまま、閉ざされた一国内の市民社会においてのみ「民主的自律」と「倫理的自己実現」を目指すことは、常に不義の可能性を免れない。

それゆえ、コミュニケーションのメディアとしての法は、トランスナショナルな次元へと開かれることで、常に再審可能性に晒されねばならない。このような開かれた法は、トランスナショナルな次元での連帯を確保するメディアとなるし、そのようなメディアが存在しなければ、現代の構造転換したシステムを制御しうる連帯の力を確保することは不可能となろう。このような仮象としての法をメディアにして、受苦的なものに応答する解放的な贈与の連鎖が、新たな互恵的な共同体の秩序を造り上げてゆくことを可能にするであろう[9]。

さらにミメーシスを基礎に置いたコミュニケーションは、ハーバマスの言語論的パラダイムを超えて「自然との和解」の理念を保持したものとなる。この点は、地球環境問題が文明史的意義を持ち始めた現在に置いてとりわけ重要となっている。

ミメーシスという能力は、動植物の愛護や自然環境の保護を可能にする視座をも与えてくれる。私的所有権を基礎にした現行のシステムは、自然をたんなる物財として扱い、消費の対象とみなす。ミメーシスという能力は、そのような眼差しに潜む野蛮を告発し、脱構築していく可能性を秘めている。ミメーシスに依拠するならば発話主体であることを超えた、生命的な広がりを持った受苦者の連帯の可能性が導きだされてくることになる。[10]

ミメーシスに導きかれ他者の受苦へと応答するコミュニケーション的行為の主体は、計算的な道具的理性の主体ではありえない。それは、受苦的な経験を共有する間主観的な贈与主体にほかなるまい。[11]そして、ミメーシス的な贈与主体による反省的なコミュニケーション的行為は、理想的な場合「非同一的なもの」どうしの相互交流となる。

反省的になったミメーシス的なコミュニケーションの流れは、旧来の共通感覚に絶えず反省を加え、より開かれた生活空間を切り開く基盤になるだろう。これまで特殊な言語によって閉ざされてきた生活世界のコンテクストは、システムによって育まれた情報通信技術の発展に媒介されたミメーシス的コミュニケーションの流れによって、ユニバーサルに結びつけられていくであろう。

●注

（1）この点については、吉田傑俊の論稿［1995: 195-220］を参照されたい。吉田は、ハーバマスの思想地平が、後期資本主義社会における相互行為の回復を媒介にした「市民的公共性」の再興にあると見ている。

（2）一九九九年のシアトルや二〇〇一年のジェノバを契機とした大規模な国際的デモの頻発、ダボス会議に対抗して開催される世界社会フォーラム、あるいは国際的な金融取引に対して課税を行おうとするトービン税の導入を主張する市民運動、あるいは国際ＮＧＯや国際ボランティアの活動には枚挙に暇もない。

（3）ハーバマスのコミュニケーション論的転回という目論見は、すでにマックス・ホルクハイマーの『理性の腐蝕』の末尾で「ミメーシスを反映した言語メディア」の必要性を訴えかけた際に、すでに予告されていたともいえる（Horkheimer, [1947]）。

（4）バルーフ・スピノザもまた、ミメーシスに、社会性の基盤となる能力を見出した（Spinoza, [1677=1969: 184-262]）。スピノザによれば、個々の人間は、自らの具体的な力能を増大することに「喜び」の感情を覚え、その力能を維持・拡大する欲望を抱く。人々は、その欲望に促され、自らの力能を維持・発達させるべく他者と結合し、様々な諸制度や国家を構築することになる。他者との結合に入る際、人々は、感情の模倣の能力を基礎にして交流する。人々は、自らと類似するものの感情に触発され、その感情を模倣し、憐れみの感情や喜びの感情を覚える。人々は、憐れみの感情によって、他者の悲しみを自らの悲しみとし、他者の喜びを自らの喜びとする。このような感情の模倣を基盤にすることによって、人々は、互いの「喜び」を集団的に確保しうる互恵的な共同性を築きあげてゆく。このような個々の人間の「喜び」の感情を基礎にした共同性の構築に、スピノザの哲学の核心を見出したものとして、浅野［二〇〇六］を参照されたい。

（5）ジャック・デリダによれば、アリストテレスとイマヌエル・カントは、ミメーシスを「人間の本来性＝固有性」として捉えていた（Derrida, [1975]）。アリストテレスは、『詩学』において「再現（模倣）することは、子供のころから人間にそなわった自然な傾向である。しかも人間は、もっとも再現を好み再現によって最初に学ぶという点で、他の動物と異なる」と述べ、次に「再現されたものをよろこぶことも人間の自然な傾向である」ことを記している。アリストテレスは、ミメーシスという能力に認識と快の共通の源泉を見出している（Aristotle, [1997: 27-8]）。また、カントにおいて、ミメーシスは、構想力の二つの働きである「再生的構想力」と「生産的構想力」の双方に介入している。天才は贈与する審級であり、その能力は、自然の「賜物＝贈与」であることをデリダは指摘している。天才は、能産的自然であるピュシスを模倣し、詩を頂点とする芸術に概念によらない新たな規則を与える。

（6）反省の能力は、構想力を「健全な悟性（共通感覚）」へと適合させる、趣味判断という能力に関わる（Arendt, [1982]）。趣味判断は、構想力の表象＝再現前化作用によって、感性的な外的知覚から離れ、共通感覚を媒介にした表象＝再現作用において反省的となり、内的感覚において快を与えるものを美と判断する。趣味判断は、奔放な生産的構想力によって形成される芸術作品に対して、それが美的であるか否か、快か不快かということを、観察者＝観客という批評的な立場から不偏的＝非党派的に判断する。

この趣味判断の能力は、芸術作品の制作者や演技の行為者の内にも含まれており、自らの制作物に関して批評的に関わらせる。天才と趣味判断を比較したカントは、より普遍的な趣味判断を上位に置いた。

ハンナ・アーレントは、判断力を、共通感覚を基礎にした、正と不正を判別する政治的判断力へと読み替える。カントとアーレントは、狂気の本質を注視者としての判断を可能にする共通感覚の喪失に見ている。それは、反省を経ない私的感覚もまた狂気につながっているということを意味する。共通感覚を媒介にしない無反省なメーシスは、狂気と破壊へと直結していることになる。だが、共通感覚は、言葉に依拠するものであるがゆえに、ミメーシスという概念以前の認識作用に対して対峙することになる。ゆえに、ミメーシスを概念へともたらすのはアドルノが指摘するように困難なかつ矛盾した作業となる。

（7）ヴェロニカ・シュレールによれば、ミメーシス概念は、近代的理性と近代的自我を、他者への模倣を媒介にすることによって脱構築する。それは、主体の形成過程が、男性的な記号システムの手前に留まり、他者に対して開かれた多様な自己形成の在り方を指し示している（Schlör, [1998]）。

（8）ラジオ・テレビ・衛星放送などの電子メディアに媒介されることによって、様々な国際紛争や環境汚染の問題等が容易かつ瞬時に知れ渡るようになった。これらの電子メディアは、マーシャル・マクルーハンのいうように人間の神経系の拡張であり、人々の意識を拡大させるものである（McLuhan, [1964]）。ただし、ホルクハイマーとアドルノが指摘していたように、多くの場合マス・メディアは、産業によって買い取られ、放送局の手によって編集されるイメージの奔流を、人々の構想力へと注ぎこむ。このようにマス・メディアは、大衆操作のメディアとして機能する傾向にあった（Horkheimer und Adorno, [1947: 149-57=1990: 191-202]）。たとえばナチスや大日本帝国は、拡張したメディアを利用して人々をミメーシス的に感染させ、ファシズムへと合流させた。拡大した意識は、反省を経ることがなければ、巨大な破壊をもたらす危険性が高い。

近年のインターネット等の双方向的なメディアは、一方向的な神経系の流れを双方向的かつ多元的なコミュニケーションへと置き換えることで人々の意識を別のかたちで拡張しつつある。インターネットという双方的かつ多元的なメディアは、拡大したミメーシスに反省の次元を加える可能性が高いと考えられる。我々は、既に貨幣を媒介することによって、グローバルな規模で他者の労働とその対象である自然へとつながっている。いわば、現代の資本によって媒介されることで結び付いた人々は、個別的な身体を超えた、世界大に拡張したメディアに媒介された身体を有している。この世界大に拡張した身体に見合った意識形成が遅れてきた。インターネットに代表される双方向的な電子メディアは、その身体に見合った意識を可能にするポテンシャルを持つと考えられる。

（9）受苦的なものに依拠した連帯の在り方は、リチャード・ローティによっても提唱されている。ローティは、なんらかの同一性や共有から発する「われわれ」という観念から発する連帯や、カントの理性に依拠した道徳的義務から発する連帯でもなく、他者に対する身体的・心的苦痛や辱めを察知する感性を疑い、絶えずその感性を細分化し研ぎ澄まし、連帯の環を押し広げてゆくことを主張している（Rorty, [1989: 189-98=2000: 395-415]）。

（10）ミメーシスは、クロード・レヴィ＝ストロースが狂牛病問題に際して指摘していた人間中心主義に潜む野蛮をも告発しうる可能性を有している。レヴィ＝ストロースは、人間と動物を明確に区別し、動物を食糧生産装置にまで貶めてしまった野蛮、そして人口増大が家畜を人間の生存競争の恐れるべき競合者となることを指摘している。肉食が生命あるものが生命あるものを食す、一種のカニバリズムであることを想起すべきだと、レヴィ＝ストロースは述べている（Lévi-Strauss, [2001]）。

このような人間性の限界をも突破するミメーシスの働きを指摘したのはヴァルター・ベンヤミンである。ベンヤミンは、「模倣の能力について」という小論の中で、ミメーシスの能力が子供の遊びなどによく見られ、子供達が店のおじさんや先生だけではなく、風車や汽車などの事物をも真似ることを指摘している。自然界にある様々な事象の類似・照応関係によって刺激され呼び覚まされる人間のミメーシスの能力は、古代の諸民族の間で呪術的な交感やアナロジーの能力として展開されていたとベンヤミンはいう。彼らは、その能力でもって天空の事象をも交感の対象とし、舞踏などの礼拝儀式によってアナロジー的に操作した。この呪術的なミメーシスの能力は、時が経つにつれて衰退してしまったが、今でも「非感性的な類似、非感性的な交感（コレスポンデンツ）の記録保存庫」である言語や文字の中に変形したかたちで残存しているとベンヤミンは考える（Benjamin, [1933] 1980: 210-13=1996: 75-81）。このような万物に呼応するミメーシスの在り方は、人間性と動物性との分割をも再審に付す可能性を秘めていると考えられる。

（11）公共圏へと声を上げるものは、多くの場合、受苦者であり、そこで明らかになるのは受苦的な経験である。その声に応答する諸主体によってコミュニケーションの流れが生成し、公共圏を駆け巡る。このような発話の流れは、広義の交換形式から見た場合、実のところ贈与であるといってよい。この点に関しては、デリダの『他者の言語』の第二章「時間―を与える」を参照されたい。ジャック・デリダは、体系として制度化されたラングに還元し得ない言葉やテクストに贈与の次元を見出している（Derrida, [1989]）。

またデリダは、計算可能な知である制度的な法は、他者の計算不可能で例外的な特異性に媒介されることで、法権利の歴史を超過した計算不可能な正義へと結び付く。この法権利を超過した正義と関係することによって、法権利は、歴史的に生成・変容することになる（Derrida, [2003=2009: 280-90]）。

●参考文献

Adorno, Theodor W, [1966] 1973, "Negative Dialektik", *Gesammelte Schriften*, Bd,6, Suhrkamp, 7-412.　木田元ほか訳、

［一九九六］『否定弁証法』作品社．

——, [1970], "Ästhetische Theorie", *Gesammelt Schriften*, Bd.7, Suhrkamp.

Arendt, Hannah, [1982], *Lectures on the Kant's Political Philosophy, edited and with Interpretative Essay by Ronald Beiner*, The University of Chicago Press. 仲正昌樹訳、［二〇〇九］『完訳　カント政治哲学講義録』明月堂書店．

Aristotle, [1997], 松本仁助・岡道男訳、「詩学」『アリストテレース　詩学　ホラーティウス　詩論』岩波書店、8-222.

Benjamin, Walter, [1933] 1980, "Über das mimetische Vermögen", *Gesammelt Schriften*, Bd.II-1, Suhrkamp, 210-13. 内村博信訳、［一九九六］「模倣の能力について」『ベンヤミン・コレクション2　エッセイの思想』筑摩書房、75-81.

Derrida, Jacques, [1975], *Economimesis, in Mimesis des articulations*, Aubier-Flammarion. 湯浅博雄・小森謙一郎訳、［二〇〇六］『エコノミメーシス』未來社．

——, [1989]. *Derrida au Japon*. 高橋允昭訳、［一九八九］『他者の言語』法政大学出版局．

——, [2003], *Voyous, Galilée*. 鵜飼哲・高橋哲哉訳、［二〇〇九］『ならず者たち』みすず書房。

Habermas, Jürgen, [1981], *Theorie des kommunikativen Handelns*, Bd. 1, Suhrkamp. 岩倉正博ほか訳、［一九八六］『コミュニケイション的行為の理論（中）』未來社．

——, [1996], *Einbeziehung des Anderen: Studien zur politischen Theorie*, Suhrkamp. 高野昌行訳、［二〇〇四］『他者の受容——多文化社会の政治理論に関する研究』法政大学出版局．

——, [1992], *Faktizität und Geltung: Beiträge zur Diskurstheorie des Rechts und des demokratischen Rechtsstaats*, Suhrkamp. 河上倫逸・耳野健二訳、［二〇〇二］『事実性と妥当性（上）』未來社・河上倫逸・耳野健二訳、［二〇〇三］『事実性と妥当性（下）』未來社．

——, [2004], *Der gespaltene Westen*, Suhrkamp. 大貫敦子ほか訳、［二〇〇九］『引き裂かれた西洋』法政大学

出版局。
Harvey, David, [2005], *A Breif History of Neoliberalism*, Oxford University Press.
Honneth, Axel, [1988], *Kritik der Macht: Reflexionsstufen einer kritischen Gesellschaftstheorie*, Suhrkamp.
――――, [1992], *Kampf um Anerkennung: Zur moralischen Grammatik sozialer Konflikte*, Suhrkamp.
――――, [2003], 日暮雅夫訳、「批判理論の承認論的転回――アクセル・ホネットへのインタヴュー」『批判的社会理論の現在』晃洋書房、177-221.
Horkheimer, Max, [1947], *Eclipse of reason*, Oxford University Press.
Horkheimer, Max und Theodor W, Adorno, 1947, *Dialektik der Aufklärung : Philosophische Fragmente*, S.Fischer. 徳永恂訳、［一九九〇］『啓蒙の弁証法』岩波書店.
Lacoue-Labarthe, Philippe, [1986], *L'imitation des modernes, Galilée*. 大西雅一郎訳、［二〇〇三］『近代人の模倣』みすず書房.
Lévi-Strauss, Claude, [2001], 川田順造訳、「狂牛病の教訓」『中央公論』116 (4), (1403) 96-103.
村上隆夫、［一九九八］『模倣論序説』未來社.
McLuhan, Marshall, [1964], *Understanding Media: The Extensions of Man*, McGraw-Hill.
Rorty, Richard, [1989], *Contingency, Irony, and Solidarity*, Cambridge University Press. 斎藤純一ほか訳、［二〇〇〇］『偶然性・アイロニー・連帯――リベラル・ユートピアの可能性』岩波書店.
Schlör, Veronika, [1998], *Hermeneutik der Mimesis――Phänomene. Begriffliche Entwicklungen. Schöpferische Verdichtung*, Parerga.
Spinoza, Baruch, [1677], *Ethica ordine geometrico demonstrata*. 工藤喜作・斎藤博訳、［一九六九］「エティカ」『世界の名著25　スピノザ・ライプイッツ』中央公論社、七五―三七二頁.
Stiglitz, Joseph E, [2002], *Globalization and its discontents*, W.W.Norton & Company.

吉田傑俊、［一九九五］「ハーバーマスとマルクス」、吉田傑俊ほか編『ハーバーマスを読む』大月書店、一九九五
—二二三頁.

第十三章　資本制と時間
——その基礎的構造とわれわれの生

白井　聡

はじめに

よく知られているように、ジャン＝フランソワ・リオタールが「大きな物語の終焉」を宣言したのは一九七九年のことであった（『ポスト・モダンの条件』）。この議論によれば、知識人にとっての「大きな物語」とは、代表的には、カントが構想したような人間の道徳性における進歩であり、あるいはヘーゲルの歴史観に由来するとされる、マルクス主義の史的唯物論が奉ずるところの普遍的解放の物語《ナラティヴ》であった。そして、こうした語りがもはや失調をきたしているというのが一九七九年におけるリオタールの見立てであった。この見立てが真実を穿ったものであるとすれば、それが人類史におけるきわめて重大な転換を告げていることは、言うまでもあるまい。それは、近代性を根底から支えてきた信仰の崩壊を、すなわち「人間は自己を実現するものであること、そして人間にはさらなる発展を操作し、導くべき能力と義務があるのだとする信仰」[1]の崩壊を、意味するからである。

ところで、リオタールが上述の宣言をなしてから二〇年後の一九九九年に、荒俣宏は次のように書いている。

わたしたち二〇世紀末に生きる者に、欠けていきつつある能力が一つある。未来を予想する力である、たとえば今から百年先の西暦二一〇〇年のことを、もはや誰も考えられなくなった。

いや、考えようとしなくなった、と書くべきだろうか。

（中略）

その理由はいくつも考えられるが、最大の理由として強調したいのは、「未来」なる発想自体、まことに特殊なものであったという事情である。実のところ、「未来」や「未来を空想すること」がほんとうに意義ぶかい関心事となったのは、一九世紀末から二〇世紀初頭にかけてであった。そして、このときが初めてであり、また、予想された「未来」が次々に現実に変わっていった事態というのも、人類史上かつてなかった出来ごとだった。換言すれば、「未来」は二〇世紀の発明品であり、二〇世紀の特許商品であった、といえるのである。(2)

ここで指摘されているのは、「未来」に対する大衆的想像力が枯渇してしまったということ、あるいは逆に言えば、「未来」という観念が大衆的想像力をもはや喚起しなくなってしまったという事態である。知識人にとって「大きな物語」に基づく「進歩」とは、主に道徳性や人間の解放といった観念に関わるものである場合が多いかもしれないが、かかる「進歩」をより一般的なレベルで確証するものは、文明の主として物質的な発展である。つまり、大衆的な想像力の世界において、「大きな物語」としての近代性とは漠然たるイメージとしての「進歩」であり、それは生活を取り巻く物質的環境が具体的に変化してゆくことと切り離すことができない。簡単に言えば、テクノロジーの高度化によって生活がより便利で快適に、愉快なものとなることが、「進歩」とほぼ同一視される。しかしながら今日、テクノロジーの進化は、こうした楽しい夢を喚起するものでは確実になくなりつつある。

それは、近代的技術文明の負の側面が地球規模の環境問題や大量破壊兵器の存在によってあぶり出されたという事情とは、本質的に関係がないように思われる。テクノロジーの高度化が幸福だけでなく厄災（典型的には戦争の惨禍の増大）をもたらす可能性があるということはすでに古くから知られてきた。だから、極端な言い方をするなら、テクノロジーが経験上どれほどひどい厄災をもたらそうとも、「進歩」という観念の信頼性にとってそれはどうでもよいことである。それは、「進歩」への信頼を支えてきたものは、経験的事実ではなく、もっと形而上的な信仰であったからだ。この形而上の信仰が確固としたものである限りは、テクノロジーの高度化が直面する経験的な困難は、ひとつひとつ解決されるべきものとして現れるにすぎない。だからこそ、かつては、保守主義に代表されるように、「進歩」の観念に対する痛烈な批判の言説がしばしば語られてきた。こうした批評はモダニティの陰画であり、「進歩」の観念がきわめて強力かつ大衆的に支持される確信として君臨しているという状況に差し向けられていた。してみれば、今日「進歩への懐疑」が語られなくなったのは、「進歩」についての通念が異論の余地のないものとなったからなのでなく、もはやかかる通念が存在しなくなったという形而上の世界の出来事を示唆する徴候にほかならない。

「大きな物語の終焉」の宣告から暫しの時を経て喪われたのは、「進歩」の大衆的ヴィジョンである。このように述べることによって、大衆と知識人の間で「進歩」のイメージが食い違っていることを嘆いたり、さらにはこの食い違いを根拠に大衆の「低俗性」あるいは知識人の「高踏性」を指弾したりすることが問題なのではない。ここで言いたいのは、一九七九年の時点では知識人の観念世界の問題にとどまっていた事柄が、世紀末から世紀を超えた時代に至っては、大衆化しつつ全面化したということだ。理念性と物質性という差異は確かに存在するものの、両者において前提されていた「未来」のヴィジョン、「不断の進歩が実現される場としての未来」というとらえ方において、知識人の観念世界と大衆の観念世界には何らの違いもない。それは同じ形而上の信仰によって支えられている。ヴィジョンの在り方において、変容が生じた時間差と観念的次元の差異(形而上学的思弁と日常的思考という差異)があるだけのことだ。あるいは言い換えるならば、知識人において予感されていたことが、二〇年の時を経てより一般的に認識されるになってきた、ということである。(3)

それでは、物質的世界の変容とその表象において、何が起こっているであろうか。言うまでもなく、日進月歩の技術革新は日々進行しており、それはわれわれの生活環境を実際に変化させている。おそらくその速度は高まってさえいるだろう。しかし、それにもかかわらず、その行く先に「進歩」が感じられなくなったというのが、今日出現した新たなる事態である。一例を挙げるならば、荒俣が右の文章を記して二年後、二一世紀の最初の年には、アニメ映画、『クレヨンしんちゃん 嵐を呼ぶ モーレツ!オトナ帝国の逆襲』が公開され話題を呼んだ。作中で豊富な意匠(大阪万博、オート三輪、トヨタ2000GT等々)を動員して描かれる「オトナ帝国」化の陰謀とは、大人たちを子供に戻し、懐かしい古き佳き昭和の時代に戻って未来を捨て去ろうという計画であり、それは、あらゆる精神的フロンティアを喪失した日本人を救済しうる唯一の試みとして企てられる。確かに、作中ではこの陰謀は主人公（＝ノスタルジーを持たない子供）の活躍によって最終的に阻止される。しかし、こうしたあらすじよりも強烈なのは、ノスタルジーの魅力であり、もはやノスタルジーに耽溺すること以外に快楽を見出せない（逆に言えば、未来は何ら良きものでは今後あり得ない）という現状認識の持つ圧倒的なリアリティであるように、筆者には思われる。要するに、大人の分別がある者ならば誰でも、未来について「考えるのもいやになった」[4]のである。

こうした現象は、経済成長が行き詰まりを迎えて閉塞感のなかで窒息しつつある日本社会という文脈に特有のものにすぎず、著しく成長しつつあるかつての発展途上国には当てはまらない、という見解もありうるかもしれない。しかし、これらの新興国の発展が示しているのは、さらなる進歩の可能性、新たなる未来ではなく、逆にその不可能性であるように思われる。それを示す徴候を見つけるのは難しくはない。例えば、村上春樹の作品がほとんどの言語に翻訳されても必ずベストセラーになることはいまや陳腐な常識にすぎないが、このことは本来驚くべきことである。近代的発展の爛熟期という文脈から生まれた文学は、今日どのような発展段階にある国々においてであれ、普遍的な「世界文学」として通用してしまう。したがって、予感は共有されている――すなわち、これら諸国の発展が質的に新しい未来をもたらす気配は一向に感じられず、先進国の模倣は同じ行き詰まりを模倣することに帰結するであろうという予感が。つまりは、目覚ましい発展が喧伝される一方で、成長が十分に実現される前に、その行き着く先がすでに見えてしまっているのであり、果実は熟す前に腐臭を放ち始めている。かくして、荒俣が述べたように、「未来」は「二〇世紀（おそらくここに一九世紀を加えてもよいと思われるが）の特許商品」にすぎなかったということ、われわれの「信仰」が確実に揺らいでいるということは、哲学者の論争の場である理念の世界においても、日常生活の経験の場においても、グローバルな規模で赤裸々に露呈している。

さて、本論考で試みたいのは、かかる大変動を資本制社会の構成する時間の構造という観点から考察することである。産業革命以来の産業資本主義の勃興、それの世界への普及、つまりは資本主義化＝近代化は、独特の時間の構造をもたらし、そのなかに人々を包摂する。「不断の進歩が実現される場としての未来」という観念も、かかる構造の副産物としてとらえることが可能なはずである。そうであるとすれば、今日われわれが経験している「未来の崩壊」は、資本主義の持ち込む時間性そのものの変容を裏書きするものとして、考察しうるはずである。ゆえに、本論考では、「ポスト工業社会」について語っている多くの論者が言及するところの資本主義の内在的変容の性格について確認したうえで、産業資本主義が本来持っている基本的な時間の構造を考察する。ここから、今日の「ポスト工業社会化」と通常呼ばれる資本主義の変容が産業資本主義本来の時間性の構造に対して何をもたらすのか、それは根本的な変化をそもそももたらすものであるのか否か、を検討する。

一　資本による実質的包摂の今日的位相

今日、政治的立場の異なるさまざまな論者のあいだにあっても一致している見解は、「世界は労働化した」というテーゼである。すなわち、世界のなかで、その空間と時間の一部において人間が労働するのではなく、われわれ人間のあらゆる行為が顕在的に、あるいは少なくとも潜在的に労働なのである。こうした認識を提示した代表的な論客と目されるアントニオ・ネグリ＝マイケル・ハートの所説を手はじめに取り上げてみよう。彼らは次のように言っている。

私たちが近年目撃してきた労働の変容のなかでもっとも重要な一般的現象は、私たちが工場―社会factory-societyと呼ぶものへの移行である。工場をパラダイムとしての場あるいは労働と生産の集中の場として捉えることは、もはや不可能である。労働諸過程は工場の壁の外へと移動して社会全体を包み込むにいたった。言い換えれば、生産の場としての工場の後退は明らかなのだ。だがそれは工場生産の体制および規律の後退を意味しない。むしろそれは工場が社会におけるある特定の場だけにはもはや局限されないということを意味しているのである。あたかもウィルスが蔓延するように、工場は社会的生産のあらゆる形態へと浸透していったのだ。いまや社会のすべてに、工場体制が、すなわち固有な意味での資本主義的な生産諸関係の支配がくまなく浸透している。(5)

もはや生産は工場においてのみ行なわれるのではない。生産の現場は社会全体に拡散し、浸透する。言い換えれば、社会そのものが工場（的なもの）となり、社会それ自体が生産する。こうした認識は、「ポスト工業社会」の到来が語られ始めて以来、標準的なものとなってきた。今日顕著であるのは、初期のポスト工業社会論が持っていた楽観的展望の要素が現実によって徐々に否定され、「労働の社会への浸透」がますます息苦しく、人間を圧迫するものとしてとらえられるようになってきたという現象である。それは、「ウィルス」の隠喩によって語られるものとなった（ただし、後述するように、ネグリ＝ハートの展望は総体として悲観的なものでは全くない）。

それでは、「ポスト工業社会」における労働はどのような特徴を持つのか。このことを確認しておこう。フォーディズム的な分業と単純作業に基づく大量生産という労働のイメージに取って代わったのが、「非物質的労働」ないし労働の「脱物質化」である。つまり、ルーティーン化された作業を黙々とこなすことは、価値の生産においてもはや重要な要素ではなくなる。これに代わって決定的になるのは「知的、情動的、そして技術―科学的な労働」[6]である。

人が物質的対象に向かい合い、それに働き掛けを行なって変形し、有用なモノをつくり出すことは、超歴史的な意味での労働の定義の一部であろう。今後いかなる社会が出現するとしても、労働におけるこの要素が一切消滅するということは、あり得ない。物質的生産としての労働のこの側面を科学技術と組織化の科学を援用することによってかつてない規模で高度に編制したのが、フォーディズムにおいてひとつの頂点に達するところの産業革命以来の工業生産の本質的内容であった。この労働―生産様式は、必要物が人々の許に大方行き渡った時点で転換期を迎えざるを得なかった。それがポスト工業社会や「ポスト・フォーディズム」と呼ばれる労働―生産様式の出現の背景である。この新しい労働―生産の様式にあっては、物質的対象への働き掛けというモメントは、徐々に後景に退くことを運命づけられている。

物質的対象への働き掛けという「物質的労働」の重要性が減少するに従ってますます重要なものとなるのは、生産物に差異をもたらすための知的戦略（例えば、絶えずニッチ市場を新規開拓する商品企画、ＩＴ技術によって飛躍的に精密化するマーケティング、イメージの陳腐化の圧力につねにさらされる広告）である。こうした生産そのものに付随する諸要素が相当以前の時代から重要なものであったことは疑いないであろうが、大量生産・大量消費のシステムが一種の飽和状態に達した段階においては、これら諸要素の相対的重要性は上昇の一途をたどることになる。画一的な生産品を市場に大量に供給するのではなく、個々の消費者の個別的な需要を先取りし満たすためには、モノをつくるという行為以前に、どのようなモノをつくるのかという時点での「気づき」の要素が価値創造にとって決定的になる。それゆえに、ネグリらは現代資本主義を「認知資本主義」と名づける。ここにおいては、「認知」能力が、労働者の力量を決定づけることになる。

こうした転換は、偶然的にもたらされたものではない。それは、第二次世界大戦後の世界的な経済成長の時代が一九六〇年代後半あたりから失速し、停滞に見舞われた、つまり従来の大量生産型の経済成長がその構造的限界に逢着したことから要請された生産様式が発展してきたことの帰結である。より正確に言えば、この新しい生産様式が生産過程を全般的に再構成し、末端的な労働の現場にまでその影響が及んできたことが、今日の労働の変容の背景をなしている。

続いて、現代の経済発展論の古典的テクストとなっているマイケル・J・ピオリ＝チャールズ・F・セーブルの『第二の産業分水嶺』を参照することによって、右に述べた変容の経緯を裏づけてみよう。同書によれば、インフレ、失業、不況、社会不安という形で一九七〇年代には顕在化した危機に対する反応として、労働における「柔軟な専門化」という傾向が出現した、とされる。「この原理は支配的な生産体系の逆転である。支配体制の支配的部門が従属的地位におかれ、従属していたものが支配的になる」[7]。「柔軟な専門化」や「柔軟な生産方式」と彼らが呼ぶものの具体的な内容は、成功を収めた「アメリカにおけるミニ工場、イタリアの繊維産業、西ドイツや日本の工作機械業者」[8]に典型的に見てとられるような、「クラフト的な生産方式・組織原理」である。大量生産の生産様式が確立されて以来、クラフト的なものは大規模生産を支える不可欠なものでありながらも周辺的な地位へと押しやられる傾向が不断に働いてきたが、七〇年代以降の危機に際して、この傾向は逆転した、とピオリ＝セーブルは見ている。

現在の危機において特徴的なのは、より融通の利く組織への移行によって——単純な技術へ後退するのではなく——むしろ技術の高度化が促進されているという点である。コスト上昇と競争の激化に対処すべく、製品や工法を再編成せざるをえなくなった企業は、注文生産のコストを切り下げる新たな方法を見出した。そして、大量生産とクラフト生産とのコスト上のギャップがせばまるにつれて、得意先を、これまでの安い大量生産の安価な製品から引き離すことはより容易になった。このようにして、生き残ることを目指した単なる防衛的な戦略が、技術の進歩によって積極的な戦略へと変化した。そして、これは大量生産企業の地歩を脅かすものとなった。つまり、クラフト生産の大量生産への挑戦は体系的なものとなったのである。(9)

こうした転換において、コンピューターの普及と高度化は、もちろん重要な役割を果たしている。しかし、コンピューターというひとつの技術的因子がこの転換を引き起こしたのではない。そのような見方は、技術決定論の誹りを免れ得ない。コンピューターは、この転換によって出現した生産様式と親和性が高く、それゆえその普及と進化が求められることになった技術であった。こうして現れたのが、多様で変化に富んだ市場の要求に対して、柔軟に生産品・生産方法を変更することによって対応するものとしての「クラフト的生産」にほかならない。

この生産様式は、労働者の存在様態を確実に変化させる。ピオリ＝セーブルの簡潔な表現によれば、「労働者の賃金は各自が知っていること――各自の技術――に対する対価であり、各自がたまたまやっていること――その時点での職務――への対価ではない」。[10]つまり、古典的な大量生産の生産様式にあっては、上から指示された決まりきった作業を行なうのが労働の典型的な在り方であったとすれば、「クラフト的生産」にあっては、労働者は技術を自ら主体的に身に着け、生産に関する知識と技量を獲得しなければならない。ここにおいては、技術の習得・伝達が決定的となり、それゆえ生産者の集団が鍵となる。生産者集団というコミュニティがかかる習得と伝達を可能とするのである。つまり、言い換えれば、生産は人々の社会性に直接的に依拠するようになる。「柔軟な専門化体制では、経済と社会の分離という古典派政治経済学の前提の一つが破られている」。[11]ゆえに、ひとことで言えば、社会は工場と一体となり、世界は労働化する。この論点において、ピオリ＝セーブルの展望は、ネグリ＝ハートの認識と軌を一にしている。

ピオリ＝セーブルは、マクロ経済の視点から言えば、こうしたポスト工業社会的な生産体制は、前時代の大量生産の体制に比して、成長率の面では劣るかもしれないが、破局的な投資の麻痺（＝大恐慌）に陥る可能性は小さい、と見ている。[12]また、すでに人口に膾炙しているように、ネグリ＝ハートにとって、ポスト工業社会の認知資本主義は、労働の潜勢力の解放を意味する。上から押しつけられた仕事を黙々とこなさなければならない「プロレタリアート」とは対照的に、「マルチチュード」は自らの力能を自発的・能動的に発揮する存在である。「認知労働者」として出現した「マルチチュード」は、全面的な解放の可能性を示唆しているだけでなく、それ自体がすでに解放された労働を資本制の限界内において体現しているのである。
しかしながら、現実そのものによって日々反駁されているのは、これらの論者の展望の楽観性にほかならないのではなかろうか。二〇〇八年に顕在化した世界的な経済危機は、資本主義のフレキシブル化にもかかわらず（あるいは、それゆえに？）、経済恐慌が回避可能なものではいまもってないことを証明した。あるいは、日本でとどまるところを知らず語られ続けている労働をめぐる問題を考慮する必要もあるだろう。社会と経済の一体化、社会による直接的な生産という新しい「ゲームのルール」は、新たなる疎外を生むほかないものとして、立ち現れている。本田由紀によれば、ポスト工業社会は労働者に「ポスト近代型能力」を持つことが要請される社会として特徴づけられ、そこに現れる秩序は「ハイパー・メリトクラシー」と呼ばれるべきものである。彼女は、その特徴を次のような表にまとめている。

「近代型能力」と「ポスト近代型能力」の特徴の比較対照

「近代型能力」	「ポスト近代型能力」
「基礎学力」	「生きる力」
標準性	多様性・新奇性
知識量、知的操作の速度	意欲、創造性
共通尺度で比較可能	個別性・個性
順応性	能動性
協調性、同質性	ネットワーク形成力、交渉力

(13)

フォーディズム型の労働社会においては、人は「順応的」でなければならず皆等し並みの「標準性」に縛られ、「協調的」で「同質的」であるのに対し、新しい生産様式の世界においては、人は「生きる力」に満ち溢れ、「意欲的」かつ「創造的」に自らの個性を「能動的に」発揮する。ひとことで言えば、前者の世界は、そこでは人々は没個性的で型にはめられており受動的であるようにも見えるのに対し、後者の世界では、人々は生き生きと自身の個性を発揮して活力に満ちている、ということになる。

しかし、言うまでもなく、こうした薔薇色の世界としてのポスト工業社会という謳い文句は、美辞麗句にすぎなかった。露呈してきた事態は、社会と経済の一体化は、人間の諸能力の資本の許へのトータルな駆り立て以外の何物をも意味しない、ということだ。働く人々は、自らの時間と能力の「一部分」をいわば賃貸し的に売り払い、それを生計の糧とするのではなくなった。この「一部分」が実質的に「大部分」であったとしても、いまやこうした時代は「古き佳き」時代であった、と言えるのかもしれない。今日こうした能力の部分的切り売りは許容されうるものではない。人々は、つねに「創造的」で「能動的」、「意欲的」であることを強制されている。人々は「創造性」へと駆り立てられる。

そしてかかる全人格的な能力は、労働の場面以外の場面を含む生活の全局面において獲得されなければならないものだ。商品が画一的でなく、個性に満ちていなければならなくなったのとちょうど同じように、現代の労働力商品はその各々が個性的でなければ価値創造を果たすことができない。かくして、この駆り立て＝動員が全人格的なものである以上、それは生活の全領域へと浸透する。労働の現場を離れているときでも、人は自らの個性を磨き、「創造的」な人格へと自らを高めなければならない、というわけである。

人間の潜在能力の一層の全面的な開花という耳に心地よい標語は、その強制的な駆り立てと即座に同義のものとなる。「社会それ自体による生産」が意味するのは、このような事態にほかならない。

こうした現象は、マルクスの概念を言い換えて用いるならば、社会そのものの資本の許への「実質的包摂」である、と見なすことができる。フォーディズムの完成においてその頂点に達する大規模工業生産は、労働過程の細分化を推し進めることによって、直接的な生産過程を資本主義的に編制・組織化した。だが、言い換えれば、それは直接的な生産過程のみを「実質的に包摂」したにすぎなかった。これに対して、ポスト・フォーディズムの段階においては、社会が全体として資本の許へと「実質的に包摂」される。こうした事態を、ネグリ＝ハートは次のような言葉で描き出す。

あらゆる生産過程は、資本自身の内部で発生し、その結果あらゆる社会という世界の生産および再生産が資本の内部で生起することになった。工場内部で展開されてきた生産諸関係の固有に資本主義的な支配と資本主義的な搾取は、いまや工場の壁から染みだし、あらゆる社会関係へと滲潤し、それを規定する――私たちが、いまや現代社会を工場―社会と理解すべきであると主張するのは、このような意味においてである。(14)

われわれの論題にとって注目すべきは、ネグリ＝ハートの援用しているメタファー、「工場の壁から染みだし」という表現である。何が染み出してくるというのか。それは「資本主義的な支配と搾取」である。この認識は、先に見たピオリ＝セーブルのような認識、すなわちポスト工業社会の生産は資本主義の外部

（ピオリ＝セーブルにあっては「コミュニティ」）の要素に依拠しそれを活用するという認識とは、鋭く対立する。すなわち、ピオリ＝セーブル型の認識においては、大量生産の生産様式によって周縁化されていた社会的なものが復権し、表現の回路を新たに与えられる、という論理構成が採られている。つまり、「世界は労働化する」、「世界は工場化する」、「社会そのものが直接的に生産する」というテーゼは、ポスト工業社会、ポスト・フォーディズムを論ずるほとんどすべての論者に共通するものであるのだが、その際、工場の原理が社会を包摂するのか、それとも社会の原理が工場を通じて自らを表現するのか、そのいずれの見方を採るのかによって、見解の本質は正反対のものとなるであろう。なぜなら、ここで焦点化される問題は、工場が社会を制圧するのか、それとも社会が工場を制圧するのか、という事柄だからである。私見によれば、ネグリ＝ハートの場合、前者の見解から出発しながらも、それが後者に転換する可能性を論じているように見える。そして、このような論理構成の揺れ――あるいは革命的飛躍――が、彼らの理論をして難解なものたらしめているように感じられる。

さて、以上の考察からわれわれの議論の課題は明確なものとなった、と言えよう。すなわち、資本制のもたらす時間の感覚とその変容を考察することを通じて明らかにすることができるのは、工場と社会とのいずれが包摂の主体と客体であるのか、という問題である。あるいは言い換えれば、大規模工業生産によってもたらされた近代的資本主義の生産様式が内在的に有している時間性が、工場と社会との関係性においていかなる存立構造をなしているのかを考察することによって、今日の工場と社会との連関の在り方をとらえることができる、ということである。

二　資本と時間

資本と時間の関係性について導きの糸を与えてくれるものとして、モイシュ・ポストンの著作、『時間・労働・社会支配——マルクスの批判理論の再解釈』がある。本著作の論題は、マルクスの『資本論』および『経済学批判要綱』を吟味することによって、次のような諸命題を論証することである。すなわち、マルクスの経済学・哲学批判の意図するところは、資本制によって疎外されている労働の本質を本来的な形で実現することなのではない。そもそもかかる超歴史化された労働の観念それ自体が、資本制に固有の社会的諸関係によってもたらされた近代特有の仮象にほかならないのであるが、それは必然的に資本主義社会に特有の仕方で物象化されているのであり、したがってある種の「客観性」を有する。「抽象的人間労働」の概念を基軸とした商品とその価値に対するマルクスの分析は、こうした客観的仮象が必然的に生産される論理を忠実に追跡するものにほかならない。したがって、「労働の本質の実現」による労働の解放を志向した「現存社会主義」の試みは、マルクスの論述の右のような意図を全く汲み取ることが出来ていないものにすぎないし、また「現存社会主義」に対する批判的スタンスを打ち出した「西欧マルクス主義」とその系譜に連なる諸理論（具体的には、フランクフルト学派）もまた、「労働批判」ではなく「労働の実現」のパラダイムにとどまっている限り（その典型は、「西欧マルクス主義」の濫觴たるルカーチ『歴史と階級意識』の理論であり、そこでは「プロレタリアートの自己廃棄」ではなく「自己実現」が希求されている）では、ロシア・マルクス主義的思考と同一の次元にある。近代的な労働概念は、資本制社会（すなわち、商品による商品の生産が生産活動の中心的形態となった社会）に固有のものであるにもかかわらず超歴史的なものとして現れ、社会の支配構造の要石となる。したがって、マルクスの革命的批判の意図は、「労働価値の実現」ではなく、「労働価値の廃絶」へと差し向けられたものであった、とするのである。

その他多岐に渡るポストンの提起している論点を、ここで逐一略述する暇はない。本稿の論点にとって重要なのは、ポストンの議論が、資本主義社会に特有の時間性についての議論を展開している、ということだ。彼の議論は、マルクスの言う商品の二重の性格（すなわち、使用価値と交換価値）から派生し、資本制社会のさまざまな局面において出現する二元論ないし二重化――代表的には、「具体的有用労働」および「抽象的人間労働」としての「労働」――の観点から、時間性を分析する。以下、先に示した「包摂」の問題の観点から、ポストンの議論を吟味する。

しばしば言われるように、均質的で直線的な時間の観念は近代の産物であり、また産業社会の産物である。このことは、農耕社会が円環的な時間観念を有していたこととの対比において、明らかにされる。自然の直接的な生産力に依拠する社会においては、自然そのものが持つ円環的な時間性が人間の時間観念を規定していたとされる。これに対して、商品による商品の生産が行なわれ、しかもそれが科学技術の大々的な利用を伴う社会が出現してはじめて、時間は均質で直線的に流れるものとして、言い換えれば、計量可能なものとして観念されるようになる。例えば、よく知られているように、江戸時代の日本には、きわめて複雑な機構を持ち精確に時を刻むことのできる時計を製造する技術がすでにあった。しかし、それは奢侈品でしかなく、それを普及させようという努力が払われることもなかった。要するに、社会はそれを必要としていなかった。時計を使用するという習慣は、明治時代以降に根づいたものである。つまり、均質で計量可能な時間の観念の出現にとっては、産業資本主義の導入が前提となる条件であった。

ポストンの議論によれば、資本制社会における時間は、「価値」との関係において、「抽象的時間」として現れる。マルクスは『資本論』において、商品の価値がいかなる意味で時間によって決定されるものであるのかを、次のような言葉で述べていた。

だから、ある使用価値または財貨が価値をもつのは、ただ抽象的人間労働がそれに対象化または物質化されているからでしかない。では、それの価値の大きさはどのようにして計られるのか？　それに含まれている「価値を形成する実体」の量、すなわち労働の量によってである。労働の量そのものは、労働の継続時間で計られ、労働時間はまた一時間とか一日とかいうような一定の時間部分をその度量標準としている。[15]

もちろん、この場合の「労働の継続時間」は、個別的なそれではなく、「社会的に必要な労働時間」であり、それは「現存の社会的に正常な生産条件と、労働の熟練および強度の社会的平均度とをもって、なんらかの使用価値を生産するために必要」[16]とされる労働時間である。各人の骨折りの価値は、このように定義される時間によって計測される。したがって、資本主義社会とは、ある意味で、時間による支配が貫徹する社会であるが、その時間は均質性と計量可能性をその特徴とする。

重要なのは、生産力の向上に伴って、ある使用価値を生産するために「社会的に必要な労働時間」は変化するということである。マルクスは、蒸気機関が採用されることによって、イギリスの手織工の生産物の価値が半落したという例を挙げている。[17]すなわち、蒸気機関が採用される以前も以後も手織工は同じ労働を行なっているわけであるが、それにもかかわらず、その生産物の価値は半減するのであり、それは糸を織物に転化させるために必要とされる労働時間が半減したことによる。いまや彼らはかつての半分の価値しか生産することが出来ていない以上、手織工は同じ生産方法によって生産を続けることはできなくなる。彼らはこの部門から撤退するか、あるいは蒸気機関を用いた生産を始めるかの選択を迫られる。いずれにせよ、新しい生産方法が普及した時点で、その方法によって規定される新たな社会的平均が確立されることになる。したがって、生産力の増大とそれが商品の価値に及ぼす影響の関係については、次のように言いうる。「一般的に言えば、労働の生産力が大きければ大きいほど、一物品の生産に必要な労働時間はそれだけ小さく、その物品に結晶している労働量はそれだけ小さく、その物品の価値はそれだけ小さい。逆に、労働の生産力が小さければ小さいほど、一物品の生産に必要な労働時間はそれだけ大きく、その物品の価値はそれだけ大きい。つまり、一商品の価値の大きさは、その商品に実現される労働の量に正比例し、その労働の生産力に反比例して変動するのである」[18]。

マルクスのこの部分の記述について、ポストンは次のように言っている。

生産力が増大することは、生産される各商品の価値の減少を招く。なぜなら、社会的に必要な労働時間が、より少なく支出されるからである。このことは、特定の区切られた時間（例えば、一時間）に産出される総価値は一定にとどまる、ということを示している。平均的な生産力と単一の商品の価値量とが反比例の関係になるのは、生産される総価値量が抽象的人間労働の支出される量に依存する、という事柄の作用である。生産力の平均が変化しても、等しい一定の時間においてつくり出される総価値は変化しない。したがって、平均的生産力が二倍になった場合、二倍になった商品が、それぞれ以前の半分の価値を持って、ある時間において生産される。なぜなら、その一定の時間における総価値は同じであり続けるからだ。[19]

このことは、一見したところ逆説的な事態であるように映る。どれほど画期的な生産方法を導入して生産力を飛躍的に高め、生産量を増やすことができたとしても、それが生み出す価値の総量は何ら変わることがない、とされる。しかし、抽象的人間労働の観点から見てみるならば、それは真実である。すなわち、あらゆる具体的な属性・質を捨象され単なる量に還元された「人間労働一般の支出」[20]（＝抽象的人間労働）の凝固体として生産物を見た場合、その量が見掛け上どれほど増えたとしても、そこに体現される価値は変わらない。

しかしながら、生産力の増大は何事も変更しない、というわけではない。それは確実に使用価値（ポストンによれば「物質的富」）を増大させる。「物質的富の創造は、そのような労働時間の支出［＝抽象的人間労働の支出］に必ずしも拘束されない。生産力の増大は、支出される労働時間の量が増大するか否かに関わらず、物質的富の増大を結果する」[21]。ポストンによれば、マルクスの議論においては、「物質的富」と「価値」とが資本主義社会における内在的な緊張関係を構成する。すなわち、前者は商品の生産物としての具体的質の次元に、ゆえに労働の具体的内容の次元に相応するのに対し、後者は商品の均質であるがゆえに普遍的に計測可能な量の次元、つまりは抽象的人間労働の次元に相応する。重要なのは、前者は、量的に（＝時間量として）計測されるものとしての労働の支出という次元からは根本的に切り離されている、ということである。「マルクスは、生産力、『労働による生産の力』を、有用な具体的労働の生産力として分析している。それは、生産の社会的組織化、科学の発展と応用の水準、そしてとりわけ勤労者大衆の技能によって、決定される。言い換えれば、マルクスの理解によれば、労働の具体的次元は、社会の組織化と社会的知――私が『生産活動としての労働の社会的特徴』と名づけたもの――によって性格づけられ、かつ、かかる組織化と知との様相を包含する、という社会的特徴を持つ。この次元は、直接的労働の支出に限定されないのである」[22]。

このように、資本主義社会においては、商品の二重性に相即して労働もまた二重化されるわけであるが、そこにおいてこそ、この社会に固有の弁証法的緊張が現れる。すなわち、「社会的特徴」――具体的には人間の組織化と複雑な知性――が生産に大々的に導入されることによって商品の具体的有用性の側面を形成するものが直接的な人間労働の支出からますますかけ離れてゆくにもかかわらず、価値の形成の側面においては質的に一様な「抽象的人間労働」がその基準としてとどまり続ける、という事態である。ポストンは、この事態を次のように説明する。

生産力が増大したからといって……より多くの価値量が単位時間当たりで産出されるわけではない。この理由により、科学技術の応用などの生産力を増大させるすべての手段は、単位時間当たりに産出される価値量を増大させることはないが、生産される物質的富の量を著しく増大させる。資本主義の中心的な矛盾の基盤をなすものは、マルクスによれば、価値が、生産力の発展に関わりなく、資本主義における富と社会的諸関係を規定する形態であり続ける、ということである。しかしながら、価値は、物質的

富の観点からするとますます時代遅れのものとなってゆく。(23)

つまり、価値生産に対する時間的規定は、ますます現実性を失ってゆく。だが、それにもかかわらず、直接的労働の支出という不変の項は、価値を規定する規範として機能し続ける。「労働価値説」のイデオロギーとしての強力さを思い起こしてみれば、このことは明瞭である。古典派からマルクスに至る労働価値説が新古典派の理論によって論破されたということが学者たちの共通見解になろうがなるまいが、「働かざる者喰うべからず」という常識を信奉しない人は、少数派である。そして、文字通りの直接的労働の支出と形容されるべき労働（例えば、きわめて単純な肉体労働）が最も支払われることの少ない労働であることなど誰もが知っているにもかかわらず、この常識が揺らぐことはない。意識におけるこうした分裂は、上述の弁証法的緊張関係を反映するものにほかならない。

さて、われわれの考察の主題に引きつけて考えてみた場合、近代における時間・歴史意識の中核となってきた進歩への漠然とした信仰と、こうした矛盾をはらんだ資本制における時間性の構造との間に、いかなる関係を見出すことができるであろうか。マルクスが描き出したのは、資本主義社会における価値法則の動態性と、その動態性にもかかわらず不変であり続ける価値の概念の謎めいた性格である。すなわち、生産性の社会的平均値の上昇とともに、「必要労働」の時間は短縮され、労働力の価値は不断に低落する。このように、労働力の価値は不断に変動するという意味で、価値法則は動態的なものである。しかし、その一方で、生産が直接的労働の支出からかけ離れたものとなるにもかかわらず、価値を決定する尺度としての抽象的人間労働の概念は不変のものにとどまる。

してみると、産業革命以降の近代資本主義の発展史において、労働力の価値はもっぱら下がり続けているということになる。しかし、それでもこの過程において「窮乏化法則」が単純に当てはまらず、労働者階級の富裕化が一般的に進んできたのは、生産性の上昇のいわば副産物として「物質的富」の目覚ましい増大が生じたことによる。つまり、フォーディズム段階に典型的なように、労働者階級は生産するだけでなく、厖大なものとなった「物質的富」を購買―消費する存在としての役割をも担うようになった。このことは即座に、労働力の再生産にかかる費用の増大を意味し、したがって、「必要労働時間」の増大、労働力の価値の上昇に帰結する。

すでに述べたように、「未来」への想像力は、「物質的富」が昨日よりも今日は、今日よりも明日はより豊富で多彩なものとなることと密接に結びついていた。してみれば、近代の進歩主義的時間意識は、二層的な構造を持っていたと言えるであろう。一方では、抽象的人間労働の担い手としての人間の価値を、不断に向上する生産性が絶えず減少させる。生産の在り方が絶えず進歩してゆくという意味で、「工場の時間」は進歩主義的な時間意識を内在させているわけだが、この時間性は、価値論の次元において絶えず人間を無価値なものとしてゆく傾向を持つ。つまり、この「進歩」は、労働価値の担い手としての人間の価値低落、すなわち「退化」として現れる、ということだ。したがって、工場においては、生産性における進歩と人間の価値の変動は、いわば反比例の関係にある。しかし他方で、生産性の上昇は、この人間の価値の引き下げを補ってなお余りあるような果実をもたらしうる。それが、「物質的富」の著しい増大であり、労働者が消費者として現れるとき――すなわち、空間的に言えば、工場の外に出るとき――、彼ないし彼女をより価値の高いものとする。その意味で、昨日より今日の、今日より明日の人間の価値は高いものである、という意識が可能なものとなる。溢れかえる「物質的富」の海で戯れることは、モノの直接的享受によって快楽をもたらすだけでなく、価値論的次元において人間の価値を高めることでもあった。かくして、工場の外の空間は消費の空間として規定され、もっぱら生産に特化した工場との対比において、それは「社会的なもの」として現れる。「消費社会」というやや曖昧な概念は、かかる空間を指すものとしてとらえることができる。

さて、先に見たように、ポスト工業社会の特徴は、社会の全面的な工場化である。してみれば、資本制の持つ基本的な時間認識の構造に対するわれわれの考察に従うならば、今日人々が「未来について考えるのもいやになった」のは、きわめて必当然の事柄であることが理解できよう。社会そのものが生産し、社会そのものが工場化する世界においては、「工場の時間」が社会を全面的に覆い尽くす。そうであるならば、人々は、直接的な労働の場にあっても、その場を離れているときでも、その価値を継続的に切り縮められる存在であるほかない。さらには、すでに見たように、今日の「直接的な労働の支出」は、全人格的能力によって実行されるものとなりつつある。してみれば、生産性の向上が全社会領域を利用して追求される限り、われわれ一人一人の価値は、全人格的な意味において、昨日より今日の方が低く、今日より明日の方が低くなるよう運命づけられている。

この情勢下にあって、工場ならざるものとしての「社会的なもの」、言い換えれば、工場に包摂されない社会としての社会を、人間の全般的な価値低落への抵抗の拠点として打ち出すことが、果たして可能であろうか。すでに見たように、それは、「物質的富」の消費によって人間の価値低落を補完しつつ食い止める場であったが、二〇世紀後半以降の先進諸国においては、人々が記号の消費による差異化を必死に図ろうとする場でしかない。そしていまや、かかる「差異化」(=「個性化」)こそが工場の論理の要として取り入れられている以上、およそそれは工場の外部ではあり得ない。もはや消費の行為は、古典的な「労働力の再生産」ではなく、直接的に労働なのである。

マルクス＝ポストンの論じている「弁証法的緊張」の「弁証法」は静止したままである。なぜなら、「物質的富」と「価値」とが弁証法的衝突を引き起こすのではなく、「物質的富」、「具体的有用労働」の次元の価値論的次元への直接的な包摂こそが、生じてきた事態にほかならないように思われるからだ。かくして、人間の増大する「物質的富」との接触が証しを与えていた「進歩の場としての未来」という観念は失われ、時間意識は価値法則に内在する静態性の次元に固着してしまうのである。

おわりに

レフ・トルストイの箴言にいわく、「時代が進むにつれて、ありとあらゆる表現を借りて増大する悪のひとつは、過去に対する信仰である」。実に含蓄のある言葉であると思う。確かにわれわれは非常にしばしば過去の時代を美化し、その際その時代が持っていた欠点を都合よく忘れてしまう傾向がある。しかしながら、それでもなお、「未来の喪失」という今日の事態がノスタルジアを蔓延させるとするならば、それは、トルストイの言う人間の本性的な悪しき傾向の現れとして片づけることのできない切迫性を有している。それは、自らの存在価値が切り縮められ、今後も切り縮められるに違いないと確信せざるを得なくなった人間の絶望の表現にほかならないからである。

われわれは選択を迫られているのであり、それぞれの選択肢の可能性を追求し、シミュレートすることが思想的な課題として立ち現れている。すなわち、そのひとつは、労働価値の構造を再考察し、その組み換えを行なうことにより、滅却され得ない「労働価値」を発見する、という可能性である。それは、近代性の再構築へと進む道であると言えるかもしれない。いまひとつの選択肢は、いわば倒錯的なものである。それはすなわち、人間の価値の切り縮めをそれがゆき着くところまで推し進めることである。抽象的人間労働の担い手としての人間の価値の滅却をそのゼロ度まで進めること。そして、かかる「人間の死」において、そのラディカルな反転を企てること。ネグリ＝ハートが模索しているのは、この選択肢であるように見える。

今日われわれの眼に映るのは、絶望感の蔓延である。だが、希望も絶望もまた迷妄にすぎないのであるとすれば、この選択を決断することによって、醒めた意識は思想の賽を投げるであろう。

●注

（1）モリス・ギンズバーグ「進歩の観念（近代における）」見市雅俊訳：『西洋思想大事典』第二巻、平凡社、一九九〇年、六二四頁。

（2）荒俣宏『奇想の二〇世紀』、NHKライブラリー、二〇〇四年、三一四頁。

（3）あるいは、近年の「進歩的知識人」的な存在に対する大衆的な憎悪の高まりを同じ事態の徴候として挙げることもできよう。今日の、特にアジア諸外国の民族に向けられた排外主義の跋扈は、「進歩」への幻滅の一帰結であるように思われる。「未来において徐々に人間性は進歩するに違いない」という啓蒙主義の時間意識が否定された後に残るのは、「要するに日本人は朝鮮人や中国人が嫌いだ」という赤裸々な「本音」であり、かかる「本音」を抱いてしまう「人間性」が何時の日にか陶冶される可能性は真っ向から否定されるのである。かくして、排外主義者の思考図式においては、「未来における進歩」などあり得ないとすでにわかりきっているにもかかわらずコスモポリタン的な「建前」を振りかざす「進歩的知識人」は、最悪の道徳的偽善者にほかならぬものとして指弾の対象となる。

（4）荒俣宏、前掲、『奇想の二〇世紀』、三一四頁。
（5）アントニオ・ネグリ＝マイケル・ハート『ディオニュソスの労働――国家形態批判』長原豊ほか訳、人文書院、二〇〇八年、二五―二六頁。
（6）同書、二六頁。
（7）マイケル・J・ピオリ＝チャールズ・F・セーブル『第二の産業分水嶺』山之内靖ほか訳、筑摩書房、一九九三年、二七〇頁。
（8）同書、二八七頁。
（9）同書、二七一―二七二頁。
（10）同書、三一四頁。
（11）同書、三五一頁。
（12）同書、三五二―三五三頁。
（13）本田由紀『多元化する「能力」と日本社会――ハイパー・メリトクラシー化のなかで』、NTT出版、二〇〇五年、二二頁。
（14）ネグリ＝ハート、前掲、『ディオニュソスの労働』、三三三頁。
（15）カール・マルクス『資本論』岡崎次郎訳、大月国民文庫、第一分冊・七八頁。
（16）同書、七八―七九頁。
（17）同書、七九頁。

（18）同書、八一頁。
（19）Moishe Postone, *Time, Labor, and Social Domination: A reinterpretation of Marx's critical theory*, Cambridge University Press, ［2003］, p.193.
（20）マルクス、前掲、『資本論』、第一分冊・八七頁。
（21）Moishe Postone, *Time, Labor, and Social Domination: A reinterpretation of Marx's critical theory*, p.194.
（22）Ibid., p.194-195.
（23）Ibid., p.197.

第十四章　カニバリズムの楽園：動物と人間の境界をめぐる思想史的問題

浜野喬士

一　「弁証法的緊張の場」

ジョルジョ・アガンベンはアレクサンドル・コジェーヴの一連のヘーゲル講義について、コジェーヴに生権力への視座が無いことについて不平を述べつつも（「コジェーヴは、人間と人間化した動物との関係において、否定や死の側面を優先するあまり、近代にあって人間〔…〕が逆に自己本来の動物的な生に配慮しはじめるようになり、生権力とフーコーが呼んだものにおいて自然的な生が賭金にすらなっていく過程を見過ごしているように思われる」）[1]、しかし、「歴史以後」ないし「超歴史」（当然これはコジェーヴの場合日本的スノビズムの段階に対応する）の「人間」の人間性をめぐるコジェーヴの弁証法的議論から大きな影響を受けて、次のように書いている。

「[…]決定的な点は、この超歴史という周縁にあっては、人間が人間的でありつづけることの前提として、ホモ・サピエンス種という動物の生存が仮定されており、この動物の生存が人間にとっての支えの役割を果たさなければならないということである。現に、コジェーヴのヘーゲル講義のなかでは、人間はもはや生物学的に定義されるような種でも、所与として一挙に与えられる実質でもない。むしろ人間とは、弁証法的緊張の場なのであり、〈人間化した〉動物性とその動物性のなかで受肉する人間性とをたえず――少なくとも潜在的に――分離する中間休止によって、この場はつねにすでに切断されている。人間は、歴史的にはこの緊張のなかでしか存在しない。すなわち、人間が人間的たりうるのは、ひとえに、人間というものを支える人間化した動物を超越し止揚するかぎりにおいてなのであり、いいかえるならば、人間が否定的活動をつうじて自己自身の動物性を支配し、必要とあれば、それを破壊することによってのみ、人間は人間的たりうるのである」(2)。

「弁証法的緊張の場」としての人間。絶えず自己の動物性とのあいだで自身の再定義を迫られる人間。しかしこうした重々しい問題設定とは裏腹に、こうしたアガンベン的な問いは、思想的情況のなかで、むしろごく日常的な風景にすらなっているように思われる。近代的な自由概念、それに基づく自律概念によって成立する「人間」という概念は、哲学自身はもとより、今やあらゆる周辺領域から脅かされている。危機は常態化している。

フェリペ・フェルナンデス＝アルメストは「人間」概念を近年揺るがしてきた契機について以下の六つの要素を列挙している(3)。すなわち(1)霊長類学(2)動物の権利運動(3)古人類学(4)生物学(5)人工知能研究（6）遺伝研究である。これらの要素は、お互いに緊密に連絡し合いながら、伝統的な「人間」概念に打撃を与えそれを浸食してきた。ではある者があくまで「人間」というカテゴリーを維持しようと試みるならば、その彼はこれらの論点のすべてに対して、いわば「守旧派」として振るわねばならないのか。

こうした流れのなかにパオラ・カヴァリエリとピーター・シンガーが編集した『大型類人猿の権利宣言』に代表されるような「動物の権利」を強く提唱する議論、またそれに対する批判を含むジャック・デリダらの議論(4)が存在するわけである。

しかし驚かされるのは、そうしたアカデミズムとその周辺領域が動物について、その認知行動学的、哲学的、倫理学的、法哲学的議論を洗練させ、精緻化していく（あるいは動物の〈権利〉概念を脱構築していく）(5)のとは裏腹に、おそろしく素朴な「動物の権利」派が、自らの文化帝国主義に無自覚に、そして無邪気に、南氷洋で、あるいは極東の「辺境」の港で、クジラ漁、イルカ漁の「野蛮」を糾弾しているというギャップである。(6)

もちろん大衆と知識人、運動とアカデミズム、理論と実践という古典的カテゴリーの間には、依然として否定しがたい懸隔が存在するというのはもっともである。しかし後期デリダが示す「理論的後退」（宮﨑裕助）の問題などを考えると、たとえそれが「戦略的な素朴さ」（同）(7)であって、実際には生政治をめぐるより本質的な動物論が潜在しているのだ、としても（そして「動物の権利」概念の素朴さ、弱さについてデリダ自身が自覚的であるとしても）(8)、われわれとしては次のような疑念に行きつく。つまり、賛成するにしても、反対するにしても、「動物の権利」論の図式、ターム、枠組みに乗る限り、その外部に出ることはできないのではないか、という疑念である。

結局問題の端緒はどこにあるのか。われわれが今日生きるこの世界、すなわち世俗化された世界とは超越を欠く世界である。すべてが人間化されたフラットな地平において、人間は動物との距離をそのつど測定しなくてはならない。今やすべての審級は「人間」である。人間性の基準を満たすこと、例えば知的な能力を発揮し、高度なコミュニケーション能力を持ち、痛みや悲しみを表現すること。これら人間性の表徴は即、人間としてのメンバーシップの発行を意味する。審級が人間性に一元化されるという意味で、反人間中心主義を標榜する生命中心主義は、最も人間中心主義的である。

二　クジラ・イルカの意味論

さて、「動物の権利」というアプローチの外部に出るためには、現在「動物の権利」をめぐる議論の最前線がどこにあるかを見きわめる必要がある。この最前線が、動物たち（この複数形自体、アウグスティヌス的問題を招来してしまうのだが）[9]のなかでも、大型類人猿・クジラ・イルカであることにおそらく異論はないだろう。ニワトリやミンクなどの大量屠殺、毛皮・動物実験目的の利用を問題化しようという動きは実践レベルでは傍流ではないものの[10]、これらを理論化しようという動きは顕著ではない。

クジラ・イルカが古今東西において、文化的象徴秩序の体系の中で、ある意味つねに特権的な地位を占めてきた背景としては、様々な理由（親子関係の緊密さ、知能、コミュニケーション能力等々）が考えられる。例えばイルカが行なう援助行為[11]は、歴史上、さまざまな神話を準備してきた能力である。しかし特に無視できないのは、狭義のクジラが歴史的にみて家畜化されることなき動物であった、ということである。

陸上動物ではない、回遊範囲が広大である、その体躯が巨大である等々の条件はあいまってクジラの家畜化を妨げてきた。陸上で家畜化された動物たちは、食料や労働力を安定供給し、その恩恵のもと人間は狩猟の段階を抜け出し、文明と呼ばれる営みを成立させた。したがってクジラがそうした家畜化を免れてきたことは、クジラというものが、われわれ自身の文明・技術の射程と限界を確定する基準となる条件を準備した。例えば一六世紀のスピッツベルゲン島捕鯨からその所有権（無主地）論争[12]、一七世紀から一九世紀にかけてのアメリカ捕鯨、いわゆるヤンキー・ホエーラーズまで、つねにクジラがその時代時代の空間的・技術的「フロンティア」で行なわれてきたことは単なる比喩以上のものがある。人間自身の到達点と限界を確定する自然の力そのものとしてのクジラ、という表象は、潜在顕在の差異はあれど部分的に残り続けてきたわけである。

こうした観点からすれば第一級の捕鯨イデオローグ、大隅清治が、「鯨と人間との関わり合い：過去／現在／未来」と題された論文で言及する奇妙なクジラ家畜化論が、逆説的に重要性をもって浮上してくる。

「われわれは鯨類資源の人為的制限を強化しつつあり、今や放牧の段階にあるといえる。そこで私は、〈クジラは海という広大な牧場に放し飼いにされているウシである〉と、かねがね主張している。そして、さらに人為的制御技術を高めることによって、鯨を家畜にすることは決して夢ではないと考える」[13]。

しかしこうした構想を科学至上主義といったところに押し込めることはできない。またたんに高度な養殖技術をクジラに応用する計画と片付けることはできない。むしろここで詳らかになっているのは管理そのものの夢、後述するタームで言えば「象徴的同一化」の夢である。

さてバタイユが「人間と動物の友愛」と題された小論の中で、「馬」に仮託して述べていることは、おそらくわれわれのクジラにも当てはまる。

「[…]動物の家畜化は、総じて、虚弱化に行きつく。他方、野生状態にある動物は、人間の認識から逃げていってつかまることがない。馬は、何かに還元されえないという動物性の本質、いや生ある存在の本質を、人間界のなかで維持できるという特権を持っている。真に飼いならされている動物は、われわれが隷属させている限り、言わば一個の物になってしまっている。それに対し野生の動物は非人間的だ[…]」[14]。

バタイユに準えて言えば次のようになるだろう。認識から無限に逃げ去るクジラ。家畜化を回避することで、人間による道具化＝客体化＝モノ化を免れ、ちっぽけな目的論へ回収されることのない荒ぶる存在者。しかしそれはこの逃げ去るという性質ゆえ、「欠如」という形でのみ現われる。同一化の問題、家畜化の問題は後で詳述するが、まずはカニバリズムの問題を考えてみたい。

三　クジラ・イルカとカニバリズム

捕鯨史家、森田勝昭は『鯨と捕鯨の文化史』で、鯨肉食・イルカ食の意味論に言及している。そこで彼は、鯨やイルカの摂食（およびその現代的忌避現象）が、人肉食、すなわちカニバリズムと密接な関係を有しているのではないか、という問題を提起している。「［…］鯨が動物から人間そして神へと昇格し、文化的負荷が飛躍的に増大した一九七〇年代以降、鯨・イルカ肉食は〈悪〉という観念が出来上がる。要するに、鯨やイルカを食べることは人間を食べること、人間の文化の自己破壊、つまりカニバリズムなのである［…］」(15)。「［…］二〇世紀になって、鯨の文化的負荷が急激に増大し、鯨＝人間のイメージが定着すると、鯨肉食はクジラ目ヒゲクジラ亜目、あるいはクジラ目ハクジラ亜目という生物の肉を食べることではなく、人間中心主義に真正面から批判を加え前進してきたヨーロッパ・アメリカの〈倫理〉を否定する〈未開人〉の行為＝カニバリズムと捉えられるようになるのである」(16)。

この論点の詳細に進む前に、日本以外に目を向けると、鯨類を喰うことがヒトを喰うことと同義となるような文化圏はミクロネシアにも見られる。生態人類学者、秋道智彌はミクロネシア・サタワル島でのイルカの位置づけについて、現地調査を踏まえ次のように述べている。「島の人びとから採集した説話によると、イルカが島にやって来て水浴びしたさい、その皮をぬぐと人間とおなじ形をしていたという内容になっている。本来が人間で、外の皮衣をつけるとイルカになると考えられているわけだ」(17)。サタワル島ではイルカは、サメ、エイ、ウツボなどと並んで「イキン・ガウ」（「悪い魚」）というカテゴリーに算入される(18)。イキン・ガウに含まれた生物は食べられることがない。中でも、イルカやサメの場合には特異な点がある。「人びとはイルカやサメを人間であると考えている。つまり、イルカやサメを食べることは人間が人間の肉を食べること、カニバリズムにつながる」(19)。

さて西洋におけるクジラ・イルカの神話や博物学的知見であるが、ホメロスによるイルカへの言及、詩人アリオンがイルカに助けられる話、ヨナがクジラ（リヴァイアサン）に飲み込まれるエピソード、アポロンとデルフィ神殿のエピソード、アリストテレス『動物誌』での言及等々、数えたらきりがないほど存在する。一例を挙げればネメシアノスの『漁法（*Halieutiques*）』には水生動物、ウナギの稚魚、ウニ、タコそして問題のイルカなどについて記述が存在し、そこでイルカは人間に擬えられている。動物史家ロベール・ドロールはネメシアノスについて、次のようにコメントしている。

「イルカは非常に人間に愛想が良いので、この本［『漁法』］によれば、たぶん変身した人間なのである。このクジラ類の動物の人間好きは、つい最近になってようやく再発見されたわけだが、彼らが実際にどれほど漁民と地中海島民の文明と親密な接触を保っていたかが分かる。美しい伝説という以上に、これは動物誌の一つの重要な要素である」[20]。

また後述するピュタゴラス学派の輪廻説におけるイルカへの転生という信念や、それに基づく肉食の忌避などはこうしたイルカ・クジラカニバリズム論の基底をなすものと言えよう。

さて、反捕鯨論が、クジラ・イルカ高知能説に立脚するものだとすれば（あるいはクジラ・イルカは実質的にヒトに相当するものであるから、クジラ・イルカを食べることはすなわちカニバリズムであるという主張であるならば）、そうした反捕鯨論に反論する言説は、当然のことながら、クジラ・イルカの高知能説は疑似科学である、[21]そしてクジラ・イルカはヒトではない、それは素朴な擬人化である、ゆえに鯨肉食は断じてカニバリズムなどではない、というものになるだろう。

しかしあえて次のような問いを提示してみたい。つまりフロイトが『モーセと一神教』で提示した問い「もしもモーセがひとりのエジプト人であったとするならば…」に擬えて、われわれとしては「もしもクジラ喰いがカニバリズムであったとするならば…」という問いをあえて引き受けてみたい。クジラ・イルカ高知能説を疑似科学として退けるのでも、捕鯨文化に対する西洋の嫌悪の根底にカニバリズム忌避を見て、侮辱であると憤るのでもなく、あえてクジラがヒトであるとするならば…という問いを立ててみること、そうすることで開けてくるいくつかの次元が存在する。

フロイトの「もしもモーセがひとりのエジプト人であったとするならば…」という仮定が、歴史実証性という点で鑑みれば多数の瑕疵を含んでいたのと同様に、「もしもクジラ喰いがカニバリズムであったとするならば…」という問いも、具体個別的な事例を拾い集めて証明できる、という類のものではない。例えば西洋でも、クジラ（ないしイルカ）について、たんに油を採るのみならず、肉としての利用も存在してきた（例えば一六世紀のロンドレ（一五〇七―五六年）による魚の調査、解剖、比較研究における調理法の記述等[22]）。もちろん部分的にクジラ食が明確に禁忌の対象となっていく徴候を捉えることが不可能というわけではない。例えば六〇年代、七〇年代の環境運動の高揚期に、クジラがフラジャイルな地球の代理表象になっていった過程は、比較的容易に文献的に裏付けることができるし、それと相前後して、クジラ喰い＝カニバリズムという心象を準備することになったクジラ・イルカの知能・コミュニケーション能力に対するニューサイエンスの進展を拾っていくことも可能である。

しかし重要なのは、「もしもクジラ喰いがカニバリズムであったとするならば…」という仮定により、クジラやイルカの問題をめぐる議論の閉塞を脱し、カニバリズム論や動物供犠論といった文脈が開くということである。

動物の権理論の議論構成の外部で（動物の権利論に賛成するにしても、あるいはむしろこちらに主眼が置かれるのだが動物の権利論に反対するにしても）、動物を考える、ひいてはクジラやイルカを考える枠組みが仄見えれば、本論考は目的の半分以上を達成したことになる。

四　カニバリズムの抑圧

まず前提条件としてカニバリズム一般の問題を考えてみなくてはならない[23]。

モンテーニュが紹介したことで知られるトゥピ族のカニバリズム[24]、そして他にもオーストラリア北方部族の自分の子供たちを食べるカニバリズム、南方部族の子供が二人出来ると子供の力を二倍にするために、下の子を食べさせるカニバリズム、オーストラリア中部の胎児を食べるための人為的流産によるカニバリズムなど[25]、身の毛もよだつような事例に出くわすと、やはりわれわれは衝撃を受ける。恐ろしいほどの「野蛮」に目がくらむような思いをする。

しかしジャック・アタリは『カニバリズムの秩序』の中で、隠喩ではない文字通りの人食い＝カニバリズムが、単なる野蛮人の不合理な風習ではなく、重要な社会的機能を構造的に有しているということ（「頻繁であったとはいえエピソード的でしかない食餌としてのカニバリズムとは別に実際上の食人はつねに治療行為であった」[26]）、そしてカニバリズムが後代に至って社会から表面的は消え去りつつも、かつてそれが担っていたような機能は、さまざまな変容を蒙りつつ（病の選別、監視、告発、交渉、隔離）[27]現在に至るまで継承されているということを明らかにした（その意味で『カニバリズムの秩序』は病をめぐる社会史の書である）。すなわちカニバリズムは辺境に見られる猟奇的、例外的現象ではなく、普遍的な現象（当然構造としては、空間的に西洋も含みうる）であるというのがアタリの中心テーゼである。しかしカニバリズムの普遍性に関する記憶は抑圧されている。

「実のところは、生きるために他者を食べるとは、〈悪〉を前にした人間の戦略なのだ。そして、自然に対する支配が、人間をしてもはや最初の被造物ではなく、創造の主催者とするや、人間は同類を食べあうことを容認せず、他者の身体の中で生き残るために殺されることを承認せず、そして、それを記憶の中へと抑圧する」[28]。

「同類」を食べること。そして「同類」を食べることの禁止。この両者とも忘却され、その忘却自体も忘却される。起源的記憶の抑圧は、共時的に発見される古代人、すなわち西洋人の経済活動範囲の拡大によって見いだされた「野蛮人」との接触によって相対化されるどころか、むしろ様々な代理形成を経ながら強化される。布教、陶治という形で善意の収奪がなされるのはその一例と言える。アタリはこの微妙な問題について次のように述べている。

「[…]カニバリズムはいつでも植民地主義の口実の一つとされていた。〈カニバル（cannibale）〉という言葉はそもそも、スペイン人がカリブ海諸島（Caraibes）とその原住民につけた名前の一つであるカリバル

（caribal）に由来するものである」[29]。

カニバリズムは植民地たるにふさわしい未開の地の因習、野蛮を代表するものになる。このように考えると、もし森田の言うように、イルカやクジラを食べることが、人を食うことと同義であるがゆえにカニバリズムと見なされ、忌避されるのだとしても、それは単純に外的接触によって異国（例えば日本、例えば太地町）に見いだされた、いわば「外なる」カニバリズムに対する忌避なのではないということになる。カニバリズムは西洋の文化そのものに深く内在し、しかし抑圧され、代理形成を絶えず被ってきた。問題となっているのは、この西洋自らの「内なる」カニバリズムに対する忌避である。

人間はもはや「同類」を食べることはない。いやむしろ「同類」を食べないことが人間と動物を分かつ条件となる。

五　アレオファジー・オモファジー

共食いや生肉食といったカニバリズムの周辺概念を、フォントネの議論に即しつつ、古代に求めてみたい。フォントネは大著『動物たちの沈黙』のなかの「人間性の侵犯」と題された章で、オルペウス教徒やキュニコス派、ピュタゴラス派といった肉食否定派を論じるに先立ち、次のように述べている。

「ギリシア人の間では、共食いすることはアレオファジー（alléophagie 相互に食べること）と呼ばれていて、これは、典型的に反―人間的な存在様式である人食いのことだ。だがしかし、オモファジー（omophagie 生肉を食べる習慣）、すなわち［肉を］生で食べることも人間的ではない、あるいは反―人間的とみなされていた」[30]。

人間と動物を分かつメルクマールはアレオファジーとオモファジーに端的に反映される。両者は獣性の表徴である。

「［…］プロメテウスが生贄の分配を考案し、調理を可能にする火を持ち帰ってからというもの、人間は肉食動物から区別されるだけではなく、［草を］生で食べている草食動物からも区別される。したがって、人間であるということは、肉を煮焼きすることなのである。共食いとそれには並ぶべくもないが生肉を食べる習慣、この両者が獣性を示すのである」[31]。

フォントネは、ギリシアの神秘学が、オルペウス教の流れのものと、ピュタゴラス主義の流れのものとの二系統存在することを指摘した上で、前者オルペウス教的なものの教義の中心の一端を、ディオニソスがタイタンたちによってバラバラに引きちぎられ内臓ごと食われてしまったという神話、そしてゼウスがタイタンたちへ罰を与えたという神話のうちに見ている[32]。ここから出てくる観念は「［…］魂は共食い（アレオファジー）に対する懲罰として死者の身体にくぎ付けにされている［…］」[33]というものであり、いわば「起源的な過ち」を形成している。ここから動物を食べることに対する禁忌の起源が明らかになる。「［…］

動物を食べることは、人間のような命ある〈心を持った〉存在を食べることであり、したがってそれは一種の食人主義〔カニバリズム〕であるからだ」[34]。

オモファジーすなわち生肉で喰うことについて、マルセル・モースとアンリ・ユベールは、論文「若干の宗教現象分析への序論」（一九〇八／九年）において言及している。彼らはS・レーナックがギリシア・ローマにおける神の供犠の背景に、トーテムとの一対一の対応関係を見いだそうとしたことを批判的に取り上げつつ、もし仮にそうしたレーナック的な試みが実現するとしたら満たされねばならない条件について、以下のように述べている。

「〔…〕馬―ヒポクリテス、鹿―ペンテウス、牡山羊または牡牛―ディオニソスがいつもずっと酒神の祭において、引き裂かれ（スパラグモス〔sparagmos〕）、かつ生きたまま食べられて（オモファージア〔omophagia〕）いたこと、しかもそれがトーテムとしてそうされていたことが証明されなければならない」[35]。

モース＝ユベールの共著『供犠』を貫く大テーゼ、つまり神の供犠（犠牲となる動物が完全に神と同一化した供犠）がすべての供犠のひな形なのではなく、神に対する供犠（犠牲が神とは区別された媒介者である供犠、例えば農業供犠、建物の聖化のために行なわれる動物供犠等々）がむしろ先行しているというテーゼはここでも有効であるので、こうしたレーナック的試み（神の供犠の優先とトーテミズムの重要視）には留保が付されるわけだが[36]、いずれにせよ、オモファジーの神話的機能の重要性の一端はここからも窺える。

アレオファジーについては、ピュタゴラス教の輪廻説において、人間の霊魂の転生がイルカの段階を経由するとされていることが想起されねばならない[37]。アレオファジーは、およそあらゆる魂を持つ動物に関して、潜在的に存在している危険、つまり人の魂を喰ってしまうという危険なのである。おそらくイルカはそのなかでも特別に注意を払わねばならない対象となりうる。

六　「現実的同一化」と「呼吸」

上で見たカニバリズムの問題は、広い意味において同一化の問題であったと言える。それは例えば敵の持つ強大な力の取り込みであり、あるいはアタリが主張するような広義の治療行為としての同一化であったわけである。以下では一旦これまでの文脈を離れて、精神分析的観点からこの同一化の問題を考えてみたい。

藤田博史はラカン的枠組みを用いて、人間とクジラ・イルカの関係を、「同一化（identification）」という面から三つに区分する議論を展開している[38]。すなわち「現実的同一化」「想像的同一化」「象徴的同一化」という三区分である。まずは藤田が描く図式を見ておく必要がある。

藤田によれば第一に「現実的同一化」とは「すべての人間が潜在的に抱えている同一化の様式」であり、「[…]失われた愛の対象（対象a）との一体化を、行為（アクティング・アウト）によって遂行するもの」と定義される。これは「母に到達したい」という欲望である。欲望の対象は「対象a」、欲望の様式は「行為」である。ここでの「行為」とは、「言葉や想像を介さないいわば駆り立てられた直接行動」を意味し、「[…]自我にはその行動の意味が自覚されていない」ものとして規定されている。[39]

第二に「想像的同一化」は、「自己愛的な同一化」であり、「〈母の欲望する想像的なファルス（φ）でありたい〉という〈存在形の欲望〉」を特徴とする。欲望の様式は「対象への自我の〈全体的な想像的投射〉」、そして欲望の対象は「理想自我（moi ideal）」である。[40]

そして第三に「象徴的同一化」であるが、これは先ほど見た「［…］想像的同一化で働いた〈母の欲望する想像的なファルス（φ）でありたい〉という〈存在形の欲望〉が、象徴的な去勢を被り〈父のように象徴的なファルス（Φ）をもちたい〉という所有形の欲望に変換されることによって生じる」ものである。欲望の様式は「行動」でも「想像的投射」でもなく、「象徴的取り込み」となり、また欲望の対象は「父の権威を反映する〈自我理想（ideal du moi）〉」となる。[41]

もちろんこの「現実的同一化」「創造的同一化」「象徴的同一化」という三区分はラカンの図式の援用であるが、藤田のユニークな点は、こうした区分を、クジラ・イルカに対する人間の同一化の様式の違いと考える点である。

クジラ・イルカとの関係で「現実的同一化」の例となりうるのは、一九八八年のリュック・ベッソンの映画『グラン・ブルー』のなかで素潜り潜水を強行し命を落とすエンゾや、深海でイルカに導かれるように潜水器から手を離し消えていくジャックといった人々の「行為」である。[42]

また「想像的同一化」に関しては、「鯨やイルカを自分自身のように愛する〈鯨愛者〉、〈イルカ愛者〉」[43]がその例とされる。これに基づいてクジラ・イルカの保護運動は、基本的に想像的同一化の特性に規定されることになり、「自己愛と他者廃棄が背中合わせになった両価的（ambivalent）」なものとなる。すなわちクジラを愛すること、イルカを愛することが、他者廃棄の攻撃性と一対になっている。[44] そして「象徴的同一化」の例である。これには「[…]イルカを水族館に〈取り込んで〉知の形成に役立てたりすることや、鯨を資源と見做しこれを捕獲して食料にすること[…]」などが該当する。

議論のポイントが現実的同一化であるのは間違いない。しかしクジラ・イルカに関する現実的同一化がいかなるものであるかを理解するためには、藤田の提起するもう一つの論点、クジラ・イルカの「呼吸」をめぐる議論を見る必要がある。

彼が考えるところでは、人間の言語、発話は自律的呼吸の意識的調節に基づいているわけだが、それは別の観点から見れば「息を止める」という行為になっている。他方、クジラとイルカも噴気孔をそれぞれ呼吸時に開き、あるいは閉じることにより調整を行なう。すなわち「息を止める」わけである。それゆえ人間とクジラ・イルカは、生の最も基礎的な要素である呼吸を止めているわけであり、「欲動断念」という共通性をもつ。しかし二つの欲動断念は等価ではなく、「〈息を止める〉という観点に立てば」人間のような「言葉を話すという断念の形式は」クジラ・イルカに比べて「きわめて不完全にみえる」。[45]

ここで一旦藤田の議論を離れ、フロイトが『モーセと一神教』で言及している呼吸論を思い浮かべる必要がある。フロイトはモーセ教における感官的知覚・感覚性の蔑視とそれに対する超越という議論に続いて、次のように述べている。

「[…]精神性の典型的表象を与えたのは、動いている空気（Luft）であった。それゆえ精神（Geist）はその名前を風の息吹（Windhauch〔animus, spiritus, ヘブライ語では ruach すなわち風〕）から借りている。それとともに、個々の人間の精神性の原理として魂（Seele）も発見された。観察によって人間の呼吸において も、動いている空気が再発見されたが、呼吸は死とともに止むのであって、こんにちでもなお、死に行く者はその魂を呼気の風として吐き出すと言われている」[46]。

もちろんわれわれの課題は、フロイトの精神史的語源学の正しさを確認していくことではないので、ここでは、空気・呼吸が精神性のメルクマールとして機能していると彼が考えていることだけを押さえておけばよい。さらに直後には次のような文言が見られる。

「〔…〕人間には精神性の王国が拓かれていたゆえ、人間は、自身において見出した魂が自然界のあらゆるもののなかにも存在すると信じるようになった。全世界は魂の息吹を吹き込まれた。ずっと後世になって登場した科学は世界の一部から魂をふたたび抜き取る仕事を続けてきたが、こんにちでもなお科学の任務が済んだとは言えない」[47]。

フロイトが何を考えているのか大胆に再構成してみる必要がある。ここで科学に託されたものとして挙げられている「世界の一部から魂をふたたび抜き取る仕事」が、科学的記述の領域からの、あらゆる物活論、生気論、目的論の追放であるということは容易に察しがつく。機械論的認識、またそれに立脚する自然利用、動物利用は、動物を含む自然物の徹底した脱アニマ化によって果たされたわけである。

ところで精神性それ自体には、低次のものから、それこそモーセの禁令に基づくユダヤ人の神観念のような高度なものまで存在する。子供、神経症者、未開民族において見出される信念、すなわち知的行為が外的世界を変更可能であるという過大な信念、言い換えればフロイトが「〈思考の全能〉への信仰」[48]とよぶ精神性は、精神性、魂を自然へ全面化するに至る。

こうしたアニマの遍在化を経て、その上でアニミズムを脱却することが近代自然科学の前提であったとしたならば、その結果何が起こったか。おそらくアニマはその精神性という点において、いわば純化されたのである。魂はもはや植物や動物にもその持ち分に応じて遍在するといったものではなく、人間において独占される「精神」となる。

このように考えると先ほど藤田に即して考えた呼吸論に別の光が当たってくる。つまり人間的不完全さを脱し、徹底した形で「息を止める」ことは、言語による象徴的欲動断念の放棄を意味し、そして同時に、イルカの断念形式の共有を意味する。この選択は「呼吸する」ということから、それが歴史的に獲得していた高次の精神性を奪い、それを原初的な形式へと差し戻してしまう。「呼吸する」「息を止める」は高次の精神性において獲得されていた言語への回路を失う。ひとがイルカの呼吸に誘惑されるのは、〈それ〉が誘惑する、ただそのためである。イルカの誘惑によってひとは駆り立てられる。だがこの同一化は大変な危険を孕むため、しばしば自殺的・自爆的としか思えない結果へと至ることになる。

七　「家畜化」と屠られる動物

ここでわれわれは動物の死をめぐるイメージについて、少し考えておく必要があるだろう。ジャコブ・

ロゴザンスキーがピーター・シンガーおよびチャールズ・パターソン[49]のテーゼとして引いている言葉、すなわち「すべての生き物にとって人間はナチである。動物からすれば、永久にトレブリンカ絶滅収容所にいるようなものだ」[50]という言葉は、極端な飛躍を含むがゆえに、現代のような「食肉」の計画的生産・消費が常態化した時代を、一種の不快感とともに不意打ちする効果を持つ。

ロゴザンスキー自身はここから直ちに、こうしたテーゼが持つ「耐え難さ」に対する批判に移る（「［…］この本の著者「パターソン」はショアーと産業用の屠殺における〈類似点は無罪の人々を大量に殺害するメカニズムである〉と述べることで、独特の間違いを犯している。というのも、動物を巧みに人々と言い換えることで、人間と動物のあらゆる境界線が消えているのだ。この消去こそが人間存在を動物として扱うことを可能にしているのである」）。[51]むろんこうした批判が必要とされる文脈も存在する。しかしロゴザンスキーのように現代動物論のメタレベルでのナチ性を批判するという戦略とは別に、この問題を考えてみることもできる。

人間と動物の関係が、たんなる捕食関係を超えて、「狩猟」という文化的、「人間的」意味を帯びて以降、もはやその関係は意味論的に無色透明・中立的なものではあり得ない。かつては動物間のたんなる「捕食」だったところに、つねに「意味」という「過剰」が介入することになる（この後検討するバタイユの「内在性」の問題はここに関わる）。

人間が動物を喰うという行為に対して生じたこの「意味」の「過剰」の源泉の一端は、おそらく先に見た「家畜化（domestication）」の問題のうちにある。ドロールの『動物の歴史』はかなりの紙片を割いて「家畜化」の問題を扱っているが、[52]特に注目すべきは、この「家畜化」の起源が人間の、「死んだ動物（l'animal mort）」

から「生きた動物（l'animal vivant）」へ、という関心の移行を反映している、という指摘である。「採集と狩猟から生産と飼育への移行、つまり、農業に属すると同様人間の文明の経済的、社会的構造全体にも属する移行を強調するのはやめて、死んだ動物から生きた動物へ、そしてとりわけその最も重要な生産物、つまり動物の子へと、関心が奇妙にも移行する原因［…］」[53]が問われねばならない。しかし関心の移行はこれだけにとどまらない。「［…］子からすぐに切り離せないもの（とくにウシやヒツジについて）、つまり乳、したがってバターとチーズへの関心の移行がある。これらの生産物は繁殖の制御ということを含むので、家畜化の否定できないしるしとなっている」[54]。

　動物の死から動物の生へと関心が移行するとき、当然動物の群れの囲い込みが生じる。順序としては「［…］選択的狩猟（chasse sélective）、［…］囲い込み（parcage）、監視（surveillance）、飼育（elevage）、［…］家畜化（domestication）」[55]となる。しかし家畜化の最初の風景は牧歌的なものであったと考えられる。なぜなら最初の家畜動物、すなわちイヌは「［…］食べられることもあるにせよ、死んでいるよりは生きている方が明らかに役に立つ」動物であったし、家畜化が早く進んだと考えられるウシやヒツジにしても「［…］一生を通じて乳、毛、労働を供給」[56]できたため、この家畜化初期段階においては「［…］家畜化、そして生きた動物の特権的地位は、肉や皮、骨を生産することを唯一の、または本質的な目的とはしえなかったので、狩猟経済（économie de chasse）と飼育経済（économie d'élevage）の間に急速な決裂は必ずしもなかった」[57]わけである。

　しかしこうした「死んだ動物」から「生きた動物」へという移行が生じた家畜化初期の牧歌的風景は、ブタのような動物、すなわち基本的に乳が利用されることなく、利用が即、屠殺を意味する動物の導入ともに終わったのだろう。もちろん「死んだ動物」と「生きた動物」の利用は並行して共存し、今日まで至るわけだが、こうした死へと一義的に定められた動物の管理の登場が、シンガー＝パターソン的な動物の死のイメージ（強制収容所）へと流れこんでいくのは容易に想像がつく。シンガー＝パターソン的な陣営が「屠殺場」での動物の死に与える、絶望、無垢の被害者、阿鼻叫喚というイメージ群が、現代における動物の死の一つの、しかし確実に支配的なイメージになっていく。

八　「全ての動物は、世界の内にちょうど水の中に水があるように存在している」

しかしなぜこのように動物の死の意味が限定されてしまったのか。動物を殺し食べるという、ある意味素朴な行為が、なぜ虐殺というメタファーにも直結してしまうような過剰な意味を帯びるようになったのか。

一九世紀以来、医学の発展と相即的に拡大してきた動物実験（現在は代替実験法の導入が進んでいるとはいえ）、食肉生産と屠殺の高度集中といった側面を度外視して考えることが許されるならば[58]、このような動物の死の「貧困化」と、同時にその死に与えられる過剰な意味の起源はどこに求められるべきか。その神話的起源が問題になる。

この問題は、ビーガン（厳格な菜食主義者）が抱える最大の矛盾に繋がる。すなわち動物界において、肉食動物が普通に行なっている行為、すなわち他の動物を殺して食べることが、なぜ人間という動物にだけは許されないのか、という問題である。

この点について決定的な示唆を与えるのは、バタイユが『宗教の理論』で提示する、動物の「内在性(immanence)」という概念である。バタイユは動物性の本質を、直接性、あるいは「内在性」に見る。これは食べる、という契機に深く関わる概念である。「ある動物がなにか他の動物を食べるときに与えられるのは、いつでも食べる動物の同類である。この意味で私は、内在性と言うのである」[59]。ここでの「同類(semblable)」は広い意味を持つ。おそらくライオンがシマウマを食べてもそれは「同類」を食べる、ということに留まる。というのも「食べる動物は、食べられる動物に対して超越性(transcendance)としてあるのではない」[60]からである。食べる動物と食べられる動物の間には、人間が自分自身を、物や客体から区別する際のような従属の関係は存在しない。「ライオンは百獣の王ではない。それは水流の動きの内で、比較的弱小な他の波たちを打ち倒すより高い波にしか過ぎない」。「全ての動物は、世界の内にちょうど水の中に水があるように存在している(tout animal est *dans le monde comme de l'eau à l'intérieur de l'eau*)」[61]といったバタイユの文言は、すべてこうした関係を表現している。

バタイユの議論を超えて大胆に考えるならば次のようになるだろう。すなわち「同類」を食べない、というよりもむしろ定義的にもはや「同類」を食べることができなくなってしまった存在者。動物の「内在性」を、もはやある種の虚構、すなわち「祝祭」を通してしか召喚しえない(しかしそれは不可能事としてである)存在者。それが人間となる。

バタイユが直接には議論しない点であるが、「同類」を食べないということは、おそらく人間の場合、純カニバリズム的な段階に対して禁忌を設けることを意味する。人間は同類ではなく、物＝客体として措定された、対象物としての動物を食べる。人間はこの禁忌により初元的で素朴なカニバリズムから抜け出す（しかしアタリが考えるようにカニバリズムとその禁止は忘却され形を変えつつも文化の内に伏在し続ける）。人間は動物性の平面から「超越」する。しかしそれは動物性の持っていた「内在性」を失うことである。そしてそれは動物とのある意味幸福な連続性、絆を失うことである。

抑圧されたカニバリズムは「想像的同一化」の形式をとり、一方ではクジラ・イルカ愛として、他方では現在も捕鯨を続ける、いわば〈カニバリズムの楽園〉への憎悪として（しかしこれは本来的には自分自身への憎悪である）発露する。

さて、トーテム動物のように動物の内面性から離脱した意味の過剰が見いだされるとき、実のところ上述の連続性は、すでに失われはじめている。「[…] 世界の内部に、一個の事物のように判明に区切られ、境界づけられたある一つの〈最高存在〉を定置することは、まず初めは貧困化することを意味するのである」[62]。通時的、ないし共時的な〈原始人〉たちが、神を発見するということ、あるいは聖なるものを見いだすことは動物たちの内在性、内面性からの離脱を意味する。「聖なるものという感情はもはや明らかに、連続性のせいでそこではなにものも判明に区切られていない濃霧の内に消失していた動物の感情ではありえない [...]」[63]。

なぜクジラ・イルカが人間を駆り立てるのか、という問題、すなわち現実的同一性の問題の理由の一端も見えてくる。それは、クジラやイルカが人間にとって、つねにすでに失われてしまった、動物の「内在性」を「欠如」という形で示すからである。そしてなぜ現実的同一性が危険であるのかという件の問題も、バタイユのほうから逆照射することで、その根拠が見えてくる。

「[…]もし人間がなんの留保もなく自己を内在性へと委ねてしまったとしたら、彼は人間性に背いてしまうことになろう。かりに彼が人間性を完成するとしても、それはただ人間性を喪うときにそうするというに過ぎないであろう。そして生命はついには、獣たちの目覚めを知らぬ内奥性（intimité）へと回帰することになるだろう。ここに示されているような問題、すなわち一個の事物であることなしには人間として存在することが不可能であり、また動物的な睡りに回帰することなしには事物の限界を逃れることが不可能であるという事態が常に提起し続ける問題[…]」[64]。

当然予想されるようにこの引用の直後には、これらの問題が「祝祭という形によって制限付きの解決を得る」[65]という文言が来るわけだが、祝祭は文字通り制限付きのものであるわけなので、もしひとがあくまで動物の内在性への帰還、すなわち現実的同一性だけを望むとしたら、その欲望の実現のために祝祭はそれほど魅力的な選択肢ではない。

バタイユは動物の内面性を説明する文脈で、「競争相手を打ち倒した動物」の「眼差し（regard）」について語っている[66]。闘った動物の間の連続性に亀裂は存在しない。闘争が死を招いたのは「ただ二つの存在たちの欲望が同一であったため」[67]に過ぎない。

「[…]闘争の後で動物の眼差しが示している無感動・無関心（apathie）は、まさに本質的に世界と等質な実存の徴しである。そのような実存様式にある生は、世界の内でまさしく水の中にある水のように動いているのである」[68]。

「本質的に世界と等質な実存の徴し（le signe d'une existence essentiellement égale au monde）」としての「動物の眼差し」に憧れること、すなわちクジラ・イルカの眼差しに憧れること。人間でありながら「なんの留保もなく自己を内在性へと委ねてしまった」者、つまりクジラ・イルカと現実的同一化を目指す者は、必然的に「人間性に背く」結果になり、あるいは自己の物質的なレベルでの破壊、すなわち死を招くことになる。

九　動物供犠の周縁化

さらに動物が供犠の意味論からの排除される過程[69]について、その神話的起源を検討しておくべきだろう。『旧約聖書』モーセ五書のうち、特に『レビ記』は動物の供犠に関して詳細な規定を与えている。キリスト教の成立により供犠は根本的な変化を被る。フォントネは動物が有していた超越的なものへの回路が、古代的な動物の生贄の廃止と、それに代わる唯一の犠牲としてのイエス・キリストの導入、そしてパンとワインによる聖体の秘蹟の確立によって、決定的な仕方で閉じられたと見る。

「［…］動物はもはや必要とされないし、〈世界から原罪を取り除いた子羊〉が生まれた今となっては、終末論的な新体系においてもはや動物は問題ともされないだろう。動物はモノの〈ように〉なってしまった。そして西洋キリスト教的全能の捕食者であるわれわれが、いずれ動物の支配者や所有者の〈ように〉なるのだろう」[70]。

モノ、客体、対象の〈ように〉になってしまった動物のそれ以後の歴史についてはフォントネの『動物たちの沈黙』に詳しいが、ここではその悲惨の歴史の神話的起源を図式的に確認しておくことしかできない。キリストの体として、つまり聖体としてパンとワインが選ばれることは、たんに恣意的な選択に基づくのではなく、カニバリズムとの関係で決定的な意味を含んでいる。

「[…]実体変化の奇跡、つまりパンが肉に、ワインが血に変化する奇跡が生まれるために、食事は絶対に植物性のものでなければならない。さもなければ聖体の秘蹟は、もちろんこれは神様を食べることではあるのだが、人食い的［カニバリズム的］あるいはトーテム的になってしまうだろう」[71]。

カニバリズムの秩序から、あるいはトーテミズムから切り離されて神を喰う（＝聖体拝領）、という特異な体系。それがここに確立することになる。「[…]キリスト教のような抽象的な宗教においても、踰越祭の小羊（agneau pascal）――農業的または牧羊的供犠にいつも用いられる犠牲――の像が存続し、今日でもまだキリストを、すなわち神を指し示すのに役立っている[…]」[72]のは事実だとしても、しかし大筋において、動物は媒介者としての地位を失う。「[…]犠牲という媒介によって、つまり、儀式の中で破壊される事物の媒介によって、聖なる世界と世俗の世界の間の伝達を確立する[…]」[73]（モース＝ユベール）といった役割は、もはや動物から奪われる。

十　非人間、非動物、そしてシュトローブルの「ウサギ」

供犠における動物が秘めていた超越への回路は、フラットな世界、人間と動物しか存在しないこの「貧しき時代」には存在しない。他方では、地球上の人口増大とともにますます恒常化していくであろう動物の大量屠殺という現実。この二重の出来事は、ひとをそれに応じた二重のシニシズムに向き合わせることになる。

こうした世界でわれわれが出会う動物とはいったいいかなる存在者であるのか。もちろんこの動物への問いは、われわれのようなさしあたり人間と呼べるものどもが、一体いかなる存在者であるのか、という問いと相即的である。われわれが出会う動物とは今や何者であるのか。そしてわれわれとは誰か。

ジジェクは『パララックス・ヴュー』[74]において、超越論的自由と自発性の議論を導入する準備として、カントの「無限判断」に触れている。注目すべきは彼がここで人間と動物の問題に繋がる思考を展開していることである。

『純粋理性批判』の判断表でカントは、その「質」の契機において、肯定判断、否定判断、無限判断という三すくみの判断を提示した。一般論理学は形式に特化するものであるから、述語の内容について捨象する。他方、カントが主として論じようとする超越論的論理学は、判断を、「[…]たんに否定的述語を介した論理的肯定の価値ないし内容」[75]についても考察するものであるから、ここに無限判断の特殊な意義が見いだされることになる。

なぜならば無限判断は、否定判断がたんに主語の否定、「霊魂は滅びない（[die Seele] ist nicht sterblich）」[76]であるのに対し、無限判断「霊魂は不死である（die Seele ist nicht sterblich）」[77]は、形式においては肯定でありつつ、「不死的存在者（das Nichtsterbende）」[78]というかたちで否定性の契機を、否定されるべきものの反対を積極的に措定しながら導入するのである。形式では肯定判断、しかし内容において否定性の契機を含むのが無限判断である（pは非qである）。

ジジェクはこうした判断の差異を念頭におきつつ、これが「スティーヴン・キングの読者なら誰もが知っている差異とまったく同じである」と、すなわち「かれは死んではいない（not dead）」と「彼は非死（un-dead）である」の差異である、とする。[79]カントの「不死的存在者」はここで文字通りの「アンデッド」と化する。以上を前提として、「人間」が無限判断という観点から議論される。

「〈かれは人間ではない（not human）〉は〈かれは非人間的（inhuman）である〉と同じではない。〈かれは人間ではない〉が意味しているのは、単純に、かれは人間に属していない、獣か神である、ということである。これにたいし、〈かれは非人間的である〉は、完全に別のことを意味している。つまり、かれは人間でもなければ、人間にあらざるものでもなく、おそろしい過剰によって特徴づけられるという事実を意味している。そしてこの過剰は、〈人間性〉として理解されるものを否定するにもかかわらず、人間であることから切り離せない」。[80]

獣と神へのグラデーションを失った、超越性への回路を失ったフラットな世界。そこで人間は、人間と「非人間」との間で、すなわち人間から区別される否定性を携えながらしかし人間を経由するかたちでしか措定しえないものとの間で、絶えず自己を規定する試みを続ける、という刑に処されることになる。

最後にある短編小説を検討してみたい。カール・ハンス・シュトローブルは幻想的短編『メカニズムの勝利』で、街中を埋め尽くす二〇億の機械じかけ自動ウサギという夢想を展開している。天才的な玩具設計士ホプキンスは、自分をないがしろにする元の雇い主やそれと結託した市長に一泡吹かせるべく、自己増殖機能を備えたウサギを街に放ち、結果街は大混乱になる。

さてわれわれの問題との関係で注目すべきは、逃げ惑う市民たちを真の恐怖に陥れたのは何か、ということである。それは意外にもウサギのもつ自己増殖性のほうではなく、このウサギが摂食し、咀嚼し、嚥下するという能力、要するに喰うという能力をもつということなのである。

「彼は腕のうえのうさぎに一束のクローバーを差し出した。そして、水を打ったようにしーんとなった満員のホールの人々は、うさぎのねずみのような口もとが前に伸びて、そのクローバーをさもおいしそうに、もぐもぐ食べているのを目撃して、肝を潰したのである」[81]。

確かにウサギのこの摂食能力については、この壇上で用いられたウサギが例外的に本物であった、というホプキンスの告白がなされることで、街の混乱、市長の混乱、ひいては動物と機械の境界線をめぐる混乱にかりそめの安定がもたらされる。「物事は紹介の仕方が肝心なんですよ、市長さん。あのうさぎは例外的に本物の生きたやつだったのです」[82]。

この告白が真実であるかどうかは不明である。むしろその真偽は物語の構造上、問題にならない。重要なのは、機械のウサギが喰うということが惹起した恐怖の性質である。摂食は、いわば動物性と機械性を分かつ最も基本的で、かつ特権的なメルクマールである。

しかしこの機械のウサギの摂食はまったく事情を混乱させる。機械が喰う。このことは、動物性と機械性が、相互に固有の領域を侵犯していることを意味する。このウサギはいったい何者なのか？

これに関連することだが、ジョン・ロックが『人間知性論』の中で、あるテンプル騎士団員の話として引用するナッサウのマウリッツ公のオウム[83]――このオウムはたんなるオウム返しではなく、理性を持つ生き物しかできないような正確な問答が可能である――のエピソードが意味していることは、フォントネによると「ロゴスが種特有の差異を見分ける基準とはならないとしたら、人間主義的かつアリストテレス的かつデカルト的な意味で人間を区別する方法は、言葉という記号における慣習、一致しかない［…］。知覚は生き物の特徴なのだからといって知覚にだけこだわれば、人間と軟体動物の間に違いがなくなることもあると認めねばならなくなる」[84]ということである。人間が「カキやムール貝」[85]と隣り合わせになる可能性が初めて生じる。

またポリニャック枢機卿が王宮に閉じ込められたオランウータンに言い放ったとされる有名な言葉、「口を利け。そうすれば洗礼してやろう」[86]もこのマウリッツ公のオウムと同じ問題系の中にある。全ての基準となるのは種を分かつアプリオリな区分（例えばロックが攻撃した生得的に共有される観念）ではなく、グラデーションを持つ感覚である。ポリニャック枢機卿のオランウータン、そして先ほどのシュトローブルの小品におけるウサギ、これらはみな「部分的に人間で部分的に動物である生き物」[87]、すなわちロックが引くマウリッツ公のオウムの仲間である。機械だか本物だか分からないウサギが喰う。外から見ると確かに喰う。それだけでウサギは〈ほんものの〉ウサギであるためのメルクマールを完全に満たしている。では「非動物」とは何か。人間はもはやバタイユの言うような「内在性」の領域を生きていない。それはつねに過剰をはらみ、超越を自己の定義とする存在である。人間はジジェクの言うところの「非動物」となる。

「[…]カフカの『変身』で、グレゴール・ザムザの妹グレーテは、虫になった兄弟を怪物とよぶ——使われているドイツ語は〈怪物 ein Untier〉、英語で表現するならば〈非動物的なもの an inanimal〉であり、〈非人間的 inhuman〉と厳密な対象をなしている。われわれがここで手にするのは、非人間的と正反対のもの、つまり動物でありながら、完全には動物といえないものである——動物のうちの動物を超える過剰、動物性の外傷的な核であり、これが、〈そのものとして〉出現しうるのは、動物となった人間のうちのみである」。

動物性のたんなる否定を超えて、奇妙にも無限判断的に実体化した「非動物」。『グラン・ブルー』のモデル、ジャック・マイヨールが語る未来の人間、水中出産により誕生し、水陸両棲生活が可能で、そして飛び抜けた親水性と、完全にイルカと同一化した「呼吸」を有する「ホモ・デルフィヌス」、すなわち「イルカ人間」(88)は、典型的にこのカテゴリーに含み込まれる。人間から動物の方へと生成する時、その存在者は「非動物」となる。「ホモ・デルフィヌス」とは、動物でありながら、動物と完全には言えず、しかし動物性の側から規定される存在者である。

他方、高度な意思伝達能力と知的能力を示すクジラ、イルカ、大型類人猿は、どれほど線引き問題の恣意性という批判を唱えたところで、しかしそれでもわれわれを、ある種特殊な魅力をもって誘惑してくる存在者たち、すなわち「非人間」たちである。フォントネが引くディドロ『エルヴェシウス「人間論」の反駁』の一節、すなわちディドロがエルヴェシウスに語らせている「ああ！　でも人間は、人間はだね…」という言葉が異様な重みをもって立ち現れてくるのはこの地点である。[89] しかし、幸と呼ぶべきか（動物にとっての）、不幸と呼ぶべきか（人間にとっての）はさておくとしても、現実として人間主義の最終防衛線は、これらの人間でありながら完全には人間とはいえない存在者、すなわち「非人間」たちによって、あるいはカール・ハンス・シュトローブルの「ウサギ」たちによって、今にも突破されそうである。

●注

（1）ジョルジョ・アガンベン、岡田温司、多賀健太郎訳『開かれ：人間と動物』平凡社、二〇〇四年、二五頁。
（2）アガンベン、前掲書、二四―二五頁。
（3）フェリペ・フェルナンデス＝アルメスト、長谷川眞理子訳『人間の境界はどこにあるのだろう？』岩波書店、二〇〇八年、一―五頁。
（4）ジャック・デリダ、エリザベート・ルディネスコ、藤本一勇、金澤忠信訳『来たるべき世界のために』岩波書店、二〇〇三年、特に「動物たちへの暴力」章（九一頁以下）を参照のこと。
（5）「動物」ではなく、むしろ「権利」（ないし人権）こそが議論の焦点ではないか、という問題については、以下の宮崎論文が簡潔な見取り図を与えてくれる。宮崎裕助「脱構築はいかにして生政治を開始するか：デリダの動物論における〈理論的退行〉について」『現代思想』第三七―八号（特集：人間／動物の分割線）

青土社、二〇〇九年、一四二―一五五頁。

（6）件の捕鯨船員「横領」告発事件の背景に、鯨肉と〈贈与〉の問題があることに注意。フリーマンらの研究（ミルトン・M・R・フリーマン編著、高橋順一他訳『くじらの文化人類学：日本の小型沿岸捕鯨』海鳴社、一九八九年）によれば、鯨肉の分配のシステムは、精緻な仕方で贈与（＝「分け肉」）の体系を構築し、伝統的コミュニティをつり支えている（第五章「鯨肉の儀礼的流通」参照）。また古式捕鯨の時代には、浜に揚げられたクジラの肉を近隣の細民たちが、勝手に包丁などで切り取り盗む行為（＝「かんだら」）が存在したことにも注意（山下渉『捕鯨Ⅰ』法政大学出版局、二〇〇四年、一八三―一八七頁）。大量の肉を「贈与」するクジラには、近代的所有や権利の概念が本質的になじまない可能性がある。ゆえに鯨肉の非商業的流通を「横領」と呼ぶのは近代的倒錯でもある。

（7）宮崎、前掲書、一四九頁。

（8）デリダ、ルディネスコ、前掲書、九五頁を参照。またわれわれが後で見る「供犠」の問題についてコメントがあることにも注意（デリダ、ルディネスコ、前掲書、一〇四―五頁）。

（9）人間は個人として単一で、動物は種類として複数で創造されたとする教義。聖アウグスティヌス、服部栄次郎訳『神の国（三）』岩波文庫、一九八三年、一六一―二頁（第一二巻第二二章）。なお、この問題については、エリザベート・ド・フォントネ、石田和男、小幡谷友二、早川文敏訳『動物たちの沈黙：〈動物性〉をめぐる哲学試論』彩流社、二〇〇八年、二四六頁、二五四頁、二七三頁、およびハンナ・アーレント、佐藤和夫訳『精神の生活（下）』岩波書店、一九九四年、一三三頁も参照のこと。

（10）浜野喬士『エコ・テロリズム：過激化する環境運動とアメリカの内なるテロ』洋泉社、二〇〇九年を参照のこと（特に第二章第四、五、六節、第三章第二節）。

（11）Donald R. Griffin, *Animal minds : beyond cognition to consciousness*, Chicago, University of Chicago Press, 2001, p.231.〔ドナルド・R・グリフィン、長野敬、宮本陽子訳『動物の心』青土社、一九九五年、三五一頁〕。

(12) 森田勝昭『鯨と捕鯨の文化史』名古屋大学出版会、一九九四年、三三一―八頁。
(13) 大隅清治「鯨と人間との関わり合い：過去／現在／未来」『クジラとイルカの心理学』青土社、一九九七年、七八頁。
(14) ジョルジュ・バタイユ、酒井健編訳「人間と動物の友愛」『純然たる幸福』ちくま学芸文庫、二〇〇九年、六五頁。
(15) 森田、前掲書、四〇二―三頁。
(16) 森田、前掲書、四〇四頁。
(17) 秋道智彌「太平洋のクジラ文化：禁忌／世界観／航海術」『クジラとイルカの心理学』青土社、一九九七年、二二七頁。
(18) 秋道、前掲書、二二七頁。
(19) 秋道、前掲書、二二八頁。
(20) Robert Delort, *Les animaux ont une Histoire*, Paris, Seuil, 1984, p. 49〔ロベール・ドロール、桃木暁子訳『動物の歴史』みすず書房、一九九八年、四三頁〕。
(21) たとえば三浦淳『鯨とイルカの文化政治学』洋泉社、二〇〇九年（特に第二、四章）。
(22) Delort, ibid., p.48.〔ドロール、前掲書、四一―二頁〕。
(23) クジラを貴重なタンパク源として確保することは国益にかなうという言説は極めて純カニバリズム的（「聖なる飢餓」）である。ペギー・リーヴズ・サンデイ、中山元訳『聖なる飢餓：カニバリズムの文化人類学』青弓社、一九九五年を参照。
(24) ジャック・アタリ、金塚貞文訳『カニバリズムの秩序』、みすず書房、一九八四年、一九頁。
(25) アタリ、前掲書、二二五頁。
(26) アタリ、前掲書、一七頁。

(27) アタリ、前掲書、三四頁。
(28) アタリ、前掲書、一三頁。
(29) アタリ、前掲書、一九頁。
(30) フォントネ、前掲書、一三三—四頁。
(31) フォントネ、前掲書、一三四頁。
(32) フォントネ、前掲書、一七三—四頁。
(33) フォントネ、前掲書、一七四頁。
(34) フォントネ、前掲書、一七四頁。
(35) Marcel Mauss, *Les fonctions sociales du sacré, Œuvres, 1.*, Paris, Minuit, [1968], p.13.〔マルセル・モース、アンリ・ユベール、小関藤一郎訳「若干の宗教現象分析への序論」『供犠』、一九九三年、二〇四頁〕。
(36) 「ロバートソン・スミスが供犠の起源をトーテミズムに求めた時、頭に描いていたのは神の供犠であり、彼が考えていたのは、何よりもキリスト教の聖体拝領であった。供犠されたトーテムというのは、供犠された神であって、しかもそれは最初からそうなのであった。というのは、トーテムは、氏族の成員たちにとっては、神の機能を営むものであったからである。これに対して、われわれは、神の供犠が、宗教の最初にあったものでもなくまた供犠の最初のものでもなかったということ、それは神に対する供犠の後になって発達し、しかもある一定の時期から、神に対する供犠と並行して存在したことを、断言してきた。そして今日でもなお、そう考えている」。Ibid., p.13.〔モース、ユベール、前掲書、二〇三頁〕。
(37) 多田智満子「神話の海のいるかたち」『クジラとイルカの心理学』青土社、一九九七年、一九頁。
(38) 藤田博史「鯨と人間：なぜ鯨を愛するのだろう」『クジラとイルカの心理学』青土社、一九九七年、二九六—三一五頁。
(39) 藤田、前掲書、三〇九—三一〇頁。

（40）藤田、前掲書、三一〇頁。
（41）藤田、前掲書、三一〇頁。
（42）藤田、前掲書、三一〇頁。
（43）藤田、前掲書、三一〇頁。
（44）藤田、前掲書、三一〇頁。
（45）藤田、前掲書、三〇一頁。
（46）Sigmund Freud, *Der Mann Moses und die monotheistische Religion*, *Gesammelte Werke*, Bd. XVI, S. 222.〔ジークムント・フロイト、渡辺哲夫訳『モーセと一神教』ちくま学芸文庫、二〇〇三年、一九一―二頁〕。
（47）Ibid., S. 222.〔フロイト、前掲書、一九二頁〕。
（48）Ibid., S. 220.〔フロイト、前掲書、一九〇頁〕。
（49）チャールズ・パターソン、戸田清訳『永遠の絶滅収容所――動物虐待とホロコースト』緑風出版、二〇〇七年。
（50）ジャコブ・ロゴザンスキー、西山雄二訳「屠殺への勾配路の上で」『現代思想』第三七―八号（特集：人間／動物の分割線）青土社、二〇〇九年、一一五頁。
（51）ロゴザンスキー、前掲書、一一五頁。
（52）Delort, ibid., pp.112-131.〔ドロール、前掲書、一一七―一四〇頁〕。
（53）Ibid., p.118.〔ドロール、前掲書、一二四頁〕
（54）Ibid., pp.118-9.〔ドロール、前掲書、一二四頁〕
（55）Ibid., p.119.〔ドロール、前掲書、一二四頁〕。
（56）Ibid., p.119.〔ドロール、前掲書、一二四頁〕
（57）Ibid., p.119.〔ドロール、前掲書、一二五頁〕

（58）この論点については浜野、前掲書、第三章第二節（一二二頁以下）参照。

（59）Georges Bataille, *Théorie de la religion, Œuvres complétes; tome VII*, Gallimard, ［1976］p. 291.〔ジョルジュ・バタイユ、湯浅博雄訳『宗教の理論』ちくま学芸文庫、二〇〇二年、二一—二頁〕。

（60）Ibid., p. 291.〔バタイユ、前掲書、二二頁〕。

（61）Ibid., p. 292.〔バタイユ、前掲書、二三頁〕。

（62）Ibid., p. 301.〔バタイユ、前掲書、四二—三頁〕。

（63）Ibid., p. 302.〔バタイユ、前掲書、四五頁〕。

（64）Ibid., p. 313.〔バタイユ、前掲書、六九—七〇頁〕。

（65）Ibid., p. 313.〔バタイユ、前掲書、七〇頁〕。

（66）Ibid., p. 296.〔バタイユ、前掲書、三三頁〕。

（67）Ibid., p. 296.〔バタイユ、前掲書、三三頁〕。

（68）Ibid., p. 296.〔バタイユ、前掲書、三三頁〕。

（69）フォントネ、前掲書、二四二頁。

（70）フォントネ、前掲書、二四五頁。

（71）フォントネ、前掲書、二四五頁。

（72）Marcel Mauss, *les fonctions sociales du sacré, Œuvres, 1.*, Paris, Minuit, ［1968］p.288〔モース、ユベール、前掲書、八八頁〕。

（73）Ibid., p.302.〔モース、ユベール、前掲書、一〇四頁〕。

（74）Slavoj Zizek, The Parallax View, Cambridge/London, MIT Press, ［2006］pp.20-28.〔スラヴォイ・ジジェク、山本耕一訳『パララックス・ヴュー』作品社、二〇一〇年、四〇—五五頁〕。

（75）Immanuel *Kant, Kritik der reinen Vernunft*, A72/B97.（Aは『純粋理性批判』第一版、Bは同第二版を意味する。

アカデミー版より引用）。
（76）Ibid., A72/B97.
（77）Ibid., A72/B97.
（78）Ibid., A72/B97.
（79）Zizek, ibid., p.21.〔ジジェク、前掲書、四三頁〕。
（80）Zizek, ibid., p.22.〔ジジェク、前掲書、四三頁〕。
（81）カール・ハンス・シュトローブル、前川道介訳「メカニズムの勝利」『ドイツ幻想小説傑作集』白水社、一九八五年、一七四頁。
（82）シュトローブル、前掲書、一七五頁。
（83）フォントネ、前掲書、三七四—五頁。
（84）フォントネ、前掲書、三七五頁。
（85）フォントネ、前掲書、三七五頁。
（86）フォントネ、前掲書、三八一頁。
（87）フォントネ、前掲書、三八二頁。
（88）ジャック・マイヨール、石津ちひろ訳「ホモ・デルフィヌス」『クジラとイルカの心理学』青土社、一九九七年、二五三—四頁。
（89）フォントネ、前掲書、四四〇頁。「[…]彼［エルヴェシウス］によると、動物が人より劣っているのはとにかくその〈身体組織〉に原因がある。ディドロは架空の対話の中で［ディドロ『エルヴェシウス「人間論」の反駁』〔『ディドロ著作集：第二巻・哲学Ⅱ』法政大学出版局、一九八〇年、三二〇頁〕］、エルヴェシウスが〈人間と動物という、動物の連鎖の両端に位置するものの違いが単なる体のつくりに〉あると考えたのはつじつまが合わないと批判している。また、〈それと同じ原因を、二匹の犬の違いを説明するのに使う一方で、二人の人間の知性や精神の明晰さが問題になる場合はその原因を使わない〉と言って批判する。それに対してエルヴェシウスは、［…］〈ああ！　でも人間は、人間はだね…〉と反論し、体のつくりの違いは人間と動物の異質性を語るときには決定的だが、ある人間ともう一人の人間の不平等——不平等は単に環境と教育からのみ生まれるので——について説明しようとすると完全に不適切だということを分からせようとした」（フォントネ、前掲書、四四六—七頁）。

著者紹介

仲正昌樹（なかまさ　まさき）金沢大学法学類教授
政治思想史・法理論

橋本　努（はしもと　つとむ）北海道大学大学院経済学研究科准教授
政治思想

石黒　太（いしくろ　ふとし）流通経済大学教育学習支援センター専任所員
社会思想・政治思想・政治理論

福原明雄（ふくはら　あきお）首都大学東京大学院法律学分野博士前期
法哲学

中山尚子（なかやま　なおこ）立命館大学大学院先端総合学術研究科博士後期
政治哲学

菊地夏野（きくち　なつの）名古屋市立大学准教授
社会学・ジェンダー論

高原幸子（たかはら　さちこ）中京大学ほか非常勤講師
社会哲学・フェミニズム理論

高橋慎一（たかはし　しんいち）花園大学非常勤講師
社会学・社会運動論

堀江有里（ほりえ　ゆり）立命館大学・龍谷大学ほか非常勤講師
社会学・レズビアンスタディーズ

ギブソン松井佳子（ぎぶそん　まつい　けいこ）神田外語大学外国語学部教授
比較文学・批評理論・応用倫理学

田代志門（たしろ　しもん）東京大学大学院医学系研究科特任助教
医療社会学・生命倫理学

清家竜介（せいけ　りゅうすけ）早稲田大学非常勤講師
社会学・社会哲学

白井　聡（しらい　さとし）多摩美術大学・高崎経済大学非常勤講師
政治学・政治思想

浜野喬士（はまの　たかし）桐生大学非常勤講師
哲学・環境思想史・生命倫理学

自由《じゆう》と自律《じりつ》　　叢書・アレテイア 12

2010年9月10日　第1版第1刷発行

編　者　仲　正　昌　樹
発行者　橋　本　盛　作
発行所　株式会社 御茶の水書房
〒113-0033　東京都文京区本郷5-30-20
電話 03-5684-0751

組版・印刷／製本　タスプ

Printed in Japan

ISBN 978-4-275-00898-5　C3010